Mathias Beer

Flucht und Vertreibung der Deutschen

Voraussetzungen, Verlauf, Folgen

Verlag C.H.Beck

Mit 17 Abbildungen,
7 Tabellen und 6 Karten

Originalausgabe

© Verlag C.H.Beck, München 2011
Satz, Druck u. Bindung: C.H.Beck, Nördlingen
Umschlagentwurf: malsyteufel, Willich
Umschlagabbildung: Bundesarchiv, Bild 146-1996-036-01/
Fotograf ohne Angabe/AP
Karten: Peter Palm, Berlin
Printed in Germany
ISBN 978 3 406 61406 4

www.beck.de

beck'sche reihe

Der vom nationalsozialistischen Deutschland entfachte Zweite Weltkrieg setzte Europa in Bewegung: Soldaten und Kriegsgefangene, Emigranten und Flüchtlinge, Deportierte und Zwangsarbeiter, Evakuierte und Umsiedler, Ausgewiesene und Vertriebene. Schon während und insbesondere in der letzten Phase des Krieges war davon auch die deutsche Bevölkerung betroffen. Hinzu kamen nach der bedingungslosen Kapitulation Millionen Deutsche, die zwischen 1945 und 1950 ihre Heimat verloren. Sie wurden in das zerstörte und viergeteilte Nachkriegsdeutschland ausgewiesen und umgesiedelt, wo sie als Fremde erst nach und nach eine neue Heimat fanden. Mathias Beer geht auf die lang- und kurzfristigen Voraussetzungen für Flucht und Vertreibung ein, schildert den Verlauf der Ereignisse sowie die Folgen, welche die Bevölkerungsverschiebungen für die beiden deutschen Staaten hatten, und verfolgt die bundesdeutschen Auseinandersetzungen über Flucht und Vertreibung bis in die Gegenwart. Ein prägnanter und zuverlässiger Überblick für alle, die sich über die wichtigsten Fakten und Hintergründe dieses bis heute ebenso prägenden wie in seiner Deutung umstrittenen Kapitels deutscher Geschichte informieren wollen.

Mathias Beer, Dr. phil., ist Leiter des Forschungsbereichs Zeitgeschichte am Institut für donauschwäbische Geschichte und Landeskunde in Tübingen.

Inhalt

1. Krieg und Migration – «Fuga furiosa»   7

2. ‹Flucht und Vertreibung› – Bedeutungsfelder   13

3. Literatur – von, für und über Vertriebene   23

4. Voraussetzungen   33
4.1. Nationalstaat und Minderheiten   34
4.2. Die nationalsozialistische Besatzungs-,
     Umsiedlungs- und Vernichtungspolitik   38
4.3. Die neue globale Machtkonstellation am Ende
     des Zweiten Weltkrieges   48

5. Genese der Aussiedlungspläne   53

6. Verlauf   67
6.1. Ostgebiete des Deutschen Reiches und Polen   67
6.2. Tschechoslowakei   79
6.3. Südosteuropa   86

7. Folgen   99
7.1. Flüchtlinge und Vertriebene im Nachkriegsdeutschland   99
7.2. Vertreibungsopfer und Vertreibungsverluste   127

8. ‹Flucht und Vertreibung› als Erinnerungsort   135
8.1. Ein angebliches Tabu   135
8.2. Bundesdeutsche Debatten   139

Anhang
Anmerkungen   163
Ausgewählte Literatur   185
Bildnachweis   199
Verzeichnis der Tabellen   200
Verzeichnis der Karten   201
Ortsregister   202

1. Krieg und Migration – «Fuga furiosa»

Anfang 1945: Frau S., aufgewachsen in einem Dorf mit mehrheitlich deutschsprachiger Bevölkerung in Bosnien, ist Insassin eines Umsiedlerlagers der «Volksdeutschen Mittelstelle» im Generalgouvernement. Dorthin wurde sie 1943, wie insgesamt Hunderttausende so genannte Volksdeutsche während des Krieges, umgesiedelt. «Heim ins Reich», hieß das in der nationalsozialistischen Terminologie. Hunderte Kilometer nordöstlich davon, in Ostpreußen, erlebt ein zehnjähriges Kind die Deportation seiner Eltern zur Zwangsarbeit in die Sowjetunion. Hunderttausende Zivilpersonen ereilte dieses Schicksal. In den Nachmittagsstunden des 27. Januar 1945 befreien sowjetische Truppen das Vernichtungslager Auschwitz – der Inbegriff für den während des Nationalsozialismus industriell durchgeführten Völkermord an den Juden, Sinti, Roma und anderen gemäß der nationalsozialistischen Rassenideologie zu «Volksschädlingen» erklärten Gruppen. Er forderte mehr als sechs Millionen Tote. Im Westfälischen geht eine junge Frau ihrer Tätigkeit in einer Munitionsfabrik nach. Sie stammt aus der Ukraine, ihre Arbeitskollegin aus Polen. Beide gehören zu den während des Zweiten Weltkrieges nach Deutschland verschleppten ausländischen Arbeitskräften. 5,7 Millionen Zwangsarbeiter, Displaced Persons (DPs), sollten es bei Kriegsende sein. Eine (Rest-)Familie aus dem Ruhrgebiet ist notdürftig im Bayrischen untergekommen. Sie wurde wie mehrere Millionen anderer Personen evakuiert, nachdem bei alliierten Luftangriffen mit ihrer Heimatstadt auch ihre Wohnung in Schutt und Asche gelegt worden war. In der Nacht vom 30. Januar versenkt ein sowjetisches U-Boot die mit Flüchtlingen überfüllte «Wilhelm Gustloff» in der Ostsee. Dabei finden rund 9000 Menschen den Tod. Ein Familienvater aus dem süddeutschen Raum kämpft an der zusammengebrochenen Ostfront. Sein Bruder befindet sich in einem amerikanischen Kriegsgefangenenlager. Der Rotarmist, der dem Vater aus dem Schwäbischen gegenübersteht, hat durch den deutschen Vernichtungskrieg gegen die Sowjetunion seine ganze

Familie verloren. Sein Vater starb, wie etwa die Hälfte der in Gefangenschaft geratenen sowjetischen Soldaten, in einem deutschen Kriegsgefangenenlager. 1944 aus Nordsiebenbürgen evakuierte Bauern sind provisorisch auf Höfen in Oberösterreich einquartiert. Ein deutscher Jude lebt versteckt in Berlin. Er ist der einzige aus seiner Nachbarschaft, der nicht in einem der deutschen Vernichtungslager ums Leben kam. Mit vielen anderen Kindern ist ein zwölfjähriges Mädchen aus Norddeutschland bei einer volksdeutschen Familie in Südungarn untergebracht. Die Kinderlandverschickung ersparte ihr bisher schlimmere Kriegserfahrungen. Eine Frau, ihre drei Kinder und der achtzigjährige Großvater sind mit einem Pferdewagen auf der Flucht. Der Treck aus Schlesien, zu dem ihr Wagen gehört, ist eine Folge der sowjetischen Winteroffensive. Sie veranlasste Hunderttausende Menschen in den Ostgebieten des Deutschen Reiches zum Aufbruch nach Westen. KZ-Häftlinge werden von der SS vor der unaufhaltsam vorrückenden Front «evakuiert». Das Ergebnis – Todesmärsche.

Der vom nationalsozialistischen Deutschland entfachte Zweite Weltkrieg setzte Europa in Bewegung. Millionen von Menschen aller Nationen und Nationalitäten waren unterwegs, die meisten von ihnen kriegsbedingt, notgedrungen: Soldaten, Kriegsgefangene, Emigranten, Zivilisten, Evakuierte, Deportierte, Zwangsverschleppte, Umgesiedelte, Flüchtlinge, Vertriebene. Ausdruck der Unbehaustheit fern von Daheim war die Allgegenwart der Lager. Allein in der deutschen Sprache lassen sich dafür mehr als 200 Begriffe nachweisen, vom Abschiebe- über das Flüchtlings- und das Vernichtungslager bis zum Zwischenlager. Mit zunehmender Dauer des Krieges stieg die Zahl der Menschen, die unfreiwillig unterwegs waren. Sie erfuhr zu Beginn des Jahres 1945 eine weitere Steigerung. Die vorgestellten Stationen einzelner fiktiver Biographien finden sich in dieser Form auch im «Echolot» wieder. Das monumentale, von Walter Kempowski synchronisierte kollektive Tagebuch setzt nicht zufällig am 12. Januar 1945 ein. «An der Weichselfront hat die lange erwartete Winteroffensive der Bolschewisten begonnen», zitiert er aus dem Wehrmachtsbericht dieses Tages.[1] Sie gab den Startschuss dafür, dass sich das schon bis dahin umfangreiche und vielgestaltige kriegsbedingte Migrationsgeschehen zu einer «Fuga furiosa» entwickelte. Die ausgeweiteten und beschleunigten Zwangswanderungen fanden unter den Bedingungen eines sich in seiner mörderischen Gewalt nochmals steigernden Krieges und der Auflösung staatlicher Strukturen statt. Sie trugen mit dazu bei, dass Europa im 20. Jahrhundert zum «dunklen Kontinent»[2] wurde.

Mit der bedingungslosen Kapitulation Deutschlands am 8. Mai 1945 schwiegen die Waffen. Dem systematischen Morden inner- und außerhalb der Vernichtungs- und Konzentrationslager sowie dem Sterben an den Kriegs- und Heimatfronten wurde ein Ende gesetzt. Die europäische Opferbilanz ist verheerend: Etwa sechs Millionen ermordete Juden, 14,7 Millionen getötete Zivilisten, 19,6 Millionen gefallene oder vermisste Soldaten. Aber das massenhafte Sterben hörte damit noch nicht auf. Ebenso fand die «Fuga furiosa» während des Übergangs von der heißen Phase des Krieges zum Kalten Krieg ihre nahtlose Fortsetzung. In vielen, insbesondere den ostmitteleuropäischen Regionen des Kontinents erfuhr sie sogar eine Intensivierung. Nach der deutschen Niederlage wurden noch einmal 25 Millionen Menschen in Bewegung gesetzt – wohl die größte Bevölkerungsverschiebung der europäischen Geschichte.[3] Die viel beschworene «Stunde Null» zieht auch hier eine willkürliche Grenze, mit der Folge, dass die Zusammenhänge zwischen den Bevölkerungsbewegungen der Kriegs- und jenen der Nachkriegszeit verschleiert werden. Die Zahl derjenigen, die unterwegs waren, stieg mit dem Ende des Krieges weiter an. Das Hin- und Herschieben von Menschen wurde noch verstärkt. Neue Migrationsbewegungen, auch sie in der überwiegenden Zahl der Fälle erzwungen, kamen hinzu. Aus einem Verschiebebahnhof[4] unter Kriegsbedingungen wurde Europa nach 1945 zu einem Verschiebebahnhof in Abwesenheit des Krieges, aber unter den Voraussetzungen seiner Hinterlassenschaften – neue Grenzziehungen, Zerstörung, Entwurzelung, Tod. Deutschland war während des Krieges einer der zentralen Knotenpunkte dieses Verschiebebahnhofs und blieb dies auch nach seinem Ende zunächst noch.

Die das Reichsgebiet betreffenden Migrationsströme der unmittelbaren Nachkriegszeit lassen sich bei allen Überschneidungen typologisch zwei Gruppen zuordnen. Der ersten, in sich wiederum äußerst heterogenen Gruppe sind die riesigen Menschenmassen zuzurechnen, für die mit dem Ende des Krieges die Ausnahmesituation vorbei war, die ihren erzwungenen Ortswechsel herbeigeführt hatte. Das Schweigen der Waffen und die alliierte Besatzungsherrschaft boten ihnen zumindest die Chance, nach Hause zurückzukehren. Zeitlich und regional unterschiedliche Rückkehrbewegungen großen Ausmaßes setzten ein. Sie, das Ergebnis individueller Entschlüsse und behördlicher Lenkungsversuche während der unübersichtlichen Monate nach Kriegsende, sind zudem nach dem Status zu differenzieren, den die betroffenen Personen kriegsbedingt hatten oder der ihnen jetzt zugewiesen wurde. Gezielte Beeinflussung von Bevölkerungsbewegungen setzt voraus, die in Frage kommenden Gruppen zu erfassen, zu registrieren und dann die organisatorischen sowie logistischen Schritte einzuleiten, um die geplante Umsiedlung von Menschen durchführen zu können.

Als Displaced Persons (DPs)[5] wurden gemäß alliierter Beschlüsse die meisten der zur Zwangsarbeit ins Deutsche Reich verschleppten Ausländer in ihre Heimatländer repatriiert, anfangs auch gegen ihren Willen. Dafür zuständig war zunächst die «United Nations Relief and Rehabilitation Administration» (UNRRA) und seit dem Frühsommer 1947 die «International Refugee Organization» (IRO) mit Sitz in Paris. Ein nicht unbeträchtlicher Teil der DPs, vor allem aus Ost- und Südosteuropa, der angesichts der veränderten Grenzen und politischen Verhältnisse im Nachkriegseuropa nicht zurückkehren konnte oder wollte, wanderte aus, in der Regel nach Übersee. Nur ein verschwindend kleiner Teil der Millionen von DPs verblieb in der Bundesrepublik. Als «Heimatlose Ausländer» erhielten sie einen gesicherten Aufenthaltsstatus, der mit Blick auf die von der Bundesregierung angestrebte Hilfe des Auslands bei der Bewältigung des deutschen Flüchtlingsproblems über die im internationalen Flüchtlingsrecht festgelegten Bestimmungen hinausging.

Heimkehren, wenn auch nur schrittweise, konnte mit dem Ende des Krieges auch der überwiegende Teil der Evakuierten. Schätzungsweise zehn Millionen waren es, die auf eigenen Entschluss, aber noch öfter aufgrund behördlicher Anordnungen, vor den großflächigen alliierten Luftangriffen auf deutsche Städte und aus den kampfgefährdeten Zonen evakuiert worden waren.[6] Hinzu kamen jene, die nach 1945 ihre Wohnungen verlassen mussten, um Platz in den von den Besatzungsmächten beanspruchten Gebäuden zu schaffen. Bis 1947 waren etwa zwei Drittel der Evakuierten, einschließlich der von der Kinderlandverschickung Betroffenen, zurückgekehrt, auch wenn es ihr Haus oder ihre Wohnung nicht mehr gab oder sie eine notdürftig hergerichtete Ruine mit anderen durch den Krieg obdachlos gewordenen Menschen teilen mussten. Dazu trug auch bei, dass in den Evakuierungsgebieten darauf gedrängt wurde, die angespannte Ernährungslage und schlechte Wohnsituation durch Verringerung der Zahl der Einquartierten zu verbessern.

Ein Teil, insbesondere die Gebrechlichen und Kranken, der etwa 350 000 in der letzten Phase des Krieges aus den Ostgebieten des Reiches und vor allem aus Ungarn, Rumänien und Jugoslawien zur Zwangsarbeit in die Sowjetunion deportierten Deutschen und Angehörigen deutscher Minderheiten kam bereits 1946 frei.[7] Aber in ihrer Mehrzahl waren sie über Jahre in verschiedenen Regionen der UdSSR, in unterschiedlichen Wirtschaftszweigen und unter äußerst schlechten Arbeits-, Hygiene- und Versorgungsbedingungen zwangsweise zum Wiederaufbau eingesetzt. Entsprechend hoch war die Todesrate. Sie wird auf etwa 15 Prozent geschätzt. Der Großteil der Überlebenden wurde nach 1949 entlassen und konnte, soweit es die Heimat noch gab, heimkehren.

Für die meisten deutschen Soldaten, soweit sie nicht bereits Kriegsgefangene waren, war das Kriegsende, falls sie es verwundet, entstellt oder physisch unversehrt überlebt hatten, zunächst lediglich mit einem Statuswechsel verbunden. Aus Kombattanten wurden Kriegsgefangene. Elf Millionen deutsche Soldaten traf dieses Schicksal mit der bedingungslosen Kapitulation Deutschlands.[8] Auch wenn die Behandlung der deutschen Soldaten durch die westlichen Alliierten vergleichsweise gut war, führten die chaotischen Zustände am Ende des Krieges und unmittelbar danach zu unhaltbaren Verhältnissen in den Kriegsgefangenenlagern. Im Unterschied zu den deutschen Kriegsgefangenen in Gewahrsam der westlichen Alliierten, die mit wenigen Ausnahmen alle bald entlassen wurden, war die Lage in den sowjetischen Kriegsgefangenenlagern weitaus schlechter. Ein Drittel starb in Gefangenschaft und die zu Kriegsverbrechern erklärten Überlebenden wurden noch viel länger festgehalten. Sie waren als Faustpfand für die Verhandlungen über den künftigen

Status Deutschlands gedacht. Bis Weihnachten 1949 entließ die Sowjetunion zwar die meisten deutschen Kriegsgefangenen. Doch erst 1955 kehrten die letzten etwa zehntausend deutschen Soldaten aus sowjetischer Kriegsgefangenschaft heim.

Die DPs, die Evakuierten, die Deportierten, die Kriegsgefangenen, die während des Krieges Emigrierten, die Überlebenden der Konzentrations- und Vernichtungslager – sie konnten, wenn auch nicht alle und auch nicht sofort, nach Kriegsende in der Regel nach Hause zurückkehren. Im Unterschied dazu brachte der Frieden für eine zweite, nicht minder heterogene Gruppe von Menschen den Beginn der Heimatlosigkeit. Zum einen versperrten die veränderten politischen Nachkriegsverhältnisse in Europa den schon während des Krieges Geflohenen und Verschobenen endgültig den Rückweg nach Hause. Zum anderen wurden nun auch Personen, die in ihrer Heimat hatten bleiben können, gezwungen, ihre Wohnorte zu verlassen. Damit sollten die Bevölkerungsverhältnisse der neuen politischen Landkarte Europas oder den neuen Machtverhältnissen und Ordnungsvorstellungen angepasst werden. Schon während des Krieges waren vermutlich mehr als 15 Millionen Menschen in Europa zu Objekten von Völkerverschiebungen geworden. Für die Zeit von 1945 bis Ende der 1940er Jahre wird die Zahl der Umgesiedelten, Geflohenen, Ausgewiesenen und Vertriebenen auf weit über 20 Millionen Menschen geschätzt. Deutlich mehr als die Hälfte davon waren deutsche Umsiedler, Flüchtlinge und Vertriebene des Krieges und der Nachkriegszeit. Die Möglichkeit, eine Wahl zu treffen, gab es für sie in der Regel nicht. Sie, die Opfer von Flucht und Vertreibung, wurden gerade mit dem Ziel in Bewegung gesetzt, dass sie nie wieder nach Hause zurückkehren sollten.

2. ‹Flucht und Vertreibung› – Bedeutungsfelder

Die Worte ‹Flucht und Vertreibung› haben sich in der deutschen Sprache zu einer stehenden Wendung entwickelt. Sie suggeriert das unzutreffende Bild eines im Wesentlichen gleichförmigen, zeitlich und auch räumlich überschaubaren Geschehens. Der Inhalt von ‹Flucht und Vertreibung› umfasst aber weit mehr als die Summe der beiden Begriffe. Er weist mehrere eng miteinander verwobene Bedeutungsfelder auf. Erst zusammengenommen erschließen sie die Chiffre ‹Flucht und Vertreibung› in all ihren Dimensionen und lassen damit erst die Breite und die Vielschichtigkeit des komplexen Themas erkennen.

‹Flucht und Vertreibung› steht erstens für die von einem hohen Maß an Gewalt, Willkür und Zwang begleitete Verschiebung von mehr als zwölf Millionen deutschen Reichsbürgern und Angehörigen deutscher Minderheiten aus Ostmittel- und Südosteuropa in der letzten, verlustreichsten Phase des Zweiten Weltkriegs und im ersten halben Jahrzehnt nach Kriegsende. Aufgrund von Gewaltanwendung, schlechter Versorgung, Entkräftung, ungünstigen Witterungsbedingungen und der Kriegs- und Nachkriegsverhältnisse kamen mehrere Hunderttausend Menschen ums Leben.[1] Überlebende und Opfer mit eingeschlossen ist ‹Flucht und Vertreibung› der Inbegriff des zahlenmäßig größten Teils der europäischen Zwangsmigrationen am Ende des Zweiten Weltkrieges. ‹Flucht und Vertreibung› der Deutschen hat damit wesentlichen Anteil daran, dass das letzte Jahrhundert, noch lange bevor es sich zu Ende neigte, den Stempel eines «Jahrhunderts der Flüchtlinge» oder eines «Jahrhunderts der Vertreibungen» aufgedrückt bekam.[2]

Hinter der Chiffre ‹Flucht und Vertreibung› verbirgt sich zweitens eine große Formenvielfalt an Bevölkerungsbewegungen und kriegsbedingten Migrationen.[3] Menschen wurden aus den unmittelbar an die Front grenzenden Zonen verlagert, um so Freiraum für militärische Operationen zu schaffen. Sowohl von den anordnenden Behörden als auch von den Betroffenen wurden die *Evakuierungen*

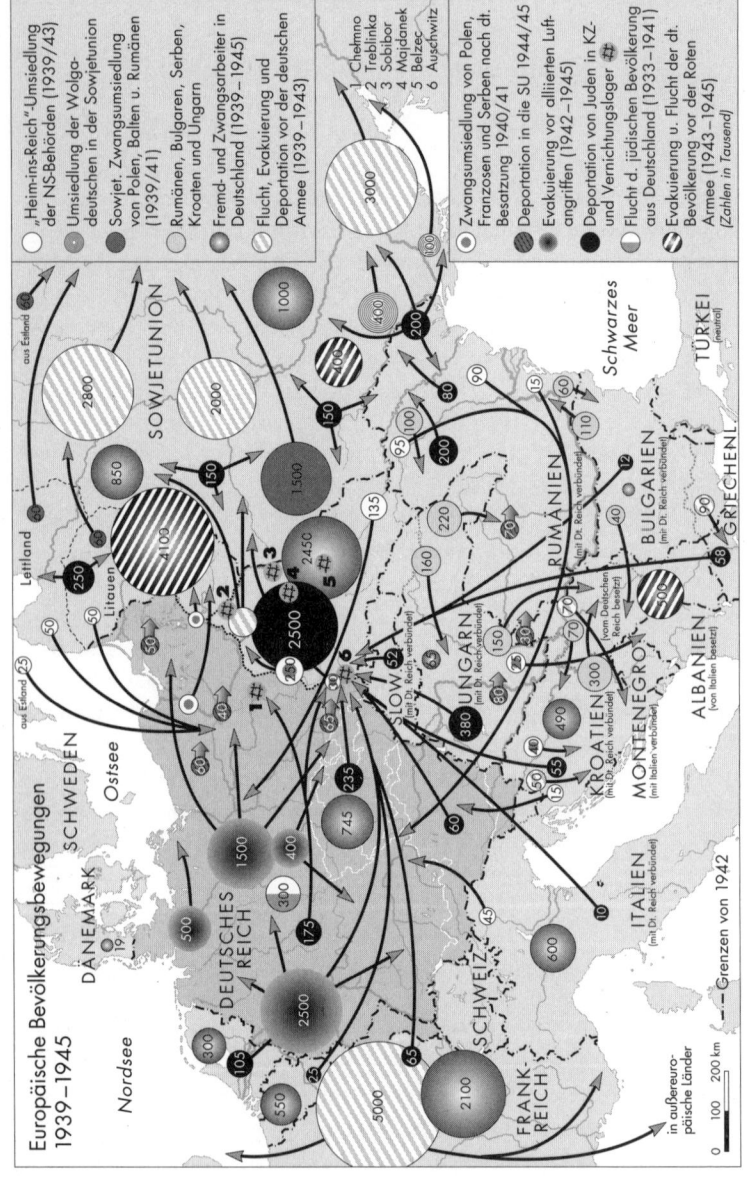

in der Regel als vorübergehend angesehen. Hinzu kamen die breit angelegten, oft zu spät angeordneten Evakuierungen des NS-Regimes, als sich die Ostfront den Reichsgrenzen näherte und diese bald überschritt. Als zeitweilig wurde in den meisten Fällen auch die *Flucht* angesehen, ob in Form eines überstürzten Aufbruchs vollzogen oder als Ergebnis rechtzeitig getroffener Vorbereitungen. Um Kampfhandlungen auszuweichen und damit einer drohenden Gefahr für Leib und Leben zu entkommen, flüchteten die Menschen aus eigenem Antrieb, einzeln oder in Gruppen mit dem, was sie tragen oder hinter sich herziehen konnten. Oft setzten sie sich dabei über behördliche Anordnungen hinweg. Auf der Flucht wurden sie Teil des Kriegsgeschehens, bei dem militärische Gesichtspunkte immer Vorrang gegenüber dem Wohl von Zivilisten hatten. In diesen Kontext gehören auch die quantitativ bedeutsamen, wenn auch nur zeitweiligen *Rückkehrbewegungen* unmittelbar nach Kriegsende. Viele Flüchtlinge kehrten mit dem Ende des Krieges in ihre Heimatorte zurück oder versuchten es zumindest. Hinzu kommen ebenso die *Deportationen* deutscher Staatsbürger und Angehöriger deutscher Minderheiten zur Zwangsarbeit in die Sowjetunion als Teil der von ihr beanspruchten und von den westlichen Alliierten akzeptierten Reparationsleistungen. Auch in diesem Fall ging der endgültigen Ost-West-Verschiebung, die Flüchtlinge zu Deportierten und später zu Vertriebenen werden ließ, eine Bewegung in umgekehrter Richtung voraus.

Diejenigen, die nicht kriegsbedingt evakuiert worden oder geflohen waren – sie bildeten sowohl in den Ostprovinzen des Reiches als auch bei den deutschen Minderheiten in den Staaten Ostmitteleuropas eine Mehrheit –, wurden unmittelbar vor Kriegsende und in den ersten Monaten danach in ihrer überwiegenden Mehrheit zu Opfern von *Ausweisungen, Abschiebungen* und *«wilden Vertreibungen»*. Als Personifizierung des nationalsozialistischen Besatzungsregimes wurden sie stellvertretend und in der Regel allein aufgrund ihrer deutschen Staats- oder Volkszugehörigkeit durch unterschiedliche Maßnahmen gezwungen, Haus und Hof zu verlassen. Sich spontan entladende Rachegefühle gingen dabei Hand in Hand mit Anordnungen der sich formierenden neuen Staatsmacht in den einzelnen Ländern Ostmitteleuropas. Zum breiten Spektrum an Erscheinungsformen von ‹Flucht und Vertreibung› gehören zudem die *Umsiedlungen* auf vertraglicher Grundlage. Als Ergebnis bilateraler Umsiedlungsverträge kamen schon während des Krieges mehrere Hunderttausend deutsche Umsiedler «Heim ins Reich».[4] Umsiedlungsbestimmungen zu Lasten Dritter, wie sie auf der Konferenz von Potsdam zustande kamen, bildeten dann die rechtliche Voraussetzung für die «ordnungsgemäße und humane Überführung» von Millionen von Deutschen in die vier Besatzungszonen Deutschlands.

Diese unterschiedlichen Formen von Zwangswanderung, die ‹Flucht und Vertreibung› in sich vereinigt, erwiesen sich nachträglich oft als der Anfang einer mehrere Wochen, Monate, manchmal sogar Jahre dauernden Odyssee. Sie lassen sich keineswegs immer klar voneinander abgrenzen. Zudem sind die Übergänge zwischen den einzelnen Migrationsformen nicht selten fließend. In der Praxis bedeutete dies, dass Einzelpersonen oder Gruppen im Laufe ihrer erzwungenen Bewegung zu unterschiedlichen Zeitpunkten, an verschiedenen Orten und in beliebiger Reihenfolge Subjekte und Objekte von Bevölkerungsbewegungen waren. Ein Treck, das Sinnbild für ‹Flucht und Vertreibung›, konnte das Ergebnis von Evakuierung und Flucht, aber genauso von Umsiedlung, Abschiebung und Ausweisung sein.

‹Flucht und Vertreibung› ist drittens die Chiffre für einen Prozess mit großer geographischer und zeitlicher Spannweite. Die Zwangswanderung betraf Deutschland in einer doppelten Rolle. Es war, und hier insbesondere bezogen auf die Ostprovinzen des Deutschen Reiches, einerseits das Ausgangsgebiet für Umsiedlung, Flucht und Vertreibung. Andererseits bildeten die dem zweigeteilten Reststaat verbleibenden Gebiete West- und Mitteldeutschlands das Zielgebiet der Flüchtlinge und Vertriebenen. Die schon damit verbundene regionale und lokale Vielfalt erreichte angesichts der betroffenen deutschen Minderheiten außerhalb der Reichsgrenzen europäische Dimensionen: Deutsche aus Polen, aus der Sowjetunion, aus der Tschechoslowakei, aus Jugoslawien, Rumänien und Ungarn, ohne dass damit die Aufzählung vollständig wäre.[5] Bezieht man die Deportationen in die Sowjetunion sowie die außereuropäischen Zielgebiete der deutschen Vertriebenen und Flüchtlinge mit ein, so werden die globalen Ausmaße des Geschehens sichtbar. Mit den weit über die Grenzen Deutschlands hinausreichenden Dimensionen sind jeweils spezifische politische, soziale und kulturelle Bedingungen und Prägungen verbunden. Damit vereint ‹Flucht und Vertreibung› Migrationsprozesse mit regionalen und hier wiederum landesspezifischen Merkmalen. So wie sich schon Ablauf und Ergebnis des Ausweisungsprozesses aus den einzelnen Provinzen des Deutschen Reiches unterscheiden, so verschieden sind diese Prozesse bei den Flüchtlingen und Vertriebenen von außerhalb der Reichsgrenzen. Die mit einem Herkunftsgebiet verbundene Prägung wiederum wirkte sich auch auf die Eingliederung in den Aufnahmegebieten mit ihren jeweils eigenen wirtschaftlichen, sozialen und konfessionellen Strukturen aus.

Zeitlich betrachtet steht ‹Flucht und Vertreibung› für einen langfristigen Prozess, der, anderen Migrationen vergleichbar, drei große, sich überschneidende Phasen aufweist. In der ersten, bis unmittelbar vor Kriegsende reichenden Phase wurden die Grundvoraussetzungen für die deutsche Zwangsmigration am Ende des Zweiten Weltkrieges geschaffen. Die ganz Europa überziehende, rassistischen Überzeugungen verpflichtete nationalsozialistische Eroberungs-, Besatzungs- und Vernichtungspolitik, für deren Verwirklichung Um-, Aus- und Absiedeln, Abschieben und Ausweisen sowie Verdrängen und Vertreiben das gängige Instrumentarium bildeten, lieferte die wesentlichen Ursachen.[6] Sie setzten auch mehrere Millionen Reichsbürger und Volksdeutsche in Bewegung und bestimmten die Genese der Aussiedlungspläne für die deutsche Bevölkerung entscheidend. Ernstzunehmende Pläne für ein Verschieben der deutschen Bevölkerung aus den Ostprovinzen des Reiches und aus den Staaten Ostmitteleuropas, wie sie am Ende des Krieges umgesetzt wurden, gab es vor dem Krieg nicht. Zudem bestimmte die nationalsozialistische Politik auch maßgeblich den gerade in der Anfangszeit gewaltdurchtränkten Ablauf. Darüber hinaus flossen weitere, langfristig wirksame Faktoren in die Entscheidungsfindung zur Ausweisung und Umsiedlung der deutschen Bevölkerung mit ein. Dazu gehört das in der europäischen Geschichte des 20. Jahrhunderts insbesondere seit dem Ende des Ersten Weltkriegs bereits mehrfach erprobte Umsiedlungs- und Transferszenario. Es ließ den Umsiedlungsgedanken zu einem akzeptierten Mittel praktischer Friedens- und Befriedungspolitik werden.

Seine Wurzeln reichen bis weit ins 19. Jahrhundert, das Zeitalter des Nationalismus, zurück. Prägend war die Vorstellung des «idealen» Nationalstaats, in dem es möglichst keine Minderheiten gab und in dem sich Volks- und Staatsgrenzen deckten.[7]

Die zweite Phase von ‹Flucht und Vertreibung›, erfolgte in den Jahren 1944 bis 1950. Dieses Zeitfenster wird von den Evakuierungen und Fluchtbewegungen im vorletzten Kriegsjahr und den letzten, von der Potsdamer Konferenz sanktionierten Umsiedlungen Ende der 1940er Jahre begrenzt. In sich weist diese Phase wiederum mehrere Zeitabschnitte auf, in denen bestimmte Formen der Zwangsmigration überwogen. Nicht übersehen werden darf zudem der zeitlich versetzte Ablauf, der diese Phase charakterisiert. Zu einem Zeitpunkt, als in einigen Gebieten Evakuierungen in großem Umfang stattfanden, wurden andere noch von Umsiedlung, Flucht und Vertreibung verschont. Als die Vertreibungen in bestimmten Regionen abgeschlossen waren, setzten sie in anderen erst ein oder waren als Ausweisung und Umsiedlung in vollem Gang.

Die dritte Phase des Prozesses, für den die Chiffre ‹Flucht und Vertreibung› steht, umfasst die kurz- und langfristigen Folgen der deutschen Zwangswanderung. Sie haben das in Jahrhunderten entstandene Gefüge Europas insgesamt umgepflügt und reichen in vielen Bereichen bis in die Gegenwart. Die Bevölkerungsverschiebungen hatten weit reichende Auswirkungen auf die Herkunftsgebiete der Flüchtlinge und Vertriebenen. «Als die Deutschen weg waren»[8] oder in nur noch geringer Zahl geduldet wurden, erfuhren diese durch dort neu angesiedelte Menschen – oft selbst durch den Krieg zu Flüchtlingen und Vertriebenen geworden – tiefgreifende demographische, soziale, wirtschaftliche und kulturelle Umwälzungen. Ebenso grundlegend waren die Folgen für die Ansiedlungsgebiete der deutschen Flüchtlinge und Vertriebenen. Sie haben mit ihrem Anteil von durchschnittlich einem Fünftel bis zu einem Viertel der Gesamtbevölkerung die spezifische Entwicklung der beiden deutschen Nachkriegsgesellschaften wesentlich und nachhaltig geprägt.[9]

‹Flucht und Vertreibung› steht nicht nur für den größten Teil der Zwangsmigrationen in Europa während und am Ende des Zweiten Weltkrieges, für eine Vielfalt an Erscheinungsformen sowie einen Prozess, der geographisch weit über die Grenzen des Deutschen Reiches und bezogen auf seine Ursachen über die Zeit des Nationalsozialismus bis ins 19. Jahrhundert reicht. Sie ist viertens auch die Chiffre für Millionen von Lebensgeschichten mit unterschiedlichen biographischen Hintergründen, die wesentlich von Zwangsmigrationen geprägt worden sind.[10] Für die Betroffenen gehören die Erlebnisse auf der Flucht, bei der Evakuierung, während der Ausweisung und Umsiedlung zu den einschneidendsten, nicht selten traumatischen Erfahrungen ihres Lebens: Das Herausgerissenwerden aus vertrauten Verhältnissen und Beziehungen, die Trennung von Kindern und Eltern, die Ungewissheit, ob man die Familienangehörigen je wiederfinden würde, der Verlust von Verwandten, die Entrechtung und der Verlust von Haus und Hof, Vergewaltigung und Tod, Hunger, Entbehrungen, Angst und Schrecken. Diese Erfahrungen haben zugleich tiefe alters- und geschlechtsspezifische Spuren in den Biographien hinterlassen. ‹Flucht und Vertreibung› wurde von Kindern, Erwachsenen und Alten ebenso unterschiedlich wahrgenommen, wie sich die Erfahrungen unterscheiden, die Frauen und Männer gemacht haben. Aufgrund ihrer herkunftsspezifischen Sozialisation, ihrer eigenen, von den Lebensverhältnissen, dem Alter, dem Geschlecht, dem Beruf und der Schichtzugehörigkeit geprägten Erfahrungen haben die Flüchtlinge und Vertriebenen ein breites Spektrum an Formen entwickelt, ihre Erfahrungen zu verarbeiten. Es reicht von der Bewältigung der traumatischen Erlebnisse bis hin zum Zerbrechen an ihnen. Beide Formen der individuellen Aufarbeitung hat die Erlebnisgeneration als «schweres Gepäck» an die ihr folgenden Generationen, auch an die «schweigenden Flüchtlingskinder» weitergegeben.[11]

Eng verbunden sowohl mit den Auswirkungen für die vier Besatzungszonen und später für die beiden deutschen Staaten als auch mit den individuellen Erfahrungen ist fünftens ein weiteres Bedeutungsfeld: die breiten und kontroversen Auseinandersetzungen mit der deutschen Zwangsmigration und ihren Folgen.[12] Diese sind ebenfalls im Kontext der europäischen Entwicklungen nach 1945 zu sehen und davon wesentlich beeinflusst worden. Sie durchziehen die beiden deutschen Nachkriegsgeschichten, wenn auch mit unterschiedlichen Akzentsetzungen, wie ein roter Faden.

In der DDR galt ‹Flucht und Vertreibung› ideologisch bedingt in guter antifaschistischer Manier als eine gerechtfertigte und daher

In Berlin gestrandete Flüchtlingsfamilie, 1945

als Tatsache hinzunehmende «Umsiedlung». Ihre Folgen wurden bald ausgeblendet. Aber auch wenn die Sozialistische Einheitspartei Deutschlands (SED) spätestens seit Mitte der 1950er Jahre nach dem Grundsatz, «Was verboten ist, gibt es nicht», ihre bis dahin gezielte «Umsiedler-Politik» einstellte, bestand das «Umsiedler-Problem» dennoch weiterhin.[13] Trotz des ausgesprochenen Verbots fehlte es auch hier, wie nicht nur einschlägige literarische Zeugnisse erkennen lassen, keineswegs an einer in spezifischen Bahnen verlaufenden Auseinandersetzung mit dem Thema. Ganz zu schweigen davon, dass die DDR die Problematik immer wieder zur Sprache brachte, um die in ihren Augen revanchistische Politik der Bundesrepublik anzuprangern. Auch in diesem Bereich war das Verhältnis zwischen den beiden deutschen Staaten durch «Verflechtung und Abgrenzung»[14] gekennzeichnet.

Anders dagegen stellt sich die Entwicklung in der Bundesrepublik dar. ‹Flucht und Vertreibung› wurde hier, insbesondere auf die verloren gegangenen Ostprovinzen des Reiches bezogen, zum Inbegriff eines Deutschland widerfahrenen Unrechts, das wiedergutzumachen eine Maxime bundesdeutscher Politik bis zur deutschen Vereinigung war.[15] Sie fand ihren Niederschlag auch in der spezifischen juristischen Kodifizierung der von ‹Flucht und Vertreibung› betroffenen Personengruppen in der Bundesrepublik. Das Bundesvertriebenengesetz von 1953 unterscheidet zwischen drei Personengruppen: *Vertriebenen, Heimatvertriebenen* und *(Sowjetzonen-)Flüchtlingen*.[16] Grundlage für den jeweiligen, auch vererbbaren Status, der bestimmte Rechte und Vergünstigungen verbrieft, ist die staatliche Zugehörigkeit eines Gebietes an einem bestimmten Stichtag. Hinzu kommt das durch Abstammung, Sprache, Erziehung und Kultur nachweisbare Bekenntnis zum deutschen Volkstum. Vertriebene, Heimatvertriebene und Sowjetzonenflüchtlinge wurden mit dem Gesetz der eingesessenen deutschen Bevölkerung gleichgestellt, verfügten aber zudem über einen Sonderstatus. Dieser stellt sich insofern als Paradoxon dar, als er die Eingliederung in der Bundesrepublik und die Option auf Rückkehr in die Heimatgebiete in sich vereinigt, beziehungsweise nicht gegenseitig ausschließt. Der Sonderstatus mit Rechtsanspruch sollte einerseits sicherstellen, dass Flüchtlinge und Vertriebene über Generationen hinweg ein sichtbarer Ausdruck der offenen deutschen Frage blieben. Andererseits bildete der Flüchtlings- und Vertriebenenstatus eine der Grundlagen, um die wirtschaftlichen und sozialen Verhältnisse von Eingesessenen und Neubürgern anzugleichen.

Die einschlägigen, in den Anfangsjahren der Bundesrepublik im Konsens verabschiedeten Gesetze bilden nur einen Teil der auf den Themenkomplex bezogenen innen- und außenpolitischen Debatten.[17] Spätestens seit dem Ende der 1950er Jahre weisen sie ein hohes Maß an parteipolitischer Polarisierung auf. Hinzu kommt die breite Resonanz im Bereich der gedruckten und elektronischen Medien, im Film, Fernsehen, in Ausstellungen, den bildenden Künsten und der Literatur. Anders als die etwa seit Beginn dieses Jahrhunderts besonders häufig, ja geradezu inflationär geäußerte Meinung glauben machen will, war ‹Flucht und Vertreibung› kein Tabu in der Bundesrepublik. Es gab kein ungeschriebenes Gesetz, das es verboten hätte, über das Thema zu sprechen und zu veröffentlichen. Daher entpuppt sich das Reden von einem Tabu als eine periodisch wiederkehrende Modeerscheinung und damit selbst als fester Bestandteil der bundesrepublikanischen Debatten. Diese vielfältigen Auseinandersetzungen haben das Bild von ‹Flucht und Vertreibung› in der Öffentlichkeit wesentlich geformt. Die Folge: In der gegenwärtigen medialen Konjunktur, die die Thematik seit 1990 wieder erlebt, stehen weniger die Ursachen, der Ablauf und die Folgen der deutschen Zwangsmigration zur Diskussion, sondern der Umgang mit ihr. Es sind im Wesentlichen erinnerungspolitische Debatten um den Platz des Erinnerungsortes ‹Flucht und Vertreibung› im kulturellen Gedächtnis der Deutschen.[18]

All die angerissenen Bedeutungsfelder gilt es zu berücksichtigen und auszuleuchten, wenn ‹Flucht und Vertreibung› nicht zu einem politisch instrumentalisierten Schlagwort verkommen soll. Erst damit werden die Voraussetzungen für eine differenzierte, abwägende und nüchterne Betrachtungsweise der Zwangsmigration der Deutschen am Ende des Zweiten Weltkrieges geschaffen, die nur im Kontext der gesamten neueren deutschen und europäischen Geschichte erforscht und verstanden werden kann.

Die Umsiedlungen und Vertreibungen im Zweiten Weltkrieg und danach haben in das Schicksal von Millionen eingegriffen, sie haben im Laufe von Jahrhunderten gewachsene Lebensordnungen, wirtschaftliche und kulturelle Räume zerstört und die Geschichte von Generationen annulliert. ‹Flucht und Vertreibung› ist, wie es der Historiker Theodor Schieder formulierte, ein Stück der deutschen Katastrophe, sie ist aber noch viel mehr: Sie ist eine wesentlich von Deutschland verursachte europäische Katastrophe, «ein Eingeständnis dafür, daß die europäischen Völker, die sich in jahrhundertelangen Auseinandersetzungen als eine Einheit im Gegensatz [...] erwiesen hatten, nicht mehr miteinander leben zu können glaubten, ohne sich gegenseitig zu vernichten».[19] Fest steht: Das Nachkriegseuropa ist auch das Ergebnis der geronnenen Flüchtlingsströme, die das Jahrzehnt um das Kriegsende im Mai 1945 in Gang setzte.

3. Literatur – von, für und über Vertriebene

Die im Laufe der Zeit entstandene umfangreiche deutsche und internationale Literatur zu ‹Flucht und Vertreibung› lässt sich in Anlehnung an Hiddo Jolles in solche *von*, *für* und *über* Flüchtlinge und Vertriebene einteilen.[1] Zur letztgenannten Gruppe gehört die im engeren Sinn wissenschaftliche Literatur, die größtenteils bibliographisch erfasst ist. Auf sie zielt der folgende Überblick. Er zeichnet die vier wesentlichen, sich überschneidenden Phasen der Forschungsgeschichte nach, umreißt ihre jeweiligen Merkmale und charakterisiert damit die wissenschaftliche Auseinandersetzung mit ‹Flucht und Vertreibung›.

In vielen Fällen angeregt durch das riesige Ausmaß der Umsiedlungen setzte deren Erforschung noch während des Krieges ein. Diese erste Phase erstreckt sich bis zum Beginn der 1950er Jahre. In dieser Zeit sind es vor allem ausländische Wissenschaftler, die ‹Flucht und Vertreibung› als Teil der europäischen Migrationsbewegungen in der ersten Hälfte des 20. Jahrhunderts oder jener des Zweiten Weltkriegs aufgreifen. Gemeinsam ist vielen dieser Studien, dass sie demographisch ausgerichtet sind, juristische Gesichtspunkte betonen sowie vornehmlich politische Entscheidungsprozesse nachzeichnen und analysieren. Wenn überhaupt, dann machen genuin historische Forschungen nur einen geringen Teil der Überblicksdarstellungen zu Bevölkerungsumsiedlungen aus. Sie verstehen sich ganz bewusst als anwendungsorientierte Untersuchungen, die im Auftrag von politischen Institutionen entstanden sind, um Schlüsse für die zeitgenössische und zukünftige Umsiedlungspolitik ziehen zu können. Besonders hervorzuheben sind unter diesen Studien jene der beiden bedeutenden Migrationsforscher Eugene Kulischer und Joseph Schechtman.[2]

Eugene Kulischers Studie «Europe on the Move» von 1948 ist eine Pionierarbeit und stellt nach wie vor ein Standardwerk dar. Die Untersuchung liefert, theoretisch fundiert, auf der ihr zum damaligen Zeitpunkt zugänglichen Materialbasis ein detailliertes, zahlen- und faktengesättigtes Panorama des nicht zuletzt durch zwei Weltkriege in Bewegung geratenen Europa im 20. Jahrhundert. ‹Flucht und Vertreibung› werden als Teil und insbesondere als Reaktion auf die nationalsozialistische Expansions-, Besatzungs-, Umsiedlungs- und Vernichtungspolitik gedeutet. Kulischer vertritt einen komplexen, demographisch und wirtschaftsgeschichtlich geprägten migrationstheoretischen Zugang, der die europäischen Zwangsmigrationen der Kriegs- und Nachkriegszeit in den größeren Zusammenhang des allgemeinen Wanderungsgeschehens stellt. Dagegen sind Schechtmans Studien zu den europäischen (Vertrags-)Umsiedlungen während des Zweiten Weltkrieges und im ersten Nachkriegsjahrzehnt, insbesondere die Studie «Postwar Population Transfers in Europe 1945–1955» von 1962, der Nationalismus- und Minderheitenforschung verpflichtet. Es ist vor allem dieser zweite Ansatz, der Umsiedlungen als mögliches Instrument zur Lösung von Minderheitenproblemen diskutiert, welcher in der Folgezeit Schule machte.

Eine vergleichbare Forschung gab es in dieser Zeit in den vier Besatzungszonen Deutschlands und den beiden deutschen Staaten nicht. Die vereinzelten, vor allem von Flüchtlingen und Vertriebenen und deren Interessenvertretungen, aber auch von Archiven und wieder entstehenden deutschen Verwaltungen stammenden Bemühungen hatten einen dezidiert dokumentarischen Charakter. Sie zielten darauf, mehr oder weniger systematisch Quellen zu sammeln. Dabei handelte es sich in erster Linie um Zeitzeugenberichte. In Ermangelung anderer Quellen sollten diese als juristisch verwertbare Belege für die deutsche Zwangsmigration dienen. Vorwiegend auf der Grundlage von Selbstzeugnissen erschienen in jener Zeit erste einschlägige Dokumentationen. Zudem entstanden – vor allem im Bereich der Volkskunde und der Soziologie – erste Arbeiten zum Flüchtling als «Gestalt der Zeitenwende». Sie fragten nach den Folgen der Zwangsmigration für die Flüchtlinge und Vertriebenen, aber auch für die aufnehmende Gesellschaft.[3]

Die zweite Phase der Forschung erstreckt sich auf das Jahrzehnt zwischen dem Beginn der 1950er und den frühen 1960er Jahren. Im Vergleich zur vorhergehenden Zeit weist sie einerseits Elemente der Diskontinuität auf. Diese sind vor allem im fast vollständigen Fehlen von ausländischen Studien zu sehen, die die ersten Nachkriegsjahre geprägt haben. Andererseits sind gerade in der westdeutschen Forschung – in der DDR konnte angesichts der politischen Vorgaben zu dem Thema nicht geforscht werden – die Kontinuitätslinien nicht zu übersehen. In dieser Zeit werden, nicht zuletzt durch massive staatliche Förderung, die Grundlagen dessen gelegt, wofür der Begriff «Flüchtlingsforschung» in der Bundesrepublik steht: ein von unterschiedlichen Fächern bestelltes, heterogenes Betätigungsfeld. Zwei große Bereiche lassen sich unterscheiden: Forschungen, in deren Mittelpunkt Umsiedlung, Flucht und Vertreibung sowie deren Ursachen stehen, und solche, die nach den Folgen für die Aufnahmegebiete und der Eingliederung der Flüchtlinge und Vertriebenen fragen.

Unübersehbar sind die Verbindungslinien zur ersten Phase der Forschung bei der «Dokumentation der Vertreibung der Deutschen aus Ost-Mitteleuropa», dem größten zeitgeschichtlichen Forschungsvorhaben der Bundesrepublik.[4] Es verbindet die die frühe deutsche Forschung charakterisierende Dokumentation mit der in der internationalen Forschung dominierenden Einordnung in die europäische Migrationsgeschichte des 20. Jahrhunderts. Sein Anliegen war es, mündliche Quellen sicherzustellen, kritisch zu überprüfen und zu veröffentlichen, verbunden mit dem Anspruch, auf dieser Grundlage eine erste Deutung zu liefern. An diesem, die einschlägige deutsche Forschung prägenden Vorhaben waren unter der Leitung von Theodor Schieder über mehr als ein Jahrzehnt (1951–1963) gleich drei Generationen führender deutscher Historiker beteiligt. Sie entwickelten das Projekt von einer Auftragsarbeit des Bundesvertriebenenministeriums mit dezidiert außen- und innenpolitischen Zielsetzungen, einer «Dokumentation der Unmenschlichkeit», zu einem methodisch innovativen Forschungsvorhaben mit einem auch inhaltlich zukunftsweisenden Erklärungsansatz. ‹Flucht und Vertreibung› der Deutschen wurde sowohl in den Kontext der dem ethnisch reinen Nationalstaat verpflichteten Zwangsmigrationen im Europa des 20. Jahrhunderts als auch der nationalsozialistischen Besatzungs-, Umsiedlungs- und Vernichtungspolitik gestellt. Die veröffentlichten Ergebnisse dieses Großforschungsprojektes liegen in fünf Bänden mit einem jeweils eigenen regionalen Schwerpunkt, einige davon in mehreren Teilbänden, drei Beiheften und einem Registerheft vor. Sie sind auch als gekürzte englische Ausgaben zwischen 1953 und 1962 erschienen. Ein geplanter «auswertender Ergebnisband», in dem der gesamte Vertreibungsprozess der Deutschen in einen gesamteuropäischen Kontext, auch der nationalsozialistischen Vertreibungs- und Vernichtungspolitik, gestellt werden sollte, erschien nicht mehr. Weil dieser krönende Abschluss der Reihe ausblieb, handelt es sich bei der «Dokumentation der Vertreibung der Deutschen aus Ost-Mitteleuropa» letztendlich um einen Torso, allerdings um einen äußerst wirkungsmächtigen. Mit ihren zahlreichen Nachdrucken bis in die Gegenwart und der eigenen Rezeptionsgeschichte der Beihefte erweist sich das Werk als ein zuverlässiger Seismograph für den Umgang mit ‹Flucht und Vertreibung› in der Bundesrepublik.

Daneben bildete die Erforschung des Eingliederungsprozesses der Flüchtlinge und Vertriebenen in der Bundesrepublik einen weiteren Schwerpunkt dieser zweiten Phase der Forschungsgeschichte. Sie weist deutliche Verbindungslinien über 1945 zurück auf, war stark regionalgeschichtlich geprägt, wurde von der Demographie, Geographie, Soziologie und Volkskunde getragen und auch staatlich gefördert. Die Ergebnisse dieser Untersuchungen mündeten 1959 in eine erste Synthese. Damals erschien das von Eugen Lemberg und Friedrich Edding herausgegebene dreibändige Werk «Die Vertriebenen in Westdeutschland». Vergleichbar der «Dokumentation der Vertreibung der Deutschen aus Ost-Mitteleuropa» hat auch diese Publikation Maßstäbe gesetzt. Bis heute liegt kein weiterer Versuch einer Zusammenschau der Forschungsergebnisse zum Eingliederungsprozess der Flüchtlinge und Vertriebenen vor.

Zu Beginn der 1960er Jahre deutete sich ein Umschwung in der einschlägigen Forschung an. «Die große Zeit der wissenschaftlich brauchbaren Literatur zum deutschen Vertriebenen- und Flüchtlingsproblem scheint vorbei zu sein», schrieb Eugen Lemberg zu dieser Zeit.[5] Damit wurde eine dritte Forschungsphase eingeläutet, die fast zwei Jahrzehnte andauerte. Die sich anbahnende Veränderung ist primär auf zwei Ursachen gesellschaftspolitischer Natur zurückzuführen. Erstens verwandelte sich in den Schwellenjahren um 1960 der bis dahin landläufige Opferdiskurs in der Bundesrepublik – Deutsche als Opfer Hitlers und des «alliierten Unrechts von Potsdam» – in einen Täterdiskurs.[6] Deutsche wurden in zunehmendem Maß als «Täter» gesehen. Die während des Nationalsozialismus von Deutschen begangenen Verbrechen stellten von nun an jene an Deutschen während der Vertreibung begangenen in den Schatten. Sie sollten fortan und verstärkt seit der sozial-liberalen Koalition die politisch-öffentliche Diskussion bestimmen und stellen bis heute den Bezugspunkt für den Umgang mit ‹Flucht und Vertreibung› dar.[7] Die Erforschung des Umsiedlungs- und Vertreibungsgeschehens am Ende des Zweiten Weltkrieges fristete unter diesen Umständen und immer auch mit Verweis auf die mit der «Dokumentation der Vertreibung der Deutschen aus Ost-Mitteleuropa» bereits vorliegenden Ergebnisse ein Nischendasein.

Eine weitere Ursache ist in den unerwartet raschen Fortschritten bei der Versorgung der Flüchtlinge und Vertriebenen mit Wohnraum und Arbeitsplätzen zu sehen. Analog zum Wirtschaftswunder sprach man in der Bundesrepublik schon bald von einem «Eingliederungswunder», das politisch ganz bewusst herausgestellt wurde, um die schwärende Wunde der Vertreibung in den Hintergrund treten zu lassen. Mit Hinweis darauf, dass die Vertreibung heute Geschichte sei, schrieb 1979 der damalige Staatssekretär im Bundesministerium des Innern mit Bezug auf die Flüchtlinge und Vertriebenen: «Sie leben politisch, beruflich und materiell nicht anders als die Deutschen, die hier schon seit Generationen ansässig sind. Daß dies gelingen konnte, ist das eigentliche Wunder der Nachkriegsgeschichte.»[8] Die Flüchtlingsproblematik, eine der wesentlichen Belastungen der jungen Bundesrepublik, galt als bewältigt und damit schwand bis auf wenige Ausnahmen, die aus der Feder ausländischer Autoren stammten, auch das Interesse an der Flüchtlingsforschung. Mit dem «Verschwinden» des Problems schien sich auch die im Wesentlichen zeitgebundene Forschung zu erübrigen. Die in dieser Zeit veröffentlichten Sammelbände mit ihrer in der Regel positiven Bilanz zum Eingliederungsprozess bestätigen diese Beobachtung. Ein Kenner der Materie brachte es auf den Punkt, als er 1974 fragte: «Obwohl also die wissenschaftliche Beschäftigung mit den Heimatvertriebenen reizlos geworden ist, obwohl zuständige Behörden keine Handreichungen mehr bieten können, obwohl schließlich die Heimatvertriebenen keine parteipolitische Größe mehr darstellen: Die Frage ist nicht mehr zu umgehen, was denn aus diesen Millionen Menschen geworden ist. Vor zwei Jahrzehnten waren sie noch da, von den Politikern, den Medien, der Wissenschaft beachtet – heute scheinen sie verschwunden zu sein, wie vom Zauberstab berührt. Ist das denkbar?»[9] Die starke Instrumentalisierung und Politisierung, die ‹Flucht und Vertreibung› in diesen beiden Jahrzehnten erfuhr, hatte eine Marginalisierung des Themas in der Wissenschaft zur Folge und damit eine fast vollständige Abstinenz der Flüchtlingsforschung. Ein zuerst 1977 in den USA veröffentlichter Band zur Rolle der westlichen Alliierten bei der «geregelten und humanen Umsiedlung» ist die Ausnahme, die die Regel bestätigt.

Erste Anzeichen für einen Wandel lieferten zu Beginn der 1980er Jahre zeitgeschichtliche Arbeiten, die nun nach den Aufnahmebedingungen für die Flüchtlinge und Vertriebenen in den Ländern der einzelnen Besatzungszonen und den damit verbundenen Folgen fragten. Sie markieren den Beginn der vierten Phase der Forschung, die bis heute andauert.[10] Dabei sind zwei Abschnitte zu unterscheiden, die der Fall des Eisernen Vorhangs Ende der 1980er Jahre voneinander abgrenzt. Zunächst verzeichnete die historische Forschung zur Eingliederung der Flüchtlinge und Vertriebenen unter dem Etikett der aus der politischen Umklammerung weitgehend befreiten «neuen Flüchtlingsforschung» einen Aufschwung. Er wurde von dem jetzt möglichen Zugang zu den einschlägigen Akten ebenso befördert wie von der Alltagsgeschichte, der Oral History und der Neudefinition der Zeitgeschichte über Sozialgeschichte. Insbesondere im Rahmen regionaler und lokaler Untersuchungen wurde der Prozess der Integration vor Ort erkundet, d. h. das Maß und der Umfang der Veränderungen, die der gewaltige Bevölkerungszuwachs im sozialen, wirtschaftlichen, politischen und konfessionellen Bereich ausgelöst hatte sowie die Rolle der Interessen der am Eingliederungsprozess beteiligten Gruppen und Institutionen. Hinzu kamen die mentalitäts- und erfahrungsgeschichtlich motivierten Fragen nach den spezifischen Aspekten der Aufnahme und des Einlebens der ihrer Herkunft und Prägung nach unterschiedlichen Flüchtlinge und Vertriebenen in den jeweiligen Aufnahmegebieten. Als wichtige Ergebnisse dieser Studien zeichnete sich ab, dass die noch in den 1970er Jahren diagnostizierte «schnelle» Integration ein Mythos war.[11] Zudem wurde deutlich, dass es wohl weniger eine Integration der Flüchtlinge und Vertriebenen in die Bundesrepublik gegeben hat, sondern die Bundesrepublik selber das Ergebnis eines erfolgreichen Eingliederungsprozesses von Flüchtlingen, Vertriebenen und Eingesessenen in eine neue Zeit und Gesellschaft darstellt. Wenn auch unter völlig anderen Vorzeichen, entstanden in dieser Zeit auch erste Arbeiten in der DDR, die die «Umsiedlerfrage» zum Thema hatten.

Im Unterschied dazu erfuhr die Erforschung von Umsiedlung, Flucht und Vertreibung und ihren Voraussetzungen zunächst nur geringe Aufmerksamkeit. Aus Anlass des 40. Jahrestags des Kriegsendes erschien in Ermangelung neuer Forschungsergebnisse die «Dokumentation der Vertreibung der Deutschen aus Ost-Mitteleuropa» erstmals in einer Taschenbuchausgabe. Ein in seinem Ansatz und seiner Struktur gelungener Sammelband, «Die Vertreibung der Deutschen aus dem Osten», griff das Thema 1985, wenn auch unter politischen Gesichtspunkten, auf. Es entstanden erste Monographien und Sammelbände, die im Hinblick auf die Genese von Flucht und Vertreibung gegenüber der älteren Forschung einen tatsächlichen Fortschritt darstellten. Den damaligen Forschungsstand spiegelt die 1989 von Gertrud Krallert-Sattler herausgegebene erste wissenschaftliche Bibliographie zum Thema wider. Systematisch gegliedert und annotiert, umfasst sie allein für das Gebiet der Bundesrepublik über 3 500 Titel.

Diese Forschungen erfuhren durch den Zusammenbruch der Sowjetunion und des Ostblocks einen weiteren Aufschwung. ‹Flucht und Vertreibung› war jetzt nicht mehr allein ein westdeutsches Thema. Befreit von der parteipolitischen und systemkonformen Gängelung und gestützt auf die jetzt weitestgehend zugänglichen Quellen vor Ort, setzte eine breite und intensive Erforschung zum «Komplex der Vertreibung»[12] in den Herkunftsländern ein, allen voran in Polen und in der Tschechoslowakei. Sie erbrachte eine mittlerweile kaum noch zu überblickende Zahl von Publikationen: Dokumentationen, Quellenpublikationen, Monographien und Aufsätzen.[13] Wichtige Werke wurden ins Deutsche übersetzt. Alle diese Arbeiten haben dazu beigetragen, dass sich die Zwangsmigrationen in Ostmitteleuropa zu einem zentralen Thema der zeitgeschichtlichen Forschung entwickelten. Zusätzlich zur Beendigung der Ost-West-Konfrontation trug das *ethnic cleansing* während des Bürgerkrieges auf dem Balkan in den 1990er Jahren mit dazu bei, dass die Erforschung von Zwangsmigrationen eine Internationalisierung erfuhr. Dabei wurden einerseits Themen und Fragestellungen aufgegriffen, die die Forschung von Anfang an bestimmt hatten, und andererseits neue Wege eingeschlagen.

Zur Aufnahme, Integration und Assimilation der Flüchtlinge und Vertriebenen in der DDR setzte eine intensive, im Vergleich zur alten Bundesrepublik nachholende Forschung ein.[14] Die zahlreichen sowohl regional als auch auf die Sowjetische Besatzungszone (SBZ) und DDR insgesamt ausgerichteten Studien bildeten die Grundlage für die ersten Versuche einer vergleichenden Betrachtung der Assimilations- und Integrationspolitik der Besatzungsmächte sowie der Verwaltungsapparate, die geschaffen worden waren, um des Zustroms an Flüchtlingen und Vertriebenen Herr zu werden. Zudem interessierten die kurz- sowie langfristigen Folgen für die Aufnahmegebiete und der Veränderungen, die die Begegnung von Alt- und Neubürgern in der SBZ/DDR und der Bundesrepublik bewirkt hatten. Forschungen zur Flucht aus der DDR in die Bundesrepublik kamen hinzu.[15] Die vergleichende Perspektive richtete sich zudem über den deutsch-deutschen Rahmen hinaus, wenn zum Beispiel die Gemeinsamkeiten und Unterschiede bei der Aufnahme und Eingliederung von Umsiedlern in Polen und Vertriebenen in der DDR herausgearbeitet wurden. Die Frage nach der Entstehung, dem Wirken und dem Einfluss der Vertriebenenverbände wurde wieder gestellt. «Die Pläne und Entscheidungen zum ‹Transfer› der Deutschen» erfuhren die bisher tiefgründigste Analyse. Neue, grenzüberschreitende Editionen von Quellen und Nachschlagewerken wurden auf den Weg gebracht. Erste Untersuchungen zum Umgang mit ‹Flucht und Vertreibung› in der Bundesrepublik erschienen. Unübersehbar waren die Versuche, das Geschehen in den Kontext der neueren deutschen Geschichte und jenen der europäischen Zwangsmigrationen des 20. Jahrhunderts zu stellen. Dabei wurde unwillkürlich ein Anliegen wieder aufgegriffen, welches für die erste Phase der Forschung bestimmend war. Einen hohen Stellenwert erhielt zudem die kontrovers diskutierte Frage nach dem Ort von ‹Flucht und Vertreibung› im deutschen kulturellen Gedächtnis.[16]

Überblickt man die Literatur, so wird deutlich: Insgesamt betrachtet sind die meisten Bedeutungsfelder von ‹Flucht und Vertreibung› gut erforscht.[17] Dabei dürfen die vorhandenen Schwerpunkte und weißen Flecken nicht übersehen werden. Die Folgen der Zwangsmigration der Deutschen für die beiden deutschen Staaten, also die Aufnahme und Eingliederung, sind – verglichen mit dem Prozess der Umsiedlung, Flucht und Vertreibung und deren Voraussetzungen – besser erforscht. Hier wiederum gibt es deutliche regionale Unterschiede. Die Entscheidungen, die zur Ausweisung, Flucht und Vertreibung aus den Ostgebieten des Deutschen Reiches und aus der Tschechoslowakei geführt haben, sind gut aufgearbeitet. Demgegenüber gibt es für Ungarn noch Nachholbedarf. Für Jugoslawien steht die Erforschung dieser Vorgänge noch am Anfang. Auch die Frage, weshalb Rumänien seine deutsche Minderheit am Ende des Krieges nicht ausgewiesen hat, ist noch nicht hinreichend geklärt. Im Hinblick auf die kurz- und langfristigen Ursachen, die zur Entscheidung geführt haben, die deutsche Bevölkerung aus den Ostgebieten des Deutschen Reiches und einer Reihe von Ländern Ostmitteleuropas auszusiedeln und zu vertreiben, besteht ebenfalls noch Forschungsbedarf. In hohem Maß kontrovers wird auch noch der Umgang mit den deutschsprachigen Minderheiten in Europa am Ende des Krieges diskutiert. Der in der neueren Forschung wiederentdeckte Zusammenhang zwischen der nationalsozialistischen Umsiedlungs-, Vertreibungs- und Vernichtungspolitik und ‹Flucht und Vertreibung›[18] bedarf ebenso der Vertiefung wie die lange Vorgeschichte des Umsiedlungsgedankens und seine Umsetzung in der europäischen Geschichte. Damit ist die Frage nach einem geeigneten Ansatz angesprochen, der es erlaubt, die stark nationalstaatlich geprägten Forschungen und deren Ergebnisse miteinander zu verbinden. Sie hat noch keine befriedigende Antwort gefunden. Wie zu Recht bemerkt wurde, ist die Forschung hier noch «auf der Suche nach dem richtigen Kontext».[19] Letztendlich fehlt es auch nach mehreren Jahrzehnten der Forschung nicht nur an einer großen Synthese der Zwangsmigrationen im östlichen Europa, sondern allein schon an einer modernen, dem aktuellen Stand der Forschung entsprechenden Gesamtdarstellung von ‹Flucht und Vertreibung›. Immer neue Auflagen der «Dokumentation der Vertreibung der Deutschen aus Ost-Mitteleuropa» ändern nichts daran. Daher ist das jüngst in zugespitzer Form formulierte Resümee sicher in seinem Kern zutreffend: Die Aufarbeitung von ‹Flucht und Vertreibung› ist «ziemlich weit und doch am Anfang».[20]

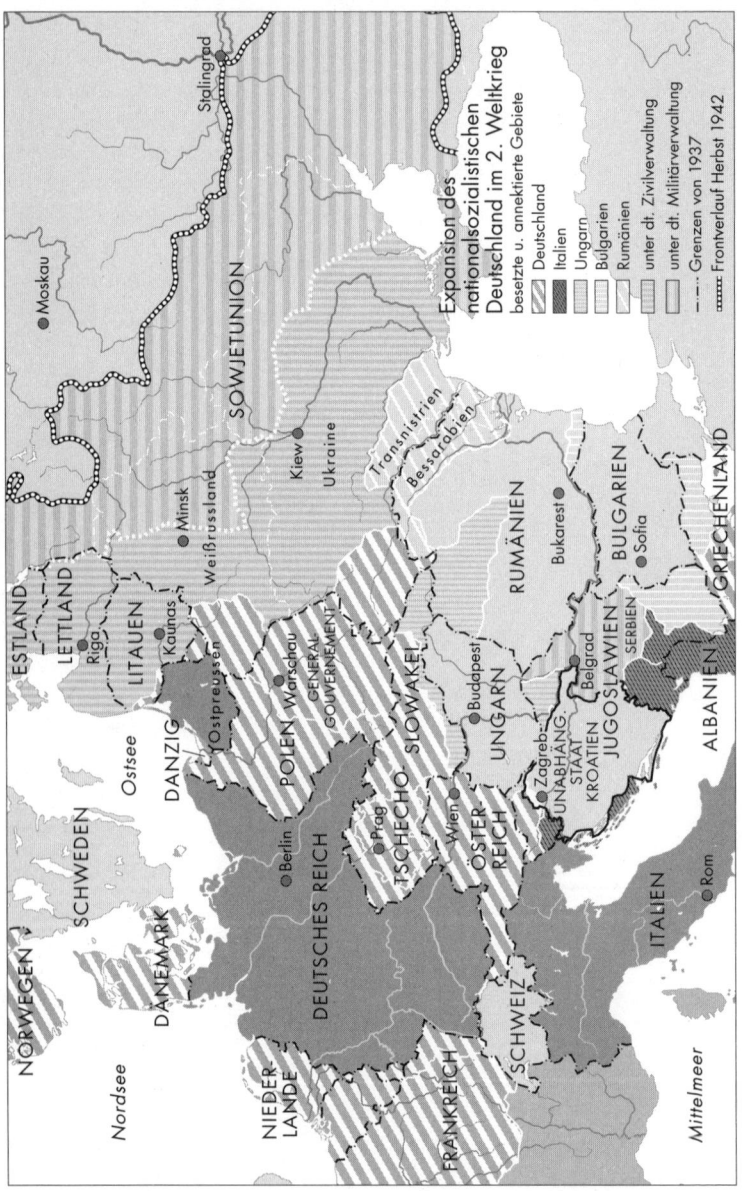

4. Voraussetzungen

Überlegungen, Bevölkerungsverschiebungen als Mittel einzusetzen, um eine stabile Nachkriegsordnung zu erreichen, wurden nicht erst am Ende des Zweiten Weltkrieges angestellt. Diesbezügliche Pläne mussten nicht erfunden werden und auch ihre praktische Umsetzung stellte kein Neuland dar. Der Gedanke der Entmischung durch Grenzverschiebung oder der Anpassung der ethnischen Struktur der Bevölkerung an neu gezogene Grenzen durch Umsiedlung ist eng mit der Entstehung der modernen Nationalstaaten verbunden. Zu Beginn des 20. Jahrhunderts und insbesondere nach dem Ersten Weltkrieg waren Bevölkerungstransfers zu einem anerkannten Mittel der Politik geworden. Der Zweite Weltkrieg bot dann das Exerzierfeld, auf dem sie nicht nur, aber vor allem im Dienste der nationalsozialistischen Rassenideologie in großem Stil angewandt wurden. Die Pläne zur Ausweisung und Umsiedlung der deutschen Bevölkerung gehen auch nicht auf die Entscheidung einer Person, einzelner Staaten, allein der Sowjetunion oder der westlichen Alliierten zurück. Zudem sind die Umsiedlungspläne am Ende des Zweiten Weltkrieges nicht nur totalitären Regimen zuzuordnen. Gleichfalls irreführend ist es, in diesen Bevölkerungsverschiebungen eine bloße Reaktion auf die nationalsozialistische Eroberungs-, Besatzungs- und Vernichtungspolitik zu sehen. Schon allein der Umstand, dass große Teile des gesamten Kontinents, nicht allein Deutschland und Deutsche davon betroffen waren, spricht dagegen. Vielmehr handelt es sich um Pläne, die aufgrund der Dynamik und unter den Bedingungen des von Deutschland zum totalen Vernichtungskrieg gesteigerten Zweiten Weltkrieges allmählich gereift sind. Sie stellen das Ergebnis eines komplexen Wechselspiels von im Wesentlichen drei unterschiedlichen Faktorenbündeln dar.[1] Die Vorstellung, ethnisch homogene Nationalstaaten zu schaffen, um so angebliche Minderheitenprobleme zu lösen, und die praktischen Erfahrungen mit Bevölkerungsaustausch und Umsiedlungen in der europäischen Geschichte des 20. Jahrhunderts gehörten ebenso dazu wie die Folgen des deutschen Besatzungsregimes mit seiner menschenverachtenden Vernichtungspolitik und die sich neu herausbildende, von der Sowjetunion und den USA bestimmte bipolare Machtkonstellation.

4.1. Nationalstaat und Minderheiten

Eugene Kulischer beziffert den Umfang der grenzüberschreitenden europäischen Migrationsströme in der Zeit zwischen 1918 und 1939 auf etwa zehn Millionen Menschen.[2] Einen Großteil davon machte die Bevölkerung Ostmittel- und Südosteuropas aus. Sie musste aufgrund des Auseinanderbrechens mehrerer Großreiche infolge des Ersten Weltkrieges, den damit einhergehenden veränderten Grenzziehungen und der Entstehung neuer Staaten fliehen, sie wurde ausgewiesen oder umgesiedelt. Dadurch erreichten von Staaten verursachte, eingeleitete und durchgeführte Zwangsmigrationen in der Zwischenkriegszeit eine quantitativ und qualitativ neue Dimension. Die ihnen zugrunde liegende Vorstellung des ethnisch homogenen Nationalstaats war dagegen nicht neu. Sie ist eng verbunden mit der Herausbildung der modernen europäischen Nationalstaaten seit dem Ende des 18. Jahrhunderts und mit ihnen der modernen Minderheitenfrage: «Das Nationalitätenproblem in diesem Sinne ist also in dem Augenblick und überall da gestellt, wo die im Nationalstaat angestrebte einfache Identität von Staat und Nation oder Volk sich als nicht vollziehbar erweist, entweder weil es kein einzelnes den Staat tragendes Volk gibt, oder weil starke, einen eigenen Willen vertretende fremdnationale Gruppen diese Identität bestreiten. Das Nationalitätenproblem steht also in einem unauflöslichen Zusammenhang mit der Nationalstaatsidee.»[3] Im Zeitalter des so genannten «nationalen Erwachens» strebten alle Nationen danach, einen Nationalstaat zu bilden, das Staatsterritorium und das Staatsvolk in Einklang zu bringen. In einer umfangreichen Abhandlung von 1814, einem Plädoyer für einen deutschen Nationalstaat, thematisierte der Historiker und Publizist Heinrich Luden das Verhältnis zwischen Volk und Staat. Er gehörte zur Gruppe der zahlreichen deutschen nationalstaatlichen Theoretiker des frühen 19. Jahrhunderts. Dabei fragte er auch danach, wie ein Nationalstaat mit «fremden Volksgenossen» verfahren solle, «die Bürger unseres Staates» seien, weil diese sich bei aller Loyalität in der Ausnahmesituation eines Krieges als Gefahr für die eigene Nation erweisen könnten. «Einmal könnte man die Bürger eines fremden Volksthums über die Naturmarken unsers Staats entfernen, und auf diese Weise unseren Staat reinigen; zweitens könnte man [versuchen ...], die Eigenthümlichkeiten der fremden Bürger in unsere Eigenthümlichkeit aufzulösen.»[4] Von den beiden Möglichkeiten spricht sich Luden eindeutig und entschieden gegen die Ausweisung oder Umsiedlung von Minderheiten aus: «Nein, die schönsten Gefühle der menschlichen Brust empören sich gegen eine solche Grausamkeit.» Dagegen befürwortet er die friedliche Assimilation von Minderheiten, durch die das eigene Volk «bald rein dastehen» werde. «Jedes andere Bestreben ist unvaterländisch und unmenschlich.»

Zu Beginn des nationalen Zeitalters noch als unmenschlich abgetan, gehörten Aus- und Umsiedlungen am Ende des 19. Jahrhunderts bereits zum Instrumentarium der europäischen Politik. Die Selbstfindung und Selbstdefinition der Nationalstaaten durch Abgrenzung, also das, was Benedict Anderson die Erfindung der Nation nannte, war nicht allein nach außen gerichtet. Zum Janusgesicht des Nationalstaats gehört auch die nach innen gerichtete Ausgrenzung jener, die aus der Sicht des den Nationalstaat tragenden Staatsvolks als nicht dazugehörig, als fremd gelten. Das «bewegliche Epitheton ‹national›» wirkte, wie der Historiker Reinhart Koselleck es formulierte, «wie ein Lackmuspapier», das es ermöglichte, die Mitglieder der Nation einem «aus- oder eingrenzenden Gesinnungstest» zu unterziehen.[5] Damit verbundene Homogenisierungsbestrebungen weisen ein breites Spektrum auf. Es reicht von der gezielten sprachlichen und kulturellen Angleichungspolitik mit dem Ziel, die Minderheiten in der Titularnation aufgehen zu lassen, bis hin zum Verändern von Grenzen oder dem Verschieben von Menschen über Grenzen hinweg. Assimilation, Ausgrenzung, Bevölkerungsaustausch, Umsiedlung und Vertreibung der gemäß dem Nationalstaatsideal und des Nationalitätsprinzips herausdefinierten religiösen, sprachlichen und ethnischen Minderheiten waren die Folge. In der «Ausnahmesituation» des Krieges kommen die dem Nationalstaat innewohnenden

Abgrenzungsbestrebungen nach außen und innen umso deutlicher zum Tragen und bedürfen auch keiner besonderen Rechtfertigung. Die für jeden Bürger sichtbare und erfahrbare Bedrohung der eigenen Nation liefert die Begründung, sich der «Feinde» der Nation zu entledigen. 1934 resümierte der britische Historiker Carlile Macartney treffend: «Die eigentliche Wurzel des Problems liegt in der Philosophie des Nationalstaats, wie sie heute in Zentral- und Osteuropa praktiziert wird [...]. Da schon das Konzept des Nationalstaats eine Verletzung des Gleichheitsprinzips zum Nachteil der Minderheiten beinhaltet, müsste ein Staat, der die Gleichheit seiner Bürger garantieren wollte, wohl seinen Charakter als Nationalstaat aufgeben [...]. Ein Nationalstaat und nationale Minderheiten sind nicht kompatibel.»[6]

Noch religiös oder schon national definierte ethnische Minderheiten wurden in Europa seit dem Ende des 19. Jahrhunderts der Nationalstaatsidee folgend umgesiedelt und ausgetauscht. Umsiedlungen gehörten auch zu den Begleiterscheinungen der Balkankriege 1912/13 und der damit verbundenen Entstehung neuer Staaten.[7] Zu Beginn des 20. Jahrhunderts war in ganz Europa der Gedanke verbreitet, Minderheitenprobleme ließen sich wirkungsvoll durch Umsiedlung oder Bevölkerungsaustausch lösen. Nicht allein der Publizist Siegfried Lichtenstaedter, der Soziologe Bernard Lavergne oder der Anthropologe George Montandon plädierten für eine «massive Verpflanzung» von Minderheiten in ihr Mutterland, für eine Entmischung der Bevölkerung, um dadurch Kriege zu vermeiden. Die konkreten Folgen eines solchen Plans verdeutlichte Montandon anhand einer Karte Europas, in der alle seiner Meinung nach erforderlichen Umsiedlungen und Grenzkorrekturen eingezeichnet waren.[8] Zu den deutschen Zielen im Ersten Weltkrieg zählten auch «völkische Flurbereinigungen».[9] Das Verpflanzen von Bevölkerungsgruppen wurde zudem in Europa als erfolgversprechendes Mittel angesehen, um eine friedliche Koexistenz der auf das Selbstbestimmungsrecht pochenden Nationalstaaten zu gewährleisten. Umsiedlungen entwickelten sich zu Lasten eines effektiven Minderheitenschutzes, wie ihn die Friedensregelungen nach dem Ersten Weltkrieg im Rahmen des Völkerbundes angestrebt hatten, zunehmend zu einem anerkannten Instrument der europäischen Politik.

Dass es sich dabei nicht nur um Pläne, sondern um international sanktionierte Politik handelte, macht die am 30. Januar 1923 zwischen Griechenland und der Türkei unterzeichnete Konvention von Lausanne deutlich. Mit einer Zahl von etwa 1,6 Millionen betroffenen Menschen, den Umständen und der Durchführung dieses gegenseitigen obligatorischen Bevölkerungsaustauschs sowie durch die Zustimmung der europäischen Großmächte und des Völkerbundes eröffnete die Konvention ein neues Kapitel in der Geschichte der europäischen, staatlich sanktionierten Zwangsmigrationen. Der verpflichtende gegenseitige Bevölkerungsaustausch von Griechen und Türken, bei dem das Glaubensbekenntnis der nationalen Zuordnung der Umsiedler zugrunde lag, war vom Flüchtlingskommissar des Völkerbundes, Fridtjof Nansen, vorgeschlagen worden.[10] Das Abkommen legalisierte im Wesentlichen die bereits vollzogene Vertreibung von etwa 1,2 Millionen Griechen und 400 000 Türken. Die Aufnahme und Eingliederung der Umsiedler stellte insbesondere Griechenland über Jahre hinweg vor riesige wirtschaftliche und soziale Probleme. Der britische Außenminister Lord Curzon nannte daher die Ergebnisse der Konvention, die Teil des Vertrags von Lausanne wurde, weitsichtig «eine durch und durch schlechte und böse Lösung, für die die Welt die nächsten hundert Jahre schwer bezahlen wird».[11]

Trotz der bereits zeitgenössischen negativen Einschätzung des Abkommens und seiner katastrophalen Folgen für die betroffenen Menschen und Staaten entwickelte sich das Lausanner Abkommen zum Modell, auf das sich zukünftig die Befürworter von Umsiedlungen in der europäischen Geschichte beriefen – als Vorbild, oder um Bevölkerungsverschiebungen zu rechtfertigen. Einmal als Instrument der Politik gutgeheißen, wurde der Hinweis auf Lausanne als «gelungenen» Präzedenzfall ein Argument, das auch im Entscheidungsprozess für die Umsiedlung und Ausweisung der deutschen Bevölkerung am Ende des Zweiten Weltkrieges von allen daran beteiligten Parteien benutzt wurde.

4.2. Die nationalsozialistische Besatzungs-, Umsiedlungs- und Vernichtungspolitik

Nach der Annexion Österreichs 1938 wurde zuerst die Tschechoslowakei Opfer der nationalsozialistischen Pläne zur «Neuordnung Europas». Den Anlass lieferte die deutsche Minderheit in den Grenzgebieten Böhmens und Mährens. Hitler holte, wie es propagandistisch hieß, die Sudetendeutschen heim, indem er mit Billigung der europäischen Großmächte die Grenzen des Reiches zu Lasten der Tschechoslowakei verschob.[12] Zusätzlich zu den Bestimmungen über den neuen Grenzverlauf enthielt das Münchner Abkommen vom 29. September 1938 auch einen Abschnitt, in dem ein Bevölkerungsaustausch festgeschrieben wurde. Er war vom englischen Premierminister Chamberlain mit Verweis auf das zu Beginn des 20. Jahrhunderts in Griechenland, Bulgarien und der Türkei angewandte «Prinzip des Bevölkerungsaustauschs» angeregt worden. Anders als von Deutschland beteuert, markierte München allerdings nicht das Ende, sondern stellte den Auftakt für das nun erst richtig beginnende gewaltsame Verschieben von Grenzen und Menschen in Europa dar.

Auf die endgültige «Zerschlagung» der Tschechoslowakei folgte der Angriff des nationalsozialistischen Deutschland auf Polen. Hitler löste damit am 1. September 1939 den Zweiten Weltkrieg aus. Der mit der Sowjetunion abgeschlossene Nichtangriffsvertrag verschaffte ihm die notwendige Rückendeckung. Britischen Bemühungen, den deutsch-polnischen Konflikt in letzter Minute durch einen Bevölkerungsaustausch zu vermeiden, war kein Erfolg beschieden. Hitler war entschlossen, die «mazedonischen Zustände» an der deutschen Ostgrenze zu beseitigen – nicht durch Bevölkerungsaustausch, sondern zunächst durch das Verschieben der Grenzen, an die dann die Bevölkerungsverhältnisse des «Großdeutschen Reiches» durch Umsiedlungen und Vertreibungen gewaltsam angepasst werden sollten. Die militärische Eroberung Polens und die Aufteilung der Beute zwischen Deutschland und der Sowjetunion – Hitler sprach zynisch von einer «Sanierungsarbeit» – gingen nahtlos über in die Vertreibung und Deportation der polnischen und jüdischen Bevölkerung

Adolf Hitler in Warschau nach der Besetzung Polens durch das Deutsche Reich, September 1939

sowohl durch Deutschland als auch durch die Sowjetunion. Am Ende des Jahres 1939 waren davon bereits weit über 100 000 Personen betroffen.[13] «Säuberungen», die Liquidierungen einschlossen, Enteignung, Gettoisierung und Zwangsarbeit waren die Voraussetzungen für die angestrebte Germanisierung der eroberten Territorien und ein Mittel, um die zur rassisch begründeten Volksgemeinschaft umgedeutete Nation zu stärken.

In seiner Reichstagsrede vom 6. Oktober 1939 stellte Hitler ein Programm vor, das weit über die Anpassung der Reichsgrenze an selbst definierte historische Gegebenheiten hinausging. Als Ziel wurde ausgegeben, die eroberten Gebiete zu befrieden, neu zu ordnen und für Sicherheit in der gesamten deutschen «Interessenzone» zu sorgen. «Als wichtigste Aufgabe aber: eine neue Ordnung der ethnographischen Verhältnisse, das heißt eine Umsiedlung der Nationalitäten so, daß sich am Abschluß der Entwicklung bessere Trennungslinien, als es heute der Fall ist, ergeben. In diesem Sinne aber handelt es sich nicht um ein Problem, das auf diesen Raum beschränkt ist, sondern um eine Aufgabe, die viel weiter hinausgreift. Denn der ganze Osten und Südosten Europas ist zum Teil mit nicht haltbaren Splittern des deutschen Volkstums gefüllt. Gerade in ihnen liegt ein Grund und eine Ursache fortgesetzter zwischenstaatlicher Störungen. Im Zeitalter des Nationalitätenprinzips und des Rassegedankens ist es utopisch, zu glauben, daß man diese Angehörigen eines hochwertigen Volkes ohne weiteres assimilieren könne. Es gehört daher zu den Aufgaben einer weitschauenden Ordnung des europäischen Lebens, hier Umsiedlungen vorzunehmen, um auf diese Weise wenigstens einen Teil der europäischen Konfliktstoffe zu beseitigen. Deutschland und die Union der Sowjetrepubliken sind übereingekommen, sich hierbei gegenseitig zu unterstützen.»[14]

Hitler griff damit vordergründig Argumente auf, wie sie in der Minderheitenpolitik der Zwischenkriegszeit spätestens seit dem Präzedenzfall, den die Konvention von Lausanne geschaffen hatte, auf der Tagesordnung standen. Er tat dies aber lediglich, um die rassisch begründeten, auf ganz Europa ausgeweiteten Eroberungspläne Deutschlands zu verschleiern. Hilfreich war dabei in diesem Stadium die Zusammenarbeit mit der Sowjetunion. Am 28. September 1939 grenzten die beiden Länder ihre jeweiligen Interessensphären in Ost- und Südosteuropa ab. Im geheimen Zusatzabkommen zu diesem Freundschaftsvertrag kamen Deutschland und die Sowjetunion überein, sich gegenseitig bei der «Neuordnung» des Raumes zu unterstützen. Umsiedlungen in großem Stil waren dafür ein Mittel, dessen man sich nicht nur in diesem Teil Europas bediente.

Erste Verträge, auf deren Grundlage die so genannten «nicht haltbaren Splitter deutschen Volkstums» umgesiedelt, «ins Reich geholt wurden», schloss Deutschland 1939 ab. Um das faschistische Italien an sich zu binden, stimmte Hitler der Umsiedlung der deutschsprachigen Südtiroler zu. Zwar entschied sich, nicht zuletzt durch die nationalsozialistische Propaganda beeinflusst, ein Großteil der Südtiroler aufgrund des vertraglich festgelegten Optionsrechts für Deutschland. Letztendlich machten aber nur rund 75 000 Südtiroler davon Gebrauch. Anders als geplant, wurden die Südtiroler Optanten auch nicht – so die immer weiter entwickelten Pläne – im Elsaß, in den Beskiden oder auf der Krim angesiedelt, sondern zu einem Großteil in Tirol und Vorarlberg.

NS-Umsiedlungen von Volksdeutschen auf vertraglicher Grundlage 1939–1943

Herkunft	Zahl
Baltische Staaten	
Estland	17 000
Lettland	59 000
Litauen	51 000
Bulgarien	2 500
Italien	
Südtirol	82 700
Jugoslawien	
Gottscheer, Krain	14 600
Bosnien, Serbien, Herzegowina	20 000
Polen	
Cholmer Land	31 000
Galizien	57 000
Narew-Region	11 000
Wolhynien, Polesien	67 000
Rumänien	
Alt-Rumänien	10 000
Bessarabien	92 000
Bukowina	95 000
Dobrudscha	15 000
Gesamt	624 800

Quelle: Reichling, Gerhard: Die deutschen Vertriebenen in Zahlen, Teil I: Umsiedler, Verschleppte, Vertriebene, Aussiedler 1940–1985. Bonn 1986, Tabelle 3, S. 23.

Den Vereinbarungen mit Italien folgten bis 1943 weitere 14 Umsiedlungsverträge des nationalsozialistischen Deutschland mit einer Reihe ost- und südosteuropäischer Staaten. Auf der Grundlage dieser Verträge und weiterer Umsiedlungen wurden bis zu eine Million Angehörige der deutschen Minderheiten aus den drei baltischen Staaten, aus Wolhynien, Bessarabien, der Bukowina, der Dobrudscha, aus der Gottschee, aus Bulgarien, Kroatien, Serbien, Bosnien und den besetzten Gebieten der Sowjetunion «Heim ins Reich» geholt. Die Zuständigkeit lag bei einer neu geschaffenen Dienststelle, dem «Reichskommissar für die Festigung deutschen Volkstums» mit Heinrich Himmler an der Spitze, die einen eigens dafür spezialisierten Apparat aufbaute.[15] Dieser sicherte die technische Abwicklung der einzelnen Umsiedlungen, die eine rassische Prüfung der Betroffenen mit einschloss. Mit der Losung, «Ihr verliert die Heimat, um das Vaterland zu gewinnen», wurden die Betroffenen und die Reichsbevölkerung auf die Notwendigkeit der Umsiedlungen eingestimmt. Solche Überzeugungsarbeit war auch notwendig. Etwa die Hälfte der Umsiedler fristete bis zum Kriegsende ein Lagerdasein. Die andere Hälfte wurde nicht auf Reichsgebiet, sondern zur Eindeutschung der «eingegliederten Ostgebiete» vor allem im Reichsgau Wartheland angesiedelt. Dem «Platzschaffen» für Volksdeutsche fiel die polnische und jüdische Bevölkerung zum Opfer. Sie wurde «abgesiedelt», zu Hunderttausenden enteignet, ins Generalgouvernement abgeschoben, ausgewiesen und ermordet. Die «Rückführung» von Volksdeutschen und, wie es in der NS-Terminologie hieß, die «Ausschaltung schädigender Einflüsse volksfremder Bevölkerungsteile»[16] gingen nicht nur Hand in Hand. Beide Maßnahmen wurden zudem vom «Reichskommissar für die Festigung deutschen Volkstums» durchgeführt: «Himmler verschiebt augenblicklich die Völker. Nicht immer mit Erfolg», notierte Goebbels zu dieser Zeit in sein Tagebuch.[17] Er bezog sich dabei auf den sich abzeichnenden Gegensatz zwischen weit reichenden Umsiedlungsplänen und deren Verwirklichung. Die damit verbundenen chaotischen Zustände hatten eine Radikalisierung der rassisch begründeten Ausgrenzungs- und Vertreibungsmaßnahmen zur Folge. Polen wurde zum Laboratorium der nationalsozialistischen Rassenpolitik.

Das Instrument der Bevölkerungsverschiebungen war auch der sowjetischen Politik nicht fremd. Seit der zweiten Hälfte der 1930er Jahre wurde es zunehmend verwendet, um die neuen imperialen Ziele in der nationalen Frage durchzusetzen. Den Hitler-Stalin-Pakt nutzte die Sowjetunion dazu, die ihr zugesprochene Interessensphäre

Aufnahmelager für Volksdeutsche im Rahmen der «Heim ins Reich»-Umsiedlungen, 1940

ethnisch neu zu ordnen. Die deutsch-sowjetischen Umsiedlungsverträge beruhten auf dem Grundsatz der Gegenseitigkeit. Im Gegenzug zu den «heimgeholten» Volksdeutschen konnte die ukrainische, ruthenische und litauische Bevölkerung aus den vom Deutschen Reich besetzten Gebieten in die Sowjetunion umsiedeln. Nur ein sehr geringer Teil der Berechtigten machte davon Gebrauch. «Offenbar glaubten sie, von einem angehenden Massenmörder weniger befürchten zu müssen als von einem Veteranen dieses Handwerks.»[18] Weitaus größeren Umfang hatten die Umsiedlungen und Deportationen als bewährte Instrumente der Säuberung aus den anderen der Sowjetunion zugefallenen Gebieten, den baltischen Staaten, Ostpolen, Bessarabien und der Bukowina. Schon vor 1939 war der Anteil von Grenzminderheiten – Polen, Deutsche, Balten, Finnen – in den sowjetischen Lagern und Kolonien unverhältnismäßig hoch. Um die Polonisierungsmaßnahmen Warschaus aus der Zwischenkriegszeit rückgängig zu machen, wurden nun die zu diesem Zweck in Ostpolen angesetzten über 100 000 Siedler restlos erfasst und ins Innere der Sowjetunion verbracht. Dem Volkskommissariat für Innere Angelegenheiten (NKWD) zufolge befand sich 1940 bereits über eine Million Personen aus den ehemaligen polnischen Gebieten in Sondersiedlungen und Lagern der Sowjetunion.

Parallel zu den Umsiedlungen ins Landesinnere erfolgten Ausweisungen. Rumänien musste Ende 1940 kurzfristig aus den der sowjetischen Interessensphäre zugefallenen Gebieten der Nordbukowina und Bessarabiens deutlich über 100 000 Flüchtlinge und Zwangsumsiedler aufnehmen. Mit einer bezogen auf seine Gesamtbevölkerung noch größeren Zahl von Umsiedlern und Flüchtlingen sah sich Finnland konfrontiert. Nach dem Winterkrieg 1939/40 hatte es Gebiete, u. a. die Karelische Landenge, an die Sowjetunion abzutreten. Der Friedensvertrag sah vor, dass die Bevölkerung diese Territorien verlassen durfte. Fast ausnahmslos machte sie davon Gebrauch. Die Bevölkerung Finnlands stieg um deutlich über 400 000 Menschen an. Das entsprach einem Anteil von etwa zwölf Prozent.

Erst recht nach dem deutschen Überfall auf die Sowjetunion im Juni 1941, dem Beginn des «Vernichtungskrieges», griff die sowjetische Führung verstärkt zum Instrument der Umsiedlung und Deportation ganzer Bevölkerungsgruppen. Die Deportation deutschsprachiger Gruppen leitete der Erlass des Präsidiums des Obersten Sowjet vom 28. August 1941 ein. Zwischen September 1941 und Januar 1942 wurden etwa 1,9 Millionen Menschen aus der Autonomen Wolgarepublik und aus anderen Regionen der UdSSR in die Rayons Nowosibirsk und Omsk, das Altaigebiet, Kasachstan und Kirgisien deportiert.[19] Die angebliche Kollaboration mit dem nationalsozialistischen Deutschland wurde zum Anlass für eine kollektive Schuldzuweisung genommen. Mit der gleichen Begründung – Zusammenarbeit mit dem Feind – wurden 1944, als sich der militärische Sieg der Sowjetunion abzeichnete, weitere Nationalitäten in das Gebiet Zentralasiens deportiert: fast eine halbe Million Inguschen und Tschetschenen, einige Zehntausende Balkaren aus dem Kaukasusgebirge, fast 20 000 Krimtataren sowie aus dem gleichen Gebiet Griechen, Türken und Karaim (Tatarisch sprechende Juden). «Gegen Ende des Krieges machten die deportierten Völker bereits das Hauptkontingent der Sondersiedler aus.»[20]

Im Zuge des seine Fangarme auf ganz Europa ausbreitenden nationalsozialistischen Deutschland geriet der ganze Kontinent in Bewegung. Das Hin- und Herschieben von Minderheiten und das Anpassen der Grenzen an tatsächliche oder vorgebliche ethnische Verhältnisse unter dem Vorwand, damit Minderheitenfragen «zu lösen» und so das Konfliktpotential zwischen Staaten zu verringern, erfasste ganz Europa. Elsaß-Lothringer wurden ebenso umgesiedelt, wie die Eroberung Jugoslawiens mit der «Neuordnung» der Grenzen auf dem Balkan, u. a. mit der Errichtung des «Unabhängigen Staates Kroatien», Umsiedlungen und Vertreibungen zur Folge hatte. Dem von Deutschland und Italien abhängigen kroatischen Ustascha-Regime empfahl Hitler, «50 Jahre lang eine national intolerante Politik zu verfolgen».[21] Sie fand ihren Ausdruck in massenhaften Ausweisungen, Vertreibungen und im Töten von Serben, Kroaten, Slowenen, Zigeunern und Juden. Nach der Eroberung Mazedoniens wies Bulgarien Hunderttausende von Griechen und Serben aus. Die Annexion der südlichen Dobrudscha durch Bulgarien war auch mit einem Bevölkerungsaustausch verbunden. 100 000 Rumänen mussten dieses Gebiet, 61 000 Bulgaren jenes der nördlichen Dobrudscha verlassen. Als sich das amputierte Rumänien an der Seite Hitler-Deutschlands am Angriff gegen die Sowjetunion beteiligte, verband der rumänische Staatsführer damit weit reichende nationale Ziele: «Ich weiß nicht, wann, nach wie vielen Jahrhunderten, die rumänische Nation noch einmal diese völlige Handlungsfreiheit bekommen wird, mit der Möglichkeit einer völkischen Reinigung und nationalen Revision. Dies ist die Stunde, in der wir Herren in unserem eigenen Hause sind.»[22]

Dem nationalsozialistischen Deutschland, das erst die Voraussetzungen schuf, damit solche Überlegungen Realität werden konnten, dienten Umsiedlungen und Vertreibungen als Mittel zur Verwirklichung seiner Rassen- und Expansionspolitik. Mit der von Hitler verkündeten «weitschauenden europäischen Politik» war, wie es schon im Herbst 1939 in der Sprache der SS hieß, «ethnische Flurbereinigung» gemeint. Die Um- und Ansiedlung von Volksdeutschen, die mit der Ausweisung und Liquidierung der polnischen und jüdischen Bevölkerung einherging, bildete nur den Auftakt groß angelegter Planungen zur «völkischen Neuordnung» Ostmittel-, Ost- und Südosteuropas. Wissenschaftler unterschiedlicher Fachrichtungen waren daran führend beteiligt, insbesondere die im Verbund der «Ost- und Westforschung» organisierten. Dem «Generalplan Ost» zufolge sollte die so genannte Volkstumsgrenze 1000 Kilometer nach Osten verschoben, 30 bis 40 Millionen «Fremdrassige» deportiert bzw. vernichtet und die Gebiete mit deutschen Neusiedlern germanisiert werden. «Umvolkung der rassisch Geeigneten, Aussiedlung von rassisch Unverdaulichen, Sonderbehandlung destruktiver Elemente, Neubesiedlung dadurch freigewordenen Raumes mit frischem deutschem Blut» war die Devise des zur «politischen Religion» gesteigerten Radikalnationalismus.[23] Aus- und Umsiedeln entwickelten sich unter den Bedingungen eines Systems «kumulativer Radikalisierung», wie der Historiker Hans Mommsen es nannte, zu Synonymen für Vernichten und Ausrotten.

In der schon erwähnten Reichstagsrede vom 6. Oktober 1939 sprach Hitler nicht nur von der «Umsiedlung der Nationalitäten», um «zwischenstaatliche Störungen» zu beseitigen. Er kündigte in «diesem Zusammenhang» auch den «Versuch einer Ordnung und Regelung des jüdischen Problems» an. Diesen in der Forschung lange Zeit übersehenen Zusammenhang und die Wechselwirkung von nationalsozialistischer Umsiedlungs- und Vernichtungspolitik hat insbesondere der Historiker Götz Aly deutlich herausgearbeitet: «Wenn in der deutschen Verwaltung seit dem Herbst 1941 von ‹Judenaussiedlung›, ‹-umsiedlung› und ‹-evakuierung› gesprochen wurde und – jetzt – Mord gemeint war, so ist das nicht allein als Tarnung zu verstehen, sondern auch als Hinweis auf die Genesis des Holocaust.»[24] Die unter der Parole «Heim ins Reich» durchgeführten Umsiedlungen von Volksdeutschen und die «Umvolkungspolitik» in Ostmittel- und Südosteuropa mündeten organisatorisch, personell und in ihrer Zielsetzung in die nationalsozialistische Vernichtungspolitik, deren Vorstufen sie bildeten. Die Züge, in denen volksdeutsche Umsiedler ins Wartheland gebracht wurden, transportierten auf der Rückreise polnische Juden nach Osten.

Wurde zunächst die «Judenfrage» noch im Rahmen einer territorialen Lösung, den nationalsozialistischen Vertreibungen, dem Hin- und Hersiedeln von als nicht arisch eingestuften Bevölkerungsgruppen gesehen, wofür auch der sogenannte «Madagaskar-Plan» steht, so bildete sich nach dem Überfall auf die Sowjetunion der Entschluss zur physischen Vernichtung der jüdischen Bevölkerung Europas heraus. «Den entscheidenden Sprung vom Verschwinden durch Vertreibung zum Verschwinden durch systematischen Massenmord machte man dann [...] in der Sowjetunion.»[25] Hitlers Ankündigung vom 30. Januar 1939, die europäischen Juden zu vernichten, falls es zu einem Weltkrieg komme, wurde zur grausamen Realität. Mit dem Ausgrenzen und dann dem Abschieben der «Erbkranken» sowie der «Fremdvölkischen», die im Vernichtungsantisemitismus gipfelte, war das Ziel der «vollendeten Nation» verbunden.

Noch bevor auf der Wannsee-Konferenz in Berlin im Januar 1942 die abschließenden Maßnahmen zur «Endlösung der Judenfrage» erörtert werden sollten,[26] begann mit dem Angriff auf die Sowjetunion die systematische Tötung der europäischen Juden. Das Euthanasie-Programm und die Erschießungen durch die Einsatzgruppen gingen in den technisch optimierten Völkermord über. Am 8. Dezember 1941 begann das Töten von Juden mit Gaswagen in Chełmno, dem ersten Vernichtungslager. Vom Frühjahr 1942 an weitete das nationalsozialistische Deutschland seinen mörderischen Betrieb auf ganz Europa aus. Am 27. März 1942 notierte Goebbels in sein Tagebuch: «Aus dem Generalgouvernement werden jetzt, bei Lublin beginnend, die Juden nach dem Osten abgeschoben. Es wird hier ein ziemlich barbarisches und nicht näher zu beschreibendes Verfahren angewandt, und von den Juden selbst bleibt nicht mehr viel übrig.»[27] Das Konzentrationslager Auschwitz-Birkenau wurde schließlich zum zentralen Vernichtungsort und zum Symbol menschenverachtender Grausamkeiten. Knapp die Hälfte der insgesamt fast sechs Millionen ermordeten Juden wurde in den Vernichtungslagern vergast. Die andere Hälfte starb unter den unmenschlichen Bedingungen bzw. durch Misshandlungen in den Lagern, als Arbeitssklaven in den KZs und durch Massenerschießungen. Der im Nationalstaat wurzelnde Gedanke, durch Trennung und Umsiedlung von Nationen und Nationalitäten den eigenen «reinen» Staat verwirklichen zu können, mündete in dem die menschliche Vorstellungskraft sprengenden Genozid des nationalsozialistischen Deutschlands an den Juden, in den «Jahren der Vernichtung».[28]

4.3. Die neue globale Machtkonstellation am Ende des Zweiten Weltkrieges

Als Antwort auf die Eroberungs-, Besatzungs- und Vernichtungspolitik des nationalsozialistischen Deutschland bildete sich die Anti-Hitler-Koalition heraus. Sie machte Staaten mit ganz unterschiedlichen Interessen zu Verbündeten. Gemeinsames und oberstes Ziel der von Großbritannien, den USA und der Sowjetunion angeführten und dominierten Alliierten war es, den nationalsozialistischen Aggressor zu besiegen und Deutschland die Fähigkeit zu nehmen, Europa und die Welt je wieder mit Krieg zu überziehen. Darüber hinaus verfolgten die «Großen Drei» und auch die kleineren von der deutschen Aggression betroffenen Staaten jeweils eigene Ziele. Ein besonderer Stellenwert kam angesichts des während des Krieges von der Sowjetunion erfahrenen deutlichen Machtzuwachses deren Interessen zu.

Die Sowjetunion unter Stalin hat es geschickt verstanden, die nationalsozialistische deutsche Expansionspolitik für ihre eigenen Großmachtinteressen zu nutzen. Mit dem Hitler-Stalin-Pakt grenzten die beiden Diktatoren im Herbst des Jahres 1939 ihre jeweiligen Interessensphären in Osteuropa ab. Das Abkommen sicherte der Sowjetunion einen beträchtlichen territorialen Zuwachs im Westen. Er ging zu Lasten Polens, der baltischen Staaten – die sich die Sowjetunion einverleibte – sowie Rumäniens, das das Nordbuchenland und Bessarabien abtreten musste. Zunächst Nutznießer von Hitlers «völkischer Neuordnung» Europas, wurde die Sowjetunion mit dem Angriff vom 22. Juni 1941 dann selbst Opfer der offenkundig gewordenen Uferlosigkeit des nationalsozialistischen Herrschaftsanspruchs. Die Sowjetunion trug einen Großteil der Last und der Opfer des nationalsozialistischen Aggressionskrieges. Den daraus erwachsenen erheblichen Macht- und Prestigegewinn unter den Alliierten nutzte sie bei den Planungen für die Nachkriegszeit zu ihren Gunsten.

Als mittlerweile stärkste Kontinentalmacht bestand die Sowjetunion in den alliierten Verhandlungen über die europäische Nachkriegsordnung darauf, ihren Teil der Beute aus dem Hitler-Stalin-Pakt über das Ende des Krieges hinaus zu behalten. Bei den westlichen Alliierten stieß dieses Begehren zunächst auf wenig Gegenliebe. Der englische Premierminister wetterte gegen «die russische imperialistische Expansion». Gerade Großbritannien war u. a. mit dem Versprechen in den Krieg gegen Deutschland gezogen, die territoriale Integrität Polens wiederherzustellen. Letztendlich kamen aber Großbritannien und auch die USA nicht umhin, dem sowjetischen Anliegen Rechnung zu tragen, wollten sie den Hauptverbündeten im Kampf gegen das nationalsozialistische Deutschland nicht verlieren. Letztendlich wurde diesem Ziel auch die bürgerliche polnische Exilregierung geopfert. Auf der Konferenz von Teheran (28. 11. – 1. 12. 1943) billigten Premierminister Churchill und Präsident Roosevelt Generalissimus Stalin den Verlauf der sowjetischen Westgrenze entlang der Curzon-Linie zu, wie sie nach dem Ersten Weltkrieg festgelegt worden war. Unter diesen Umständen war eine Lösung gefragt, die es beiden Seiten, der Sowjetunion und den westlichen Alliierten, erlaubte, ihre Interessen und ihr Gesicht zu wahren.

Der Kompromiss, der es Großbritannien und den USA erleichterte, ihr Versprechen auf territoriale Integrität gegenüber den ostmitteleuropäischen Staaten im Prinzip nicht zu brechen, und zugleich der sowjetischen Forderung nach Anerkennung der Expansion der UdSSR nach Westen entsprach, lief auf territoriale Kompensationen hinaus. Für die an die Sowjetunion abzutretenden Gebiete sollte Polen im Westen entschädigt werden. Auf der Konferenz von Jalta (4. – 12. 2. 1945) waren sich die alliierten Großmächte einig über eine Westverschiebung Polens bis an die Oder und östliche Neiße, ohne dass eine endgültige Entscheidung getroffen worden wäre. Diese, die interalliierte Kooperationsfähigkeit rettenden Pläne gingen zu Lasten Deutschlands, dem Auslöser und Verlierer des von ihm zum rassisch motivierten Vernichtungskrieg ausgeweiteten Zweiten Weltkrieges. Mit den vom nationalsozialistischen Deutschland in Gang gesetzten gewaltsamen Grenzveränderungen wurden die Kräfteverhältnisse in Europa verschoben. Sie wiederum hatten neue Grenzverschiebungen zur Folge. An die neuen Grenzverläufe und die neuen Machtverhältnisse wurden am Ende des Krieges die bestehenden Bevölkerungsverhältnisse durch Umsiedlung, Flucht und Vertreibung angepasst. Schon zu Beginn der Potsdamer Konferenz stellte Stalin mit Bezug auf die Gebietserweiterung Polens zu Lasten Deutschlands in aller Deutlichkeit fest, «daß auf dem Papier diese Gebiete zwar zum deutschen Staatsgebiet gehörten, in Wirklichkeit aber polnische Gebiete seien, da es in ihnen keine deutsche Bevölkerung gebe».[29]

Aufgrund der im und durch den Krieg erlangten Machtposition gelang es der Sowjetunion nicht nur, Grenzverschiebungen – letztendlich auf der Potsdamer Konferenz auch die Oder-Neiße-Linie – zu ihren Gunsten durchzusetzen, denen die westlichen Alliierten angesichts der Interessenlage und der inneren Dynamik des Bündnisses zugestimmt hatten. Sie war auch in der Lage, den «befreiten» ostmitteleuropäischen Staaten das von ihr verkörperte und vertretene politische System sowie das eigene Wirtschafts- und Gesellschaftsmodell aufzuzwingen. Den kommunistischen Machtanspruch durchzusetzen, gelang durch die von den bürgerlichen Exilregierungen angestrebte und zu einem Großteil dann unter kommunistischer Herrschaft umgesetzte «ethnische Flurbereinigung» umso wirkungsvoller. Mit dem von den Geflüchteten, Ausgesiedelten und Vertriebenen zurückgelassenen Land und Vermögen konnte die soziale Machtbasis der neuen kommunistischen Eliten in den Satellitenstaaten der Sowjetunion verbreitert und auf Jahrzehnte hinaus gefestigt werden. Die der nationalen Purifizierung dienenden Bevölkerungsverschiebungen am Ende des Zweiten Weltkrieges weisen auch eine wirtschaftliche und soziale Komponente auf, die die Etablierung der kommunistischen Regime in Osteuropa begünstigte.

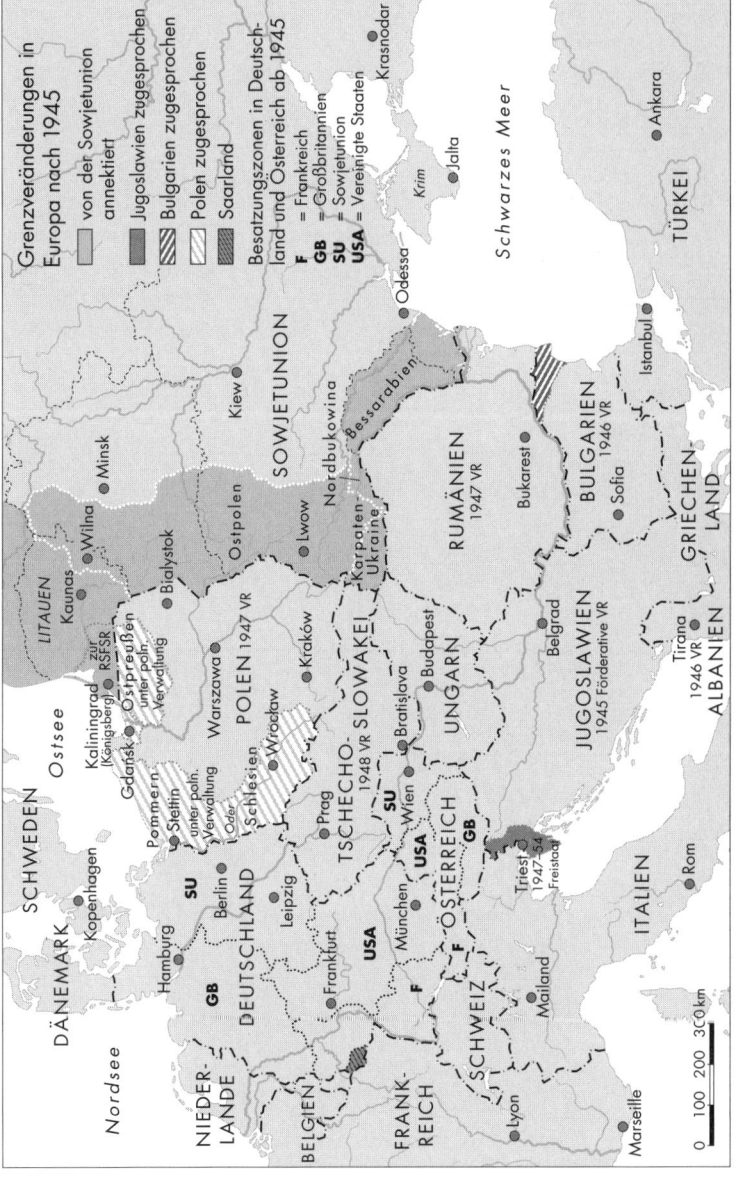

5. Genese der Aussiedlungspläne

In dem Maß, in dem die nationalsozialistische Eroberungs- und Besatzungspolitik eskalierte, setzten auf Seiten der Alliierten, und hier am frühesten bei den Briten, aber auch bei den Exilregierungen einzelner ostmitteleuropäischer Staaten, Planungen für die Nachkriegszeit ein. Sie zielten auf die Zukunft des Deutschen Reiches und jene der deutschen Minderheiten außerhalb der Reichsgrenzen. Auch wenn es, wie es in einem internen britischen Memorandum von 1941 heißt, damals noch zu früh war, klare Aussagen zur Zukunft Mittel- und Südosteuropas zu machen, war man sich dennoch über die Folgen der nationalsozialistischen Politik im Klaren: «In einer Hinsicht hat Hitler einen wertvollen Präzedenzfall geschaffen – bezogen auf die Umsiedlung von Minderheiten in homogene Staaten.»[1]

Grenzveränderungen und Bevölkerungsumsiedlungen hatten im Rahmen der Zielsetzung, den eigenen, vom nationalsozialistischen Deutschen Reich zerstörten Nationalstaat wiederherzustellen, einen hohen Stellenwert. Der Präsident der tschechoslowakischen Exilregierung, Edvard Beneš, sprach sich 1938 für einen Bevölkerungs- und Gebietsaustausch mit Deutschland aus.[2] Auf die Erfahrungen der Konvention von Lausanne gestützt, versprach er sich davon, das nachholen zu können, was 1918 nicht gelungen war: einen national und sprachlich homogenen Staat zu schaffen, um so Entwicklungen, wie sie im Münchner Abkommen ihren Niederschlag gefunden hatten, künftig zu vermeiden. Der polnische Außenminister seinerseits erwartete schon im Oktober 1939 eine Entschädigung zu Lasten Deutschlands, auch in territorialer Hinsicht. Ein Jahr später konkretisierte er diese Forderung. Es wurde Anspruch auf Ostpreußen und Deutsch-Oberschlesien angemeldet und vorgeschlagen, «die Frage der deutschen Minderheit durch die Umsiedlung der deutschen Bevölkerung zu lösen».[3] Als Beneš Anfang 1941, der Aufforderung der britischen Behörden folgend, die tschechoslowakischen Kriegsziele formulierte, wies er auch auf die historische Erfahrung hin, dass Minderheiten immer Anlass zu zwischenstaatlichen Konflikten bieten würden. Daher solle der Mut aufgebracht werden, nach dem Krieg dieses Problem definitiv und radikal zu lösen, zumal jede Nation ein unumstrittenes nationales Territorium brauche. «Übrigens wendet Nazi-Deutschland dieses System heute auf eine geradezu barbarische Weise in Polen und der Tschechoslowakei an. Unserer Meinung nach läßt sich dieses System in beträchtlichem Ausmaß anwenden, und wenn es zwischen den betroffenen Staaten vereinbart und durch die notwendigen staatlichen und internationalen finanziellen und wirtschaftlichen Maßnahmen unterlegt wird, würde es den größten Teil seiner Härten und Nachteile verlieren und könnte zur Grundlage einer friedlichen und definitiven Erledigung eines der schwersten Probleme des heutigen Europa werden.»[4]

Mit fortschreitendem Kriegsverlauf und als Folge der Ausbeutung, Versklavung und Vernichtung der «nichtarischen Rassen» im Rahmen der nationalsozialistischen Besatzungspolitik radikalisierte sich die Einstellung der politischen Vertreter und der Bevölkerung der ostmitteleuropäischen Staaten gegenüber den in ihren Ländern beheimateten Volksdeutschen. Sie wurden als «Fünfte Kolonne» für die Verbrechen des Dritten Reiches kollektiv verantwortlich gemacht. Wenn auch in unterschiedlichem Maß trugen die nationalsozialistischen Organisationen innerhalb der deutschen Volksgruppen in den einzelnen Staaten mit dazu bei, solchen Einstellungen Vorschub zu leisten. Dadurch wurde der Ruf immer lauter, nicht nur die «schuldig gewordenen» Deutschen durch Aussiedlung zu bestrafen, sondern im Rahmen einer radikalen Lösung alle Angehörigen deutscher Minderheiten auszuweisen. Auch wenn die tschechische Exilregierung sich in einem Memorandum von Ende 1944 für den Verbleib von 800 000 Deutschen in der Tschechoslowakei aussprach, plädierte sie im Grunde zu diesem Zeitpunkt für die Aussiedlung aller 3,2 Millionen Sudetendeutschen. Es galt die Republik zu reinigen, weil «nach dem Kriege die Republik nur ein Nationalstaat sein wird».[5] Sowohl für die außen- als auch die innenpolitische Stabilität der Tschechoslowakei wurde die Aussiedlung der deutschen und der ungarischen Minderheit als eine unabdingbare Voraussetzung angesehen. Etwa zur gleichen Zeit legte die polnische Exilregierung Thesen zur «Aussiedlung der Deutschen aus Polen» vor. Darin forderte sie, die Deutschen unmittelbar nach Kriegsende schnell zu entfernen. Sie behielt sich vor, selbst zu entscheiden, wer ausgesiedelt werden sollte, und schloss mit Hinweis auf die leidvollen historischen Erfahrungen mit Deutschland und den Deutschen ein Optionsrecht für die deutsche Bevölkerung aus. «Die ‹Fünfte Kolonne› handelte seit der Wiedergeburt des polnischen Staates nach den Grundsätzen des ‹Herrenvolk›-Prinzips. Die Okkupationsmethoden des Dritten Reiches im gegenwärtigen Krieg konnten diese Haltung nur verstärken.»[6]

Die Wünsche und Absichten der bürgerlichen tschechoslowakischen und polnischen Exilregierungen gewannen dadurch an Gewicht, dass sie sich aus unterschiedlichen Gründen in wichtigen Punkten mit den Plänen der Alliierten über eine europäische Nachkriegsordnung deckten. Auf dieser Grundlage gelang es der tschechischen und polnischen Exilregierung nach und nach, von den alliierten Großmächten Zustimmung für ihre Pläne zu erhalten. Bereits im Mai 1940 legten britische Wissenschaftler unter der Leitung des Historikers Arnold Toynbee Pläne für, wie es hieß, eine Stabilisierung der Nachkriegsordnung vor. Eine den Planungen zugrunde liegende Überzeugung spiegelt sich in der Überschrift eines Titels dieses Gutachtens wider: «Transfer as Contribution to Peace». Als ein solcher Beitrag für den Frieden wurde in einem Gutachten von 1942 die Ausweisung aller Sudetendeutschen aus der Tschechoslowakei angesehen.[7] Je nach Verlauf der neuen Grenzen, so das Gutachten, wären zwischen drei und fast sieben Millionen Deutsche auszusiedeln. Bei der Unterredung zwischen Stalin und dem britischen Außenminister Anthony Eden im Dezember 1941 waren sich beide darin einig, dass die polnische Westgrenze nach Westen verschoben und die deutsche Bevölkerung nach Deutschland «evakuiert» werden solle.[8] Im Juli 1942 fasste das britische Kriegskabinett einen Grundsatzbeschluss zugunsten des «allgemeinen Prinzips der Umsiedlung von deutschen Minderheiten in Zentral- und Südosteuropa bei Kiegsende nach Deutschland in den Fällen, wo dies notwendig und wünschenswert erscheint».[9] Gegenüber Edvard Beneš bekräftigte Premier Churchill im April 1943 diesen Grundsatz. Mit Bezug auf den griechisch-türkischen Bevölkerungsaustausch von 1923 gab er seiner Hoffnung Ausdruck, dass auch die Sowjetunion von der Notwendigkeit der Umsiedlung von Deutschen aus Ostmitteleuropa überzeugt werden könne.

Auf den Konferenzen von Teheran und Jalta wurde klar, dass es keiner derartigen Anstrengungen bedurfte. Für die Sowjetunion, die selbst über eine weit zurückreichende Tradition bei Bevölkerungsverschiebungen verfügte, war, wie sich Außenminister Molotow 1943 äußerte, die Vertreibung von Millionen von Deutschen «eine Kleinigkeit». Die Sowjetunion sah darin ein willkommenes Mittel, um ihren Machtanspruch auszudehnen. Sie bediente sich dabei des von ihr gestützten, kommunistisch dominierten «Lubliner Komitees», das sich, nachdem die bürgerliche Exilregierung fallengelassen worden war, als die bestimmende politische Kraft im Nachkriegspolen durchsetzte. Am 27. Juli 1944 schloss Stalin mit dem Lubliner Komitee ein Grenzabkommen. Darin wurde der Anspruch der Sowjetunion auf die Gebiete östlich der Curzon-Linie bestätigt und zugleich eine Verschiebung der Westgrenze Nachkriegspolens bis an die Oder und Neiße festgeschrieben.[10] Dadurch zusätzlich abgesichert bestand die Sowjetunion gegenüber den Westmächten darauf, die ihr im Hitler-Stalin-Pakt zugesprochenen Gebiete zu behalten. Weil die Sowjetunion die Hauptlast des Krieges gegen Deutschland trug und ein unverzichtbarer Partner der Anti-Hitler-Koalition war, sahen sich die westlichen Alliierten gezwungen, dieses Begehren zu akzeptieren. Um dennoch die Integrität Polens sicherzustellen, sollte dieses für die im Osten abzutretenden Gebiete im Westen zu Lasten Deutschlands entschädigt werden. Mit der auf der Konferenz in Jalta im Februar 1945 besiegelten Westverschiebung der polnischen Grenzen bis an die Oder war klar, dass die deutsche Bevölkerung aus den Polen zugesprochenen Gebieten umgesiedelt werden sollte.

Die Umsiedlung der deutschen Minderheiten aus Mittel- und Südosteuropa und auch der deutschen Bevölkerung aus von Deutschland abzutrennenden Gebieten wurde im Lager der westlichen Alliierten nicht allein von Großbritannien als notwendiges und wünschenswertes Mittel der Politik erachtet. Auch die USA sahen darin ein Instrument, das helfen sollte, eine stabile europäische Nachkriegsordnung zu schaffen. Im März 1943, bei einer Besprechung über «geographische Fragen» im Nachkriegseuropa, schlug der amerikanische Präsident vor, Regelungen zu treffen, um die deutsche Bevölkerung aus Ostpreußen auszusiedeln, «in derselben Weise, wie die Griechen nach dem letzten Krieg aus der Türkei hinausbefördert wurden; auch wenn dies ein hartes Vorgehen ist, ist es der einzige Weg, den Frieden zu erhalten».[11] Nach Roosevelt stellten Umsiedlungen für die betroffene Bevölkerung eine harte Maßnahme dar. Schwerer wog für ihn allerdings die friedensstiftende Wirkung, die er sich von den Transfers versprach. Im November 1944 versicherte der amerikanische Präsident dem Premierminister der polnischen Exilregierung Mikolajczyk in London in einem Schreiben: «Falls die polnische Regierung und das polnische Volk in Verbindung mit den neuen Grenzen des polnischen Staates eine Umsiedlung von nationalen Minderheiten auf polnisches Territorium und aus diesem heraus herbeizuführen wünscht, wird die Regierung der Vereinigten Staaten keine Einwände erheben und, soweit möglich, diese Umsiedlungen unterstützen.»[12] Ein Telegramm gleichen Inhalts schickte Präsident Roosevelt am 16. Dezember 1944 an Stalin.[13] Vom möglichen Ausmaß der Umsiedlungen hatte die amerikanische Regierung klare Vorstellungen. Zu ihren Unterlagen auf der Konferenz von Jalta zählten mit präzisen Bevölkerungsstatistiken versehene Karten der abzutretenden deutschen Gebiete und der anderen Aussiedlungsgebiete. Daraus war die Wechselbeziehung zwischen dem Verlauf der neuen polnischen Westgrenze und der Zahl der damit von der Aussiedlung betroffenen Vertriebenen ersichtlich.[14]

Mit fortschreitender Kriegsdauer, der brutalen Besatzungsherrschaft, für die u. a. das Auslöschen der Ortschaft Lidice in der Tschechoslowakei und ihrer Bevölkerung zum Symbol wurde, und dem sich abzeichnenden Sieg der Alliierten wurden die Umsiedlungspläne immer konkreter. Das von der britischen Regierung im Dezember 1943 eingesetzte «Interdepartmental Committee on the Transfer of German Populations» befasste sich detailliert mit den damit verbundenen Fragen.[15] Danach war bei Kriegsende mit einer Zahl von zehn bis zwölf Millionen von Ausweisung und Umsiedlung betroffenen Deutschen zu rechnen. Ausdrücklich wurde vor den Folgen einer solch gewaltigen Zwangsmigration gewarnt. Sie würde die Aufnahmegebiete vor unlösbare Probleme stellen und zu einem völligen Zusammenbruch Deutschlands führen. Ohne sich auf genaue Zahlen festzulegen, ließ der englische Premierminister jedoch auch in der Öffentlichkeit keinen Zweifel an der Notwendigkeit der zu diesem Zeitpunkt zweifellos feststehenden Umsiedlungspläne. Im

Dezember 1944 sprach er im britischen Unterhaus das Ausmaß und die drastischen Umstände der geplanten Umsiedlung der deutschen Bevölkerung unumwunden an. «Die Überführung von mehreren Millionen Menschen würde von Osten nach Westen oder Norden durchgeführt werden müssen, ebenso wie die Ausweisung der Deutschen – denn das ist es, was vorgeschlagen wird: die vollständige Vertreibung der Deutschen – aus dem Gebiet, das Polen im Westen und Norden erhalten wird. Denn Vertreibung ist die Methode, die, soweit wir sehen können, am zufriedenstellendsten und dauerhaftesten sein wird. Es wird keine Vermischung von Völkern mehr geben, die endlose Querelen verursacht, wie es etwa in Elsaß-Lothringen der Fall war. Es wird reiner Tisch gemacht werden.»[16] Umsiedlungen auch solchen Ausmaßes seien heute eher durchführbar als in der Vergangenheit. Dabei bezog sich Churchill auf den griechisch-türkischen Bevölkerungsaustausch von 1922/23. Auch für die Aufnahme von mehreren Millionen Deutschen in Restdeutschland sah er zu diesem Zeitpunkt keine unüberwindbaren Hindernisse. Der englische Premier machte folgende Rechnung auf: In dem Krieg, mit dem Deutschland innerhalb nur einer Generation Europa schon zum zweiten Mal überzogen habe, seien bereits sechs bis sieben Millionen Deutsche getötet worden. Zur Zeit befänden sich in Deutschland zehn oder elf Millionen Kriegsgefangene oder Zwangsarbeiter, die bei Kriegsende in ihre Heimatländer verbracht würden. Zudem sei zu erwarten, dass während der Kampfhandlungen in der ersten Jahreshälfte 1945 noch viele Deutsche sterben würden.

Der Verlauf des Krieges, der den Aggressor Deutschland zusehends zum Besiegten und das Reichsgebiet zum Kriegsschauplatz werden ließ, führte zu umfangreichen Evakuierungen durch die NS-Behörden. Mit dem Vorrücken der Front gingen die Evakuierungen in vielen Gebieten in Fluchtbewegungen großen Ausmaßes über. In Polen und in der Tschechoslowakei setzten, von den neuen Machthabern veranlasst, die sogenannten «wilden Vertreibungen» der deutschen Bevölkerung ein, d. h. willkürliche Vertreibungen ohne vertragliche Sanktionierung. Mit ihnen, die von brutalen Übergriffen begleitet waren, sollten ebenso Fakten geschaffen werden wie mit der Genehmigung der Sowjetunion, dass in den Gebieten östlich der Oder polnische Verwaltungen eingesetzt wurden. Denn trotz der weitgehenden Übereinstimmung der Alliierten, dass am Ende des Krieges Umsiedlungen durchgeführt werden sollten, gab es dazu noch keinen formalen Beschluss. Unter dem Schlagwort der «gereinigten Nation» wurde alles darangesetzt, die Entscheidungen der Alliierten in die erwünschte Bahn zu lenken.

Ähnlich argumentierten ungarische Regierungsvertreter, die im Unterschied zu jenen der tschechoslowakischen und polnischen Exilregierung auf Grund der Tatsache, dass Ungarn lange Zeit ein enger Verbündeter Hitlerdeutschlands war, erst nach Kriegsende mit dem Anliegen an die Alliierten herantraten, seine deutsche Minderheit, für die sich der Name «Schwaben» eingebürgert hatte, aussiedeln zu dürfen. Ungarn stellte auch insofern einen Sonderfall dar, als die Aussiedlung der deutschen Bevölkerung weder mit dem Verschieben der Grenzen, wie im Falle Polens, noch mit einer «illoyalen Grenzminderheit», wie im Falle der Tschechoslowakei, zu begründen war. Am 12. Mai wandte sich der ungarische Außenminister an britische Diplomaten, um die Haltung der britischen Regierung zu einer «Deportation» von 200 000 Schwaben aus Ungarn nach Deutschland zu erkunden.[17] Er wurde mit seinem Anliegen an den Alliierten Kontrollrat verwiesen, wodurch der Weg zur Aufnahme Ungarns in den Artikel XIII des Potsdamer Protokolls geebnet war. Die sowohl in ungarischen Regierungskreisen als auch mit den Alliierten geführten Gespräche lassen die letztendlichen Motive für die in Ungarn selbst nicht unumstrittene Initiative zur «Lösung der Schwabenfrage» erkennen.[18] Sie weisen eine sozial-ökonomische Komponente auf. Mit der Bodenreform, die eine erhebliche Binnenmigration zur Folge hatte, sollten die Ansprüche der landlosen ungarischen Bevölkerung befriedigt werden. Den Zusammenhang mit der Ausweisung der Deutschen macht u. a. die Argumentation eines führenden ungarischen Politikers deutlich, mit der er auf die Einwanderung der deutschen Bevölkerung im 18. Jahrhundert anspielte: «Sie [die Schwaben] kamen mit einem Bündel auf dem Rücken, mit dem Reiz des Versprechens über neuen Bodenbesitz in ihren Augen und mit dem ewigen Gelöbnis in ihren Seelen, dass sie immer, unter allen Umständen dem Muttervolk, Germania, dienen werden. [...] Es gibt kein Erbarmen, keine Gnade. Wir fordern die radikalste Lösung: Die Schwaben müssen vom Ersten bis zum Letzten aus dem

Land ausgesiedelt werden»,[19] schrieb im April 1945 der Sekretär der Nationalen Bauernpartei. Die Ausweisungspläne weisen zudem eine außenpolitische Komponente auf. Boden benötigte die ungarische Regierung auch für die Aufnahme von aus Nachbarstaaten geflüchteten und ausgewiesenen Ungarn. Besonders ins Gewicht fiel dabei die Aufnahme der Szekler aus Siebenbürgen und der ungarischen Bevölkerung aus den slowakischen Gebieten der Tschechoslowakei. Zwar wiesen die Alliierten das Anliegen der Tschechoslowakei ab, gleichzeitig mit der deutschen Bevölkerung auch seine magyarische Minderheit mit Zustimmung der Siegermächte auszuweisen. Die Grundlage dafür wurde dann aber in einem gegenseitigen Umsiedlungsvertrag gefunden, den die Tschechoslowakei und Ungarn im Februar 1946 unterzeichneten.[20] Schließlich enthalten die Ausweisungspläne der ungarischen Regierung eine dezidierte, der Idee des ethnisch reinen Nationalstaats verpflichtete nationalchauvinistische Komponente. Im Dezember 1945 erklärte der damalige Minister für Wiederaufbau, József Antall: «Vom nationalitätenpolitischen Standpunkt ist es unzweifelhaft, dass es im Interesse Ungarns liegt, dass die Deutschen in umso größerer Zahl das Land verlassen. Niemals wird eine solche Gelegenheit wiederkehren, sich von den Deutschen zu befreien.»[21]

Am 8./9. Mai 1945 kapitulierte Deutschland. Das Ziel, das sich die Alliierten gesetzt hatten, war erreicht. Das «tausendjährige» nationalsozialistische Reich, das während der Hälfte seines zwölfjährigen Bestehens Europa einen Millionen von Todesopfern fordernden Krieg aufgezwungen hatte, war besiegt und besetzt. Die Voraussetzungen, um die während des Krieges nach und nach entwickelten Pläne umzusetzen, waren geschaffen. Doch mit dem Sieg über den gemeinsamen Feind Deutschland war ein wichtiger, das ungleiche Bündnis zusammenhaltender Faktor verschwunden. Das Misstrauen zwischen den drei Großmächten nahm zu. Die Westalliierten versuchten, einen Teil der auf den Kriegskonferenzen mit der Sowjetunion getroffenen Absprachen wenn nicht zu revidieren, dann doch zumindest abzumildern. Dagegen setzte Stalin als der große Sieger alles daran, aus dem ihm zugewachsenen Machtgewinn Kapital zu schlagen. Diesem Kräfteverhältnis und den veränderten Bedingungen der Nachkriegszeit entsprach das Ergebnis der Potsdamer Konferenz vom Juli und August 1945 – ein Kompromiss auf kleinstem gemeinsamen Nenner mit großen Folgen für Deutschland und die Deutschen.

Durch die während des Krieges getroffenen Absprachen, durch die nach und nach gereiften Maximalpläne der Exilregierungen Polens und der Tschechoslowakei sowie der Regierung Ungarns und die grundsätzliche Zustimmung der Alliierten zu Grenzverschiebungen und der Umsiedlung der deutschen Bevölkerung, durch die Evakuierung, Flucht und Vertreibung von Millionen von Menschen während des Krieges und letztendlich durch die militärische Besetzung des Territoriums des Deutschen Reiches waren Fakten geschaffen worden, an denen die in Potsdam versammelten «Großen Drei» nicht vorbeisehen konnten und auch nicht wollten. Im Grunde gab es, wie es in britischen Unterlagen heißt, nur noch eine Alternative: «Aber ‹nationale Minderheiten›, die sich außerhalb der Grenzen ihrer eigenen Nation befinden, sollten ermuntert werden, sich dieser wieder anzuschließen. Insbesondere sollten alle Deutschen, die außerhalb der deutschen Nachkriegsgrenzen leben, nach Deutschland zurückkehren, es sei denn, sie wären bereit, loyale Untertanen des Staates zu werden, in dem sie sich befinden, und keine besonderen Privilegien mehr für sich zu reklamieren. Tatsächlich werden sie in ihrem eigenen Interesse gut beraten sein, dies zu tun, denn es wird, insbesondere in der unmittelbaren Nachkriegszeit, einen so tiefen Hass auf alle Deutschen in den besetzten Ländern geben, wie weder wir noch die Amerikaner ihn sich vorstellen können. In vielen dieser Gebiete werden die Deutschen nur die Wahl haben zwischen Migration und Abschlachtung.»[22] Die grundsätzlichen Entscheidungen waren längst gefallen, jetzt ging es nur noch darum, diese auch förmlich zu sanktionieren, «dieser Angelegenheit ordnungsgemäßen Charakter zu verleihen».[23] Deshalb kann der Versuch der Westmächte, den «Transfer deutscher Bevölkerungsteile» bei den Verhandlungen in Potsdam als Druckmittel einzusetzen, auch nur als ein durchsichtiges Manöver betrachtet werden. Es war wohl in erster Linie der durchschaubare Versuch, ein Stück weit von der eigenen Verantwortung abzulenken. Mit dem Kompromiss über die Regelung der Reparationen stimmten die Westmächte den neuen Grenzziehungen und auch den Umsiedlungen zu. Sie wurden von Stalin in Potsdam nicht über den Tisch gezogen, sondern sie bestätigten bei den Verhandlungen lediglich eine Lösung, an deren Vorbereitung sie während des gesamten Krieges aktiv beteiligt waren. Letztendlich waren die Auseinandersetzungen über Form und Umfang der Umsiedlungen «nur ein Scharmützel am Rande».[24] Als Premier Churchill im Zusammenhang mit der Frage nach den Bevölkerungsumsiedlungen daran dachte, eine tschechoslowakische Delegation nach Potsdam einzuladen, fragte Stalin kühl, «ob das nicht bedeuten würde, den Senf nach dem Essen zu servieren». Umsiedlungen, machte er mit dem Bild deutlich, hatten bereits stattgefunden.[25]

Im Potsdamer Handel[26] – Zustimmung der Sowjetunion zu geringeren Reparationsleistungen gegen die Zusage Großbritanniens und der USA, die Gebiete östlich der Oder und westlichen Neiße unter polnische Verwaltung zu stellen – wurden die auf Teile der reichsdeutschen Bevölkerung und die deutschen Minderheiten Ostmitteleuropas bezogenen bevölkerungspolitischen Pläne der Alliierten im Wesentlichen bestätigt. Sie fanden ihren Niederschlag im Artikel XIII des Potsdamer Abkommens. In der amtlichen Verlautbarung hieß es: «Die Konferenz erzielte folgendes Abkommen über die Ausweisung Deutscher aus Polen, der Tschechoslowakei und Ungarn: Die drei Regierungen haben die Frage unter allen Gesichtspunkten beraten und erkennen an, daß die Überführung der deutschen Bevölkerung oder Bestandteile derselben, die in Polen, der Tschechoslowakei und Ungarn zurückgeblieben sind, nach Deutschland durchgeführt werden muß. Sie stimmten darin überein, daß jede derartige Überführung, die stattfinden wird, in ordnungsgemäßer und humaner Weise erfolgen soll. Da der Zustrom einer großen Zahl Deutscher nach Deutschland die Lasten vergrößern würde, die bereits auf den Besatzungsmächten ruhen, halten sie es für wünschenswert, daß der alliierte Kontrollrat in Deutschland zunächst das Problem unter besonderer Berücksichtigung der Frage der gerechten Verteilung dieser Deutscher auf die einzelnen Besatzungszonen prüfen soll […]. Die tschechoslowakische Regierung, die Polnische Provisorische Regierung und der Alliierte Kontrollrat in Ungarn werden gleichzeitig von obigem in Kenntnis gesetzt und ersucht werden, inzwischen weitere Ausweisungen der deutschen Bevölkerung einzustellen, bis die betroffenen Regierungen die Berichte ihrer Vertreter an den Kontrollausschuß geprüft haben.»[27] Dem Beschluss der Konferenz entsprechend erarbeitete der Alliierte Kontrollrat einen Plan über die Zahl der umzusiedelnden Personen, die Zielgebiete, in die die Betroffenen verbracht werden sollten, und den zeitlichen Ablauf. Dem im November 1945 veröffentlichten Plan zufolge sollten 2,75 Millionen Deutsche aus Polen und der Tschechoslowakei in die Sowjetische Besatzungszone überführt werden, 2,25 Millionen Ausgewiesene aus der Tschechoslowakei und aus Ungarn in die Amerikanische Besatzungszone, 1,5 Millionen Vertriebene aus Polen in die Britische Besatzungszone sowie 150 000 Reichsdeutsche aus Österreich in die Französische Besatzungszone.[28] Die «ordnungsgemäße und humane» Umsiedlung ließ die Zahl der bereits Evakuierten, Geflohenen und Vertriebenen deutlich ansteigen.

Mit den bevölkerungspolitischen Bestimmungen des Artikel XIII wurde praktisch der von den Westmächten theoretisch offengehaltene Verlauf der polnischen Westgrenze zementiert. Im Widerspruch zum Wortlaut des Kommuniqués stand auch die Umsiedlungspraxis. Von einer ordnungsgemäßen und humanen Umsiedlung, wenn eine solche überhaupt möglich ist, konnte keine Rede sein. Sie war auch nicht allein auf die drei im Artikel XIII genannten Staaten beschränkt. Die Realität sprach eine andere, die nackte Existenz von Millionen von Menschen bedrohende Sprache. Evakuierung, Flucht und Vertreibung während des Krieges und die folgenden vertraglich geregelten Umsiedlungen forderten einige Hunderttausend Tote und betrafen rund 12,5 Millionen Menschen. Zwei Drittel von ihnen stammten aus den Ostgebieten des Reiches. Die von den Alliierten festgesetzte Grenzziehung war mit der Umsiedlung der deutschen Bevölkerung verbunden. Die ethnischen Verhältnisse wurden dem neuen Grenzverlauf angepasst. Eine andere Vorgehensweise lag der Zwangsmigration des einen Drittels der Flüchtlinge und Vertriebenen zugrunde, die aus Gebieten außerhalb der Reichsgrenzen stammten. In diesem Fall wurden deutsche Minderheiten aufgrund der Potsdamer Beschlüsse entweder, wie im Fall der Tschechoslowakei, nahezu vollständig oder, wie im Fall Ungarns, nur gut zur Hälfte ausgewiesen. Aber auch wenn keine international sanktionierte rechtliche Grundlage gegeben war, wurde die deutsche Bevölkerung ausgewiesen – vollständig, wie im Fall Jugoslawiens, oder aber die

Ereignisse am Ende des Krieges erlaubten es, wie im Fall Rumäniens, den Evakuierten und Geflohenen nicht, zurückzukehren. In beiden Fällen, dem Verschieben von Grenzen und den damit verbundenen Umsiedlungen, war die Zielsetzung die gleiche: ein ethnisch gereinigter Nationalstaat, von dem sich die Alliierten ein friedliches Nachkriegseuropa versprachen.

Das gründliche «Aufräumen», von dessen Notwendigkeit Churchill in seiner Rede vor dem Unterhaus Ende 1944 gesprochen hatte, betraf am Ende des Zweiten Weltkrieges aber nicht nur Deutsche. Der Gedanke des ethnisch entmischten, von Minderheiten befreiten Nationalstaats hatte nicht nur bezogen auf Deutsche Konjunktur, sondern er betraf darüber hinaus viele andere Bevölkerungsgruppen in Europa.[29] Schon die Planungen der Alliierten während des Krieges gingen von Anfang an weit über den «deutschen Fall» hinaus. Sie hatten, wie die von der britischen Regierung Anfang 1944 in Auftrag gegebene Expertise «Minority transfer in South Eastern Europe» erkennen lässt, europäische Dimensionen.[30] Neben der Umsiedlung und Ausweisung der deutschen Bevölkerung werden dort – mit oder ohne Bezug auf Grenzveränderungen – genau bezifferte Zahlenangaben für «exchangeable populations» aufgelistet: Ungarn aus der Tschechoslowakei, Italiener aus Jugoslawien, Rumänen aus Ungarn und Jugoslawien, Bulgaren aus Jugoslawien und Griechenland, Rumänen aus Bulgarien und umgekehrt, Albaner aus Jugoslawien und Griechenland. Und dabei blieb es nicht.[31]

Die Westverschiebung Polens war mit Gewinn von Land zu Lasten Deutschlands und mit territorialen Verlusten im Osten zu Gunsten der Sowjetunion verbunden. Aufgrund von Options- und Umsiedlungsvereinbarungen zwischen der Sowjetunion und Polen kamen bis zu zwei Millionen Polen aus den an die Sowjetunion abgetretenen Gebieten Galiziens und Wolhyniens ins neue Polen. Sie wurden hier insbesondere in den «wiedergewonnenen Gebieten» angesiedelt, aus denen die deutsche Bevölkerung ausgesiedelt und vertrieben worden war.[32] Im Gegenzug mussten knapp eine halbe Million Ukrainer umsiedeln. Litauer und Weißrussen waren von solchen Maßnahmen auch betroffen. Zwei Vereinbarungen zwischen der Sowjetunion und der Tschechoslowakei bildeten die Grundlage für Umsiedlungen. Sie standen einerseits im Zusammenhang mit der

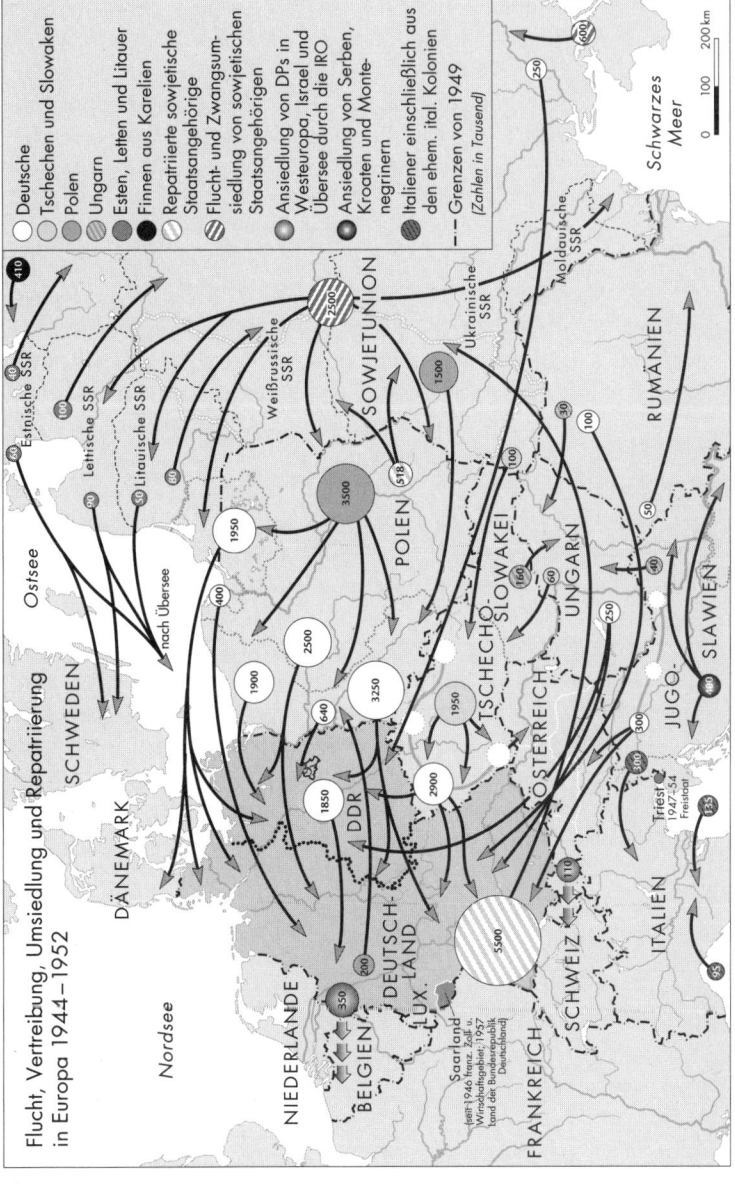

an die Sowjetunion abgetretenen Karpato-Ukraine, also einer neuen Grenzziehung. Andererseits sollten sie es den Staatsbürgern jeweils anderer ethnischer Zugehörigkeit, die dort seit Jahrhunderten ansässig waren, ermöglichen, in das «Mutterland» umzusiedeln. Das Moment der «nationalen Purifizierung» bildete den Hintergrund für weitere von der Tschechoslowakei abgeschlossene Vereinbarungen – mit Rumänien, Jugoslawien und Ungarn. Dem auf Gegenseitigkeit beruhenden Austausch zwischen der slowakischen Bevölkerung aus Nordungarn und der ungarischen Bevölkerung vorwiegend aus der Slowakei kam dabei schon bezogen auf die Zahl der Umgesiedelten – jeweils rund 100 000 – die größte Bedeutung zu. Ein gegenseitiger Bevölkerungsaustausch fand auch zwischen Ungarn und Jugoslawien statt. Aufgrund der italienischen Gebietsabtretungen an Jugoslawien machten etwa 100 000 Italiener von ihrem Optionsrecht Gebrauch und entschieden sich für Italien.

Kaum ein Landstrich in Ostmittel-, Ost-, Südost- und Südeuropa blieb in der unmittelbaren Nachkriegszeit von Umsiedlungen verschont. «Die Annahme ist», schrieb 1946 Eugene Kulischer, ein Fachmann für Migrationsfragen und genauer Beobachter seiner Gegenwart, «dass politische und ethnische Grenzen übereinstimmen sollten. Wo das wegen der durchmischten Siedlungsweise von Menschen unterschiedlicher ethnischer Nationalität nicht erreicht werden kann, werden Pläne entwickelt, um Hunderttausende von einem Land in ein anderes zu verfrachten. Dieser umfangreiche Bevölkerungstransfer ist die jüngste Phase der aus dem 19. Jahrhundert stammenden Idee der ‹ethnischen Nationalität› als Basis nicht nur des kulturellen Lebens, sondern ebenso der politischen Ordnung.»[33]

6. Verlauf

Die Grundvoraussetzungen für Flucht und Vertreibung schuf, wie bereits dargestellt, das nationalsozialistische Deutschland mit der Auslösung des Zweiten Weltkrieges und seiner Besatzungs-, Umsiedlungs- und Vernichtungspolitik. Erst dadurch erfolgte auf Seiten der Alliierten die Entschlussbildung zur Ausweisung und Umsiedlung der deutschen Bevölkerung. Während des Krieges, vor allem in seiner letzten, besonders blutigen Phase fand auch ein wesentlicher Teil der deutschen Zwangsmigration statt. Nicht erst mit dem von Goebbels am 18. Februar 1943 ausgerufenen totalen Krieg wurde auch das totale Ende der deutschen Bevölkerung in den Ostgebieten des Reiches und in den Staaten Ostmitteleuropas eingeläutet. Aber erst der Endkampf[1] um jeden Preis, mit fanatischer Entschlossenheit, bis zur letzten Patrone, bis zum letzten Mann, also bis zur Selbstvernichtung, schuf die katastrophalen Bedingungen, unter denen Evakuierung, Flucht, Vertreibung und Umsiedlung der deutschen Bevölkerung stattfanden. Der Verlauf des Krieges und die Art der Kriegsführung diktierten den Ablauf der Evakuierungen, der Flucht und Ausweisungen. Das Kriegsende unterschied sich im Westen und im Osten fundamental – «zweierlei Kriegsende».[2] Der historische Ort von ‹Flucht und Vertreibung› ist der Osten. Der Entwicklung an den Kriegsschauplätzen und den landesspezifischen Verhältnissen entsprechend, lief das Geschehen bei allen Gemeinsamkeiten in den einzelnen Regionen deutlich unterschiedlich ab.

6.1. Ostgebiete des Deutschen Reiches und Polen

Spätestens nach der Niederlage der deutschen Truppen bei Stalingrad verwandelte sich Deutschland vom Jäger, der seine Netze über ganz Europa ausgebreitet hatte, zum Gejagten. Als Ergebnis ihrer großen Sommeroffensive, die bewusst am 22. Juni 1944, dem dritten Jahrestag des deutschen Angriffs auf die UdSSR, gestartet wurde, standen die sowjetischen Truppen bald an der Weichsel.³ Auch die vergleichsweise sicheren Ostgebiete des Reiches waren jetzt bedroht. Ostpreußen lag nun im unmittelbaren Hinterland der Front, das oberschlesische Industrierevier in Reichweite. Der von der Obersten Heeresleitung (OHL) veranlasste Aufbau eines gestaffelten Stellungssystems mit den wichtigsten Städten als «Festungen», die Aufstellung des Volkssturms und die für einige Gebiete vorbereiteten Evakuierungspläne banden viele Zivilkräfte. Anders als von den Gauleitungen und auch den Militärs erhofft, nährten sie aber eher das Gefühl der Unsicherheit, als dass sie zur Beruhigung der Bevölkerung beitrugen. Die «Festungen» Königsberg, Danzig, Breslau und andere Städte wurden letztendlich zu Fallen, in denen Abertausende von Zivilisten gefangen blieben.⁴ Auch angesichts der falschen Lageeinschätzung und dem Verbot vorsorglicher Evakuierungen erwiesen sich die eingeleiteten Maßnahmen schon bei der ersten Bewährungsprobe als weitgehend nutzlos. «Die Flucht veranlaßte die immer näher rückende Front. Zum ersten Mal sind wir am 3. August 1944 mit dem Treck mit den Nachbardörfern und fremden, eine endlose Karawane, etwa 120 km von unsrer Heimat weit geflüchtet»,⁵ erinnerte sich eine Frau aus Wensken im Kreis Memel. Weil die Hauptstraßen für das Militär freigehalten wurden, mussten immer wieder Umwege gefahren werden. Nach drei Wochen kehrten die Bewohner von Wensken wieder nach Hause zurück, brachten die Ernte ein und säten den Winterroggen aus: «Bis dann am 7. Oktober 1944 der Befehl erging, am Sonntag den 8. Oktober, wieder mit allem bepackt, auf der Straße zu erscheinen. Wer dem Befehl nicht nachkam, galt als Landesverräter und trägt die Konsequenzen. Nun war guter Rat teuer, denn viele glaubten nicht mehr ernstlich daran, weil wir ja das erste Mal auch hätten bleiben können. Es sind dann auch nur zwei Nachbarn aus unserm Dorf am Sonntag fort. Am Montag, dem 9. Oktober, war es dann auch für viele zu spät; denn da war die Front schon spürbar in unserer Nähe. Flüchtende Soldaten ermahnten uns zur sofortigen Flucht. Nach größtem Überwinden (beim ersten Mal blieb mein Mann daheim) verließen wir unseren Hof und überließen unsere treuen Tiere ihrem Schicksal.» Schon bald stauten sich die Wagen auf den verstopften Straßen, sie gerieten unter Beschuss und mit «einem Mal hieß es: ‹Die Russen sind da›». Nur unter Zurücklassen sämtlichen Gepäcks gelang es noch vor der Sprengung der Brücke, die Memel zu überqueren und das rettende Ufer zu erreichen. Am 3. November kamen sie im sächsischen Sebnitz an, das sie fünf Monate später als «Fremde und Nichtsachsen» verlassen mussten. Schon jetzt gingen die Evakuierungen immer mehr in Fluchtbewegungen über.

Als im Oktober 1944 die sowjetischen Truppen bei dem Versuch, die deutsche Heeresgruppe Nord einzuschließen, zum ersten Mal auf Reichsterritorium vorstießen, lösten sie Panik aus. In Nemmersdorf kam es am 21. Oktober zu ersten Ausschreitungen und Vergewaltigungen durch sowjetische Soldaten. Sie bildeten den Auftakt der sich ab Mitte Januar 1945 steigernden Gewaltaktionen gegen die Zivilbevölkerung an allen vier Fronten (Heeresgruppen) der Roten Armee, die auf deutschem Territorium kämpften.[6] Der Tod von 26 Zivilisten, Kinder, Frauen und Männer, wurde von Goebbels in einer Pressekampagne propagandistisch ausgeschlachtet. «Das Wüten der sowjetischen Bestien – Furchtbare Verbrechen in Nemmersdorf – Auf den Spuren der Mordbrenner in den wiederbefreiten ostpreußischen Orten»,[7] titelte der «Völkische Beobachter» am 27. Oktober. Damit und mit weiteren Artikeln, die die Zahl der Opfer immer weiter nach oben schraubten, wurde Nemmersdorf in der Bevölkerung und in der Forschung zum Inbegriff der zahlreichen Gewalttaten sowjetischer Soldaten an der Zivilbevölkerung.[8] Anders als erwartet stärkte die Propagandaaktion jedoch den Abwehrwillen der Bevölkerung nicht. Selbst Goebbels notierte am 10. November in seinem Tagebuch, Meldungen der Reichspropagandaämter aufgreifend: «Die Greuelnachrichten würden uns nicht mehr abgekauft. Insbesondere haben die Nachrichten von Nemmersdorf nur einen Teil der Bevölkerung überzeugt.»[9] Die Bereitschaft der Menschen, sich auch ohne ausdrückliche Räumungsbefehle in Sicherheit zu bringen, zu flüchten, nahm eher zu. Das umso mehr, als auch nach der Stabilisierung der Lage Ende 1944 nur ein schmaler Streifen hinter der Front evakuiert wurde: nicht in erster Linie um die Zivilbevölkerung zu schützen, sondern um die Operationen der Truppe nicht zu beeinträchtigen. Dagegen verließen Hitler und sein Gefolge die «Wolfsschanze», das Hauptquartier der Wehrmacht bei Rastenburg in Ostpreußen schon am 20. November. Gleichzeitig beharrte Gauleiter Erich Koch weiterhin auf der Devise, nicht zu evakuieren, um die Kampfmoral der bis an die Reichsgrenzen zurückgeschlagenen deutschen Truppen nicht zu untergraben.

Doch mehr als Durchhalteparolen hatte die Wehrmacht der am 12. Januar 1945 einsetzenden sowjetischen Großoffensive nicht entgegenzusetzen, zumal man durch die zum Scheitern verurteilte Ardennen-Offensive im Westen der Ostfront wichtige Kräfte entzogen hatte. Diese brach nun wie ein «Kartenhaus»[10] zusammen. Die Richtung und die Geschwindigkeit des Vorrückens der sowjetischen Verbände – in drei Monaten standen sie vor Berlin – diktierten die Bewegungen der fliehenden Zivilbevölkerung. Ein panischer Aufbruch bestimmte jetzt das Geschehen. Die große Flucht im Osten setzte vermutlich fünf Millionen Menschen in Bewegung. «Natürlich» – berichtete eine Frau aus dem ostpreußischen Sensburg – «hatten wir schon lange vorher unseren Fortgang in Erwägung gezogen. Aber es wurden keine Evakuierungsscheine ausgegeben, und ohne diese hätten wir an anderen Orten nirgends Kohlen und Kartoffeln erhalten. Außerdem wurde jeder schwer bestraft, der öffentlich von drohender Russengefahr redete. Jetzt noch, Ende Januar 1945, mit Zügen wegzukommen, schien so gut wie unmöglich. Die meisten kamen nur bis zum nächsten größeren Bahnknotenpunkt und mußten dort wieder umkehren. Da aber für unsere Stadt immer noch keine Evakuierung vorgesehen war, sondern nur hochschwangere Frauen auf Lastwagen fortgeschafft wurden, versuchten wir, mit Fahrzeugen der Wehrmacht mitzukommen. [...] Daraufhin zogen die meisten es vor, sich auf die Chaussee zu begeben und allein ihr Heil zu versuchen.»[11] Gelang die überstürzte Flucht vor der unaufhaltsam vorrückenden Front, so wurden die Flüchtlingstrecks nicht selten vom schnellen Vormarsch der sowjetischen Truppen eingeholt. Im Lagebuch des Oberkommandos der Wehrmacht (OKW) vom 25. Januar heißt es, die vorbereitenden Maßnahmen zur Räumung und Zerstörung reichten nicht aus, weil «die Entwicklung viel schneller ablief und weiter nach Westen griff, als erwartet werden konnte».[12] Die Fluchtbewegungen wurden durch die Nazi-Propaganda gegen die Rote Armee verstärkt. Zudem verschärften die Ausschreitungen, Vergewaltigungen und Gewaltexzesse der sowjetischen Truppen gegen die Zivilbevölkerung die Lage. «Nemmersdorf» war überall, so auch in Damerkow, im Kreis Lauenburg in Pommern: «Am nächsten Tag, dem 10. März [1945] stürmten die Rus-

Flüchtlingstreck aus Ostpreußen auf dem zugefrorenen Frischen Haff, Februar 1945

sen auch diesen Ort. Im Laufe des Tages waren noch viele Flüchtlinge aus den Nachbardörfern gekommen, so daß wir wenigstens 30 Personen in einem Zimmer waren. Die ersten Russen, die in die Häuser kamen, verlangten Uhren, Ringe und sonstige Wertsachen. [...] Gleich darauf kam ein großer Russe rein. Er sagte kein Wort, guckte sich im Zimmer um und ging bis nach hinten durch, wo alle jungen Mädchen und Frauen saßen. Er winkte nur einmal mit dem Finger nach meiner Schwester. Als diese nicht gleich aufstand, trat er dicht vor sie hin und hielt seine Maschinenpistole gegen ihr Kinn. Alle schrien laut auf, nur meine Schwester saß stumm da und vermochte sich nicht zu rühren. Da krachte auch schon der Schuß. Ihr Kopf fiel auf die Seite, und das Blut rann in Strömen.»[13] In ihrer Verzweiflung begingen viele Menschen Selbstmord. Die «Preisgabe» Oberschlesiens durch die Heeresgruppe Mitte am 29. Januar verstärkte die sich unter ungünstigsten Witterungsbedingungen vollziehenden Fluchtbewegungen. Sie suchten sich einen Weg entweder über die Oder nach Sachsen, Thüringen und Bayern oder in das Protektorat Böhmen und Mähren. Im Lagebuch des OKW wurde am 7. Februar festgehalten, die sowjetischen Truppen hätten südlich von Frankfurt über die Oder gesetzt. Ergänzend zu den Kämpfen im Raum Hirschberg und Löwenberg hieß es: «Bei den Treckbewegungen (es konnte ein Treck von 16 km Länge beobachtet werden) erschütternde Bilder und fehlende Organisation.»[14]

Nachdem die vorrückenden sowjetischen Truppen in einer nach Norden geführten Flügelbewegung am 26. Januar bis an die Küste vorgestoßen waren, war den Flüchtlingstrecks aus Ostpreußen der Landweg nach Westen abgeschnitten. Nur noch zwei Fluchtwege waren jetzt offen. Der eine führte über das Eis des Frischen Haffs auf die Nehrung, von dort über Kahlenberg und die Weichselmündung nach Danzig und dann nach Pommern. «In Swinemünde jetzt ein Stau von 47 000 Flüchtlingen und 5000 Verwundeten, dabei Abfahrten von täglich 2–3 Zügen. Bei Saßnitz hat sich die Lage entspannt. 9 000 Flüchtlinge sind abgefahren worden. Schlechte Lage im Raum Stettin und Hinterland, wo die Strecke blockiert ist», heißt es am 5. Februar 1945 im Lagebuch des OKW.[15] Der andere Fluchtweg führte mit Schiffstransporten über die Ostsee. Pillau war für fast eine halbe Million Flüchtlinge der rettende Hafen, von dem aus sehr viele ins besetzte Dänemark gebracht wurden.[16] Zwei Monate nachdem sie über Pillau nach Schleswig-Holstein, in die Nähe von Heide evakuiert worden war, schrieb eine aus Ostpreußen stammende Frau an ihren bei der Ordnungspolizei eingesetzten Ehemann: «Von unserer Flucht kann ich Dir persönlich nichts wiedergeben, weil es für mich so furchtbar war, was man durchgemacht hat.»[17] Für Tausende war der Hafen Pillau aber zugleich der Ausgangspunkt für die Fahrt in den Tod, da sie mit den von der sowjetischen Marine versenkten Flüchtlingsschiffen untergingen. Die Torpedierung der «Wilhelm Gustloff» am 30. Januar 1945 forderte rund 9 000 Tote, größtenteils Flüchtlinge.

Bei all den gelungenen Rettungsversuchen darf allerdings nicht übersehen werden, dass sie stets, auch in der aussichtslosen Lage in den ersten Monaten des Jahres 1945, den Belangen der Wehrmacht nachgeordnet blieben. Flüchtlingsbewegungen wurden, wenn sie militärische Operationen behinderten, aufgehalten.[18] Anfang März, als die große Flucht noch voll im Gange war, wurden fünf Dringlichkeitsstufen für Eisenbahntransporte festgelegt. An erster Stelle standen Wehrmacht-Transporte, gefolgt von Kohle und Nahrungsmitteln. Erst an letzter Stelle standen die Flüchtlinge, mit dem Vermerk

Einschiffung von Flüchtlingen im Hafen von Pillau, Februar 1945

in Klammern: «praktisch also keine Flüchtlingszüge mehr».[19] Anders als nach dem Krieg führende deutsche Wehrmachtsangehörige glauben machen wollten, galt der Kampf der Wehrmacht an der Ostfront bis zum letzten Mann nicht vorrangig der Rettung von Zivilisten.[20] Er war in erster Linie eine Folge der ideologischen Verblendung auch der militärischen Führung, der die mögliche Rettung vieler Flüchtlinge geopfert wurde. Im Endkampf ging es nur noch darum, selbst mit dem Leben davonzukommen: «Wir ziehen ab. […] Das Regiment gerät wieder auseinander, vermischt sich mit Versprengten anderer Truppenteile. […] Mehrere Soldaten in nassen unvollständigen Uniformen kommen aus einem Waldstück. Sie sind auf der Flucht vor den Russen durch einen See geschwommen. Ich schleppe immer noch einen Karabiner mit mir herum. Viele haben ihre Waffen schon weggeworfen. Im Sand der Waldwege stecken Flüchtlinge mit ihren hochbeladenen Pferdewagen fest, Frauen und Kinder, einige alte Männer. ‹Soldaten, helft uns!› flehen sie uns an. Aber das ist sinnlos, und wir gehen weiter. Die Dämme sind gebrochen, und jeder kämpft jetzt hier um sein Überleben.»[21]

Einige Tausend der von den sowjetischen Truppen in den Ostgebieten aufgegriffenen Frauen und Männer wurden, als Teil der von der Sowjetunion beanspruchten und ihr von den Westmächten zugestandenen Reparationen, zur Zwangsarbeit in die Sowjetunion verschleppt. Zu Beginn des Jahres 1945 wurde zunächst der NKWD damit beauftragt, «Maßnahmen zur Säuberung des Hinterlandes der Front der kämpfenden Roten Armee von feindlichen Elementen» zu ergreifen. Zuständig dafür waren die jeweiligen sowjetischen Heeresgruppen. Zu Beginn des Monats Februar, als die Durchführung der Deportationen aus Südosteuropa im Wesentlichen abgeschlossen war, setzten Internierung und Verschleppung in den Ostgebieten des Reiches ein. «Auf Lkw verfrachtet brachte man uns nach Insterburg, als angebliche ‹Schwerverbrecher› natürlich zum Zuchthaus. [...] Im Morgengrauen des 3. März wurden wir dann auf dem Güterbahnhof Insterburg je 50–52 Frauen in Viehwaggons verladen. [...] Am 23. März lud man uns aus.»[22] Die Transporte erreichten im März 1945 ihren Höhepunkt, ebbten im April ab und wurden nach der bedingungslosen Kapitulation des Deutschen Reiches eingestellt. Von den über 215 000 «Mobilisierten», von denen mehr als 148 000 in die Sowjetunion deportiert wurden, waren über 138 000 Deutsche. Die Sterberate unter den reichsdeutschen Zwangsverschleppten war deutlich höher als bei jenen der Volksdeutschen aus Südosteuropa. Die letzten Deportierten wurden Ende der 1940er Jahre in der Regel in die Bundesrepublik entlassen.

Nach der bedingungslosen Kapitulation der deutschen Wehrmacht und dem Ende der Kampfhandlungen setzte unter den Geflüchteten in großem Umfang eine Rückkehrbewegung ein. Mit dem Ende des Krieges glaubten die Geflohenen, die Chance zu haben, wieder in ihre Heimatorte zurückzukehren. «Am Morgen des nächsten Tages (30. Juni 1945) beschlossen vier Rützower Familien und wir, es mit der Rückkehr zu versuchen. Als wir drei Kilometer gegangen waren, begegneten uns Bekannte und Verwandte aus Labenz. Sie sagten uns: ‹Gebt euch keine Mühe, es ist zwecklos, die Deutschen werden aus allen Orten ausgewiesen.›»[23] Wie diese Familie aus dem Kreis Dramburg in Pommern erreichten viele der rückkehrenden Flüchtlinge ihr Zuhause nicht, weil sie daran gehindert wurden.

Zur Sicherung des rückwärtigen Gebietes und in Übereinstimmung mit dem Plan, Nachkriegspolen für seine territorialen Verluste im Osten mit deutschen Gebieten zu entschädigen, übertrugen die sowjetischen Militärbehörden den nach und nach entstehenden polnischen Behörden die Verwaltung der deutschen Ostgebiete. Es setzte eine von Willkür, Rechtlosigkeit und Unsicherheit bestimmte Zeit des Übergangs ein, die das Neben-, Durcheinander- und auch Gegeneinanderregieren von sowjetischen und polnischen Stellen bedeutete. Schon Anfang Februar hatte der Ministerpräsident der Provisorischen Regierung der Polnischen Republik in der Presse erklärt, Polen habe die Zivilverwaltung in den Reichsgebieten östlich der Oder und Neiße übernommen. Ende März erfolgte die Gründung der Wojewodschaft Danzig und am 24. Mai wurde das Dekret über die Verwaltung der «wiedergewonnenen Gebiete» erlassen.[24] Der Begriff sollte den historischen Anspruch auf die besetzten Ostgebiete des Deutschen Reiches untermauern. Um die Gegenwart dem eigenen Bild von der Vergangenheit anzupassen, wurde damit begonnen, möglichst große Teile der verbliebenen deutschen Bevölkerung auszuweisen. Polnische Neusiedler wurden aufgerufen, ins Land zu kommen. Die gemäß dem polnisch-sowjetischen Umsiedlungsvertrag aus dem der Sowjetunion zugefallenen Ostpolen Umgesiedelten wurden vorzugsweise in diese Gebiete gelenkt. Plünderungen standen auf der Tagesordnung. Auf der Grundlage der während der nationalsozialistischen Herrschaft eingeführten «Deutschen Volksliste» (DVL) wurde nun die Bevölkerung auf ihre «nationale Zuverlässig- und Tauglichkeit» überprüft. Der im April 1945 erwogene Plan, alle Deutschen ab dem zwölften Lebensjahr zu verpflichten, eine Armbinde mit dem Buchstaben «N» für *Niemiec*, also Deutscher, zu tragen, wurde zwar nicht zentral durchgesetzt. Er wurde dennoch in einigen Gebieten, sowohl den altpolnischen als auch den «wiedergewonnenen», umgesetzt. Erst Ende November 1945 gab das Ministerium für öffentliche Verwaltung ein Rundschreiben «über das Verbot einer Kennzeichnung von Deutschen mit Binden» heraus.[25] Die deutsche Bevölkerung wurde enteignet und zum Arbeitseinsatz verpflichtet. Auch aufgrund der schon im November 1944 erlassenen «Sicherungsmaßnahmen gegen die Verräter der Nation» kam es zu Verhaftungen in großem Umfang. Ein Netz von Gefängnissen und Lagern mit deutschen Insassen überspannte das Land. Jene in Lamsdorf bei Oppeln und Potulice bei Bromberg erreichten angesichts der in die Tausenden gehenden Zahl der Insassen und der hohen Todesraten traurige Berühmtheit.[26] Massive Ausschreitungen gegen die deutsche Bevölkerung bestimmten das Geschehen. Sie waren auch Ausdruck von Vergeltung für die Verbrechen, welche während der deutschen Besatzungsherrschaft begangen worden waren. Gerade in den beanspruchten deutschen Gebieten wurde die deutsche Bevölkerung, soweit sie nicht bewusst festgehalten wurde, um den Betrieb von Produktionsstätten aufrecht zu erhalten, ausgewiesen, aus dem Land gejagt. «Wilde Vertreibungen» mit vielen Todesopfern, die ihren Höhepunkt in den Monaten Juni und Juli erreichten, bestimmten das Geschehen bis zur Potsdamer Konferenz und als «freiwillige Ausreise» durchsichtig getarnt auch noch darüber hinaus. «Am 23. Juni 1945», berichtete eine Frau aus dem Brandenburgischen, «wurden wir nun vollkommen überraschend binnen zehn Minuten vom Polen ausgewiesen. Ich lebte damals wieder in meinem Haus, das ging immer hin und her, mal wurde man herausgeschmissen, dann wagte man sich wieder hinein, schaffte den schlimmsten Schmutz hinaus, um dann doch bald wieder herausgeworfen zu werden. Niemand von uns hatte mit einer Ausweisung gerechnet. Wohl kamen eine Woche vorher die Zivilpolen, und uns wurde gesagt, daß wir nun polnisch verwaltet würden. Die Zivilpolen benahmen sich anständig, sie plünderten wohl auch noch, aber viel hatte ja der Russe nicht übrig gelassen. Aber Vergewaltigungen kamen da kaum vor. Bis dann am Morgen des 23. Juni 1945 die polnische Soldateska erschien, die so genannten Lubliner Polen, und die gesamte Bevölkerung Soraus, gegen 29 000 Menschen, an diesem Tag auswies. Nur ganz wenige, die in den Fabriken für den Russen arbeiteten, durften bleiben.»[27] Ein hohes Maß an Gewalttätigkeit kennzeichnete diese Phase des Vertreibungsprozesses, in der wohl deutlich über eine halbe Million Deutsche ausgetrieben wurden.

Über die spontanen Gewaltausbrüche hinaus darf der systematische Charakter nicht übersehen werden, der dahinter steckte. Mit den «wilden Vertreibungen» wurden zu einem Zeitpunkt Fakten geschaffen, als noch nicht klar war, auf welche Grenzen und bevölkerungspolitischen Maßnahmen sich die alliierten Großmächte einigen würden. Zugleich dienten sie der Sowjetunion und auch der zur

Potsdamer Konferenz eingeladenen polnischen Delegation als Argument, um die zwangsläufige Notwendigkeit der neuen Grenzziehung zu unterstreichen. In einem Protokoll der Polnischen Arbeiterpartei vom Mai 1945 heißt es: «Wenn wir die ehemals deutschen Gebiete nicht polonisieren, werden wir keine Gründe mehr dafür haben, das zu nehmen, was sie [die Alliierten] uns nicht geben wollen. [...] Wir müssen sie [die Deutschen] hinauswerfen, da alle Länder auf nationalen, nicht multinationalen Grundlagen errichtet sind.»[28] Trotz solcher Anstrengungen blieb die Besiedlung der deutschen Gebiete weit hinter den Erwartungen zurück. Mit dem am 13. November 1945 eingerichteten «Ministerium für die Wiedergewonnenen Gebiete» wurde versucht, entsprechende Maßnahmen zu intensivieren.

Entgegen der im Artikel XIII des Potsdamer Abkommens festgeschriebenen Einstellung der Ausweisungen fanden weitere Austreibungen statt, bis der Alliierte Kontrollrat am 20. November 1945 die Zahlen und Zielgebiete der Umsiedlungen bestimmte. Erst danach besserten sich die Verhältnisse. «Human und ordnungsgemäß» waren sie aber nur im Vergleich zu den vorangegangenen «wilden Vertreibungen», wie ein Bericht aus Oberschlesien zeigt. «Am 11. Januar 1946 wurden wir um 6.00 Uhr aus den Häusern gejagt und in einem Bauernhof einquartiert. 275 Menschen im Wohnhaus, Pferde- und Rindviehstall. Nur ein Abort! Am 18. Januar 1946 6.00 Uhr bei schneidender Kälte antreten. Bündel auf bereitgestellte Leiterwagen geworfen, Abmarsch nach Neiße. [...] Bis Mitternacht sind die Bewohner der vier Dörfer, R., K., St. und P. versammelt. Am 19. Januar gegen 10 Uhr Abmarsch zum Bahnhof, vorbei an den im Torweg liegenden, mit Decken zugedeckten Toten dieser Nacht. Zahl unbekannt! Mit dem Zug, bis 75 Köpfe in jedem Waggon, in viertägiger Fahrt bis Forst, acht Tote unterwegs. Auf offener Straße bis 21.00 Uhr wartend, die Tränen zu Eis gefroren, dann auf Lokale der Stadt verteilt, nach vier Tagen Weitertransport ins Lager Finsterwalde. Von dort im März Aussiedlung in die Dörfer der Umgebung. Wir konnten wieder Menschen werden.»[29] Während dieser letzten Phase von Flucht und Vertreibung erfolgte die Aussiedlung in der Regel in Zügen, nur in geringem Umfang über den Seeweg, vor allem in die Britische und auch in die Sowjetische Besatzungszone. Die Routen, den Zeitplan, die Art des Ablaufs der Transporte, auch was und wie viel die Auszusiedeln-

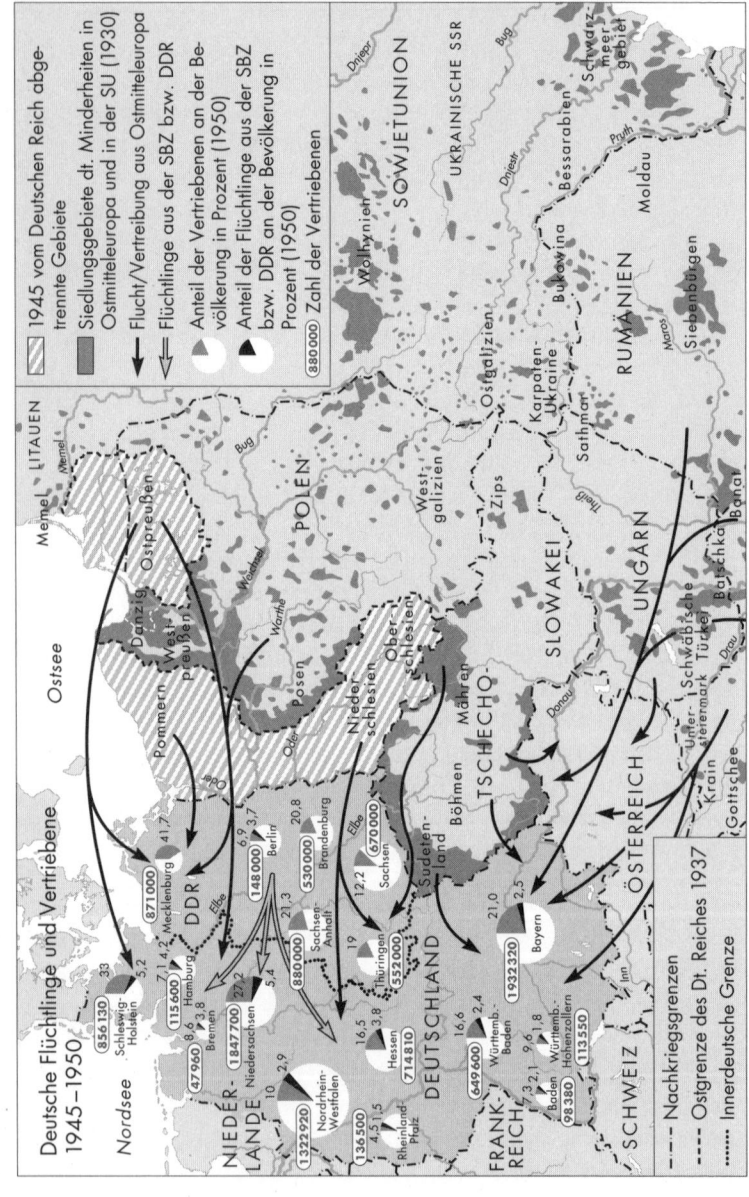

den mitnehmen durften, bestimmten bilaterale Vereinbarungen Polens mit den britischen und sowjetischen Militärbehörden. Entsprechend des schon früher angesetzten Kriteriums der wirtschaftlichen Nützlichkeit trafen die polnischen Behörden eine gestaffelte Auswahl der Umzusiedelnden. Zuerst wurden arbeitsunfähige Personen und besonders «Deutschbewusste» auf die Reise geschickt. Wegen Verstößen gegen die getroffenen Absprachen setzten die britischen Behörden die Transporte, deren Gros 1946 durchgeführt wurde, immer wieder aus. Insgesamt betrug die Zahl der in dieser letzten, sich bis Ende der 1940er Jahre hinziehenden Aussiedlungsphase etwa 2,6 Millionen Personen. Die Zahl der Ausgewiesenen und Flüchtlinge aus den Ostgebieten und Polen dürfte bei insgesamt rund 3,5 Millionen Personen liegen. In Polen verblieben je nach Schätzung zwischen 400 000 und einer Million Deutsche.

6.2. Tschechoslowakei

Im Vergleich zu den Ostgebieten des Reiches, zu Polen und auch den Staaten Südosteuropas wurden vor Kriegsende auf dem Gebiet der Tschechoslowakei weniger Evakuierungen durchgeführt. Sie betrafen vor allem die deutsche Bevölkerung zweier Gebiete: Zum einen jenes der Ostslowakei, wo zur Jahreswende 1944/45 rund 120 000 Personen weitgehend in Regie der eigenen Volksgruppe vor der sowjetischen Front in Sicherheit gebracht wurden.[30] Zum anderen einen Teil des Ostsudetenlandes, dessen Bevölkerung vorübergehend eine Bleibe in den angrenzenden Kreisen Böhmens, aber auch in Westböhmen fand. Bei ihrem Vorstoß von Osten verbreiteten die sowjetischen Truppen durch Übergriffe und Vergewaltigungen Angst und Schrecken unter der Zivilbevölkerung. Die Besatzungszeit war aber wesentlich kürzer als in Polen. Völlig anders sah es in den westlichen, zunächst von amerikanischen Truppen besetzten Teilen der Tschechoslowakei aus. Die unterschiedlichen Varianten des Kriegsendes in Ost und West lagen hier ganz dicht beieinander.

Wie die NS-Führung des Protektorats insgesamt, wurde die deutsche Bevölkerung vom Ausbruch des Prager Aufstandes überrascht. Er begann am 5. Mai 1945, begleitet von den Parolen «Tod den Deutschen», «Tod den deutschen Okkupanten». Der Aufstand war das Fanal, das den Beginn der Vergeltungsakte gegen die deutsche Bevölkerung des Landes einleitete. Sie waren die Antwort auf das Münchner Abkommen und das anschließende deutsche Besatzungsregime im Protektorat. Die Stimmung wurde zusätzlich durch die politischen Vertreter des Landes angeheizt. Kurze Zeit nachdem die ersten sowjetischen Truppen am 9. Mai Prag erreicht hatten, verkündete der aus dem englischen Exil zurückgekehrte Präsident Beneš: «Das deutsche Volk hat in diesem Krieg aufgehört, menschlich zu sein, menschlich erträglich zu sein, und erscheint uns nur noch als einziges großes menschliches Ungeheuer. [...] Wir haben uns gesagt, dass wir das deutsche Problem in der Republik liquidieren müssen.»[31] Alle in der Folgezeit ergriffenen Maßnahmen und erlassenen Dekrete, die weit über das «Kaschauer Programm» hinausgingen, dienten diesem Ziel. Es bezog sich in erster Linie auf Deutsche, schloss aber die ungarische Bevölkerung mit ein.

Schon das Dekret vom 19. Mai stellte das Vermögen der «staatlich unzuverlässigen Personen» deutscher oder magyarischer Nationalität «unter Nationalverwaltung». Nur gut einen Monat später wurde das Dekret «über die Konfiskation und die beschleunigte Verteilung des landwirtschaftlichen Vermögens der Deutschen und Ungarn sowie der Verräter und Feinde der tschechischen und slowakischen Nation» erlassen.[32] Diese und weitere Verordnungen schufen zunächst kein Recht. Sie trugen eher dazu bei, in der unübersichtlichen Lage der Übergangszeit, in der es noch keine klare Abgrenzung von Militär- und Zivilbehörden gab, Übergriffen gegen die zu Staatsfeinden erklärten deutschen und magyarischen Bürger Tür und Tor zu öffnen. In einem zeitgenössischen Bericht heißt es: «Im Laufe der nächsten Wochen anfangs nur zögernd folgenden, später die ganze Gegend überflutenden Tschechen haben sofort Internierungslager für Deutsche in Ober-Thomasdorf und Adelsdorf (für die Stadt Freiwaldau und die umliegenden Gemeinden) und in Jauernig (für den übrigen Teil des Landkreises) errichtet, am laufenden Band Verhaftungen, zunächst nur männlicher Einwohner, vorgenommen, Wohnungen samt der Einrichtung beschlagnahmt [...]. Alle Deutschen, männlich und weiblich, sind verpflichtet worden, weiße Armbinden mit einem «N» (Němci = Deutsche) zu tragen und jeden uniformierten Tschechen zu grüßen. Es ist ihnen verboten worden, irgendwelche Verkehrsmittel (auch Pferdefuhrwerk und Fahrräder) zu benützen. Die Fahrräder mußten abgeliefert werden. [...] Ferner ist den Deutschen ohne Ausnahme untersagt worden, nach 9 Uhr, später sogar 8 Uhr abends auf Straßen oder öffentlichen Plätzen zu verweilen.»[33] Die deutsche Bevölkerung wurde enteignet. Bis August 1945 strömten rund 1,6 Millionen Neusiedler in die sudetendeutschen Gebiete. Sie ließen sich dort entweder von den Nationalausschüssen und Verwaltungskommissionen in deutschen Besitz einweisen oder handelten auf eigene Faust. Plünderungen und Gewaltverbrechen so genannter Revolutionärer Garden bestimmten den Alltag. Das Ausmaß, das sie erreichten, zwang die Regierung, dagegen einzuschreiten. Verhaftungen von Angehörigen der deutschen Minderheit setzten in großem Stil ein. Hunderte von Internierungslagern wurden eingerichtet, manche, wie in Theresienstadt, auch in ehemaligen nationalsozialistischen Konzentrationslagern. In ihnen vegetierten im März 1945 mindestens 90 000 Insassen.[34] Es entstand ein Zwangsarbeitersystem, in dessen Rahmen die Verhafteten zur Arbeit in binnentschechische Gebiete verschickt wurden. Sie kamen hier vornehmlich in Bergwerken und in der Industrie, aber auch in der Landwirtschaft zum Einsatz. Die katastrophalen Bedingungen der Unterkunft, die Misshandlungen, Folterungen und die unzureichende Ernährung forderten viele, statistisch nur unzureichend ermittelbare Todesopfer.

Das wirksamste Mittel für die vom Staatspräsidenten verkündete «Liquidierung» bildeten auch in der Tschechoslowakei die «wilden Vertreibungen». Sie waren, wie der sogenannte «Brünner Todesmarsch» von Übergriffen begleitet. Ein Funktionär der tschechischen Verwaltungskommission berichtete von den Ereignissen, die sich im Vorfeld der Ausschreitungen gegenüber der deutschen Bevölkerung von Aussig am 31. Juli 1945 abspielten: «Die Ortsnationalausschüsse waren verpflichtet, die Personen deutscher Nationalität, die Angehörigen der Nazipartei, zum Abschub auszuschreiben. Man arbeitete an den Verzeichnissen bis in die Nacht. In den frühen Morgenstunden kamen in die betreffenden Gemeinden Militärabteilungen, zusammengesetzt aus den Revolutionsgarden und so genannten Partisanen. [...] Die Aktion begann. Man ging in die Wohnungen, und in einer halben Stunde mußte jede Familie auf dem Versammlungsplatz der Gemeinde sein. Schmuckstücke wurden abgenommen, und zur Sicherheit wurden Mädchen die Geschlechtsorgane durchsucht, ob sie dort nicht weitere Wertstücke verbergen. Danach steckte man die ‹Transporte› in Straßenbahnwagen nach Tellnitz, und von dort mußten sie über das Erzgebirge zu Fuß nach Deutschland. Auch 78- bis 81-Jährigen blieb dieser Kalvarienweg nicht erspart.»[35]

Mit den Mitte Juni erlassenen Richtlinien bezweckte die Regierung keinesfalls, diese Ausweisungen zu stoppen, dienten sie doch wie in Polen dazu, sich eines möglichst großen Teils der deutschen Bevölkerung noch vor der Konferenz der Großen Drei zu entledigen. Sie sollten lediglich dazu beitragen, die «wilden Vertreibungen» besser zu organisieren und damit effektiver werden zu lassen. Nach der Anfang Juli bei der Sowjetunion eingeholten Zustimmung wurde weiterhin und in noch größerem Umfang ausgewiesen, Deutsche nach Österreich und Deutschland, Magyaren nach Ungarn: «Wir mußten schon am 17. Juni 1945 unseren Heimatort [Langenbruck] verlassen, nachdem uns dies die Tschechen in der vorhergehenden Nacht um 2 Uhr mitgeteilt hatten. Es waren ca. 60% der Bevölkerung, welche diese furchtbare Botschaft erhielten. Mitzunehmen waren 30 kg Gepäck gestattet, aber weder Geld noch Schmuck. Es bemächtigte sich der Leute lähmender Schrecken, da niemand von den Aufgeforderten eine blasse Ahnung hatte, wohin sie geschafft werden sollten. Etliche zogen es vor, durch Selbstmord aus dem Leben zu scheiden, so eine Familie in unserer Nachbarschaft, wo der Mann Kinder im Alter von 3 und 4 Jahren umbrachte, dann seine Frau, die er erschoß. Auch eine Nachbarsfrau im Alter von 80 Jahren, welche ebenfalls in selber Nacht aufgefordert wurde, ihr Haus zu verlassen, zog es vor, durch das Öffnen der Pulsadern freiwillig aus dem Leben zu scheiden. Ich sehe noch immer diese Frau vor mir, wie sie, zitternd am ganzen Körper, nur immer mit dem Kopf schüttelte, sie konnte es nicht fassen.»[36] In mehreren Städten wie Prag, Brünn und Aussig forderten die Gewaltakte viele Todesopfer. Die «wilden Vertreibungen» hielten bis zur Potsdamer Konferenz an. Dabei wurden vermutlich über 600 000 Deutsche des Landes verwiesen, mehr als die Hälfte kam in die Sowjetische Besatzungszone.

Es war kein Zufall, dass am 2. August, also an dem Tag, an dem die Potsdamer Konferenz zu Ende ging, der tschechoslowakische

Staatspräsident ein Verfassungsdekret «über die Regelung der tschechoslowakischen Staatsbürgerschaft von Personen deutscher und magyarischer Nationalität» erließ.[37] Es entzog den Angehörigen dieser Gruppen mit Ausnahme der als Antifaschisten anerkannten Personen die Staatsbürgerschaft und bildete die rechtliche Grundlage für die in der Folgezeit organisierten Aussiedlungstransporte. Während dieser Phase wurden die Umsiedlungen in Eisenbahntransporten durchgeführt und standen unter der Aufsicht der jeweiligen Besatzungsmacht, in deren Gebiet die Transporte erfolgten. Der Ablauf, Zeitplan und das Gut, das die Ausgewiesenen mitnehmen durften, waren Gegenstand von Vereinbarungen zwischen den tschechoslowakischen Dienststellen und den alliierten Militärbehörden. Über seine Erfahrungen berichtete ein aus Nordmähren stammender Kaufmann: «Jeder, der ausgesiedelt wurde, durfte 50 kg Gepäck mitnehmen und bekam (bei jenen ersten regulären Transporten) 1000 RM in bar auf den Weg. Man durfte sich freiwillig melden. Dieselben Menschen, die ein Jahr vorher selbst die Angst vor der herannahenden Front und das Schreckgespenst der Russen nicht hatte zum Verlassen des Heimatbodens veranlassen können (weil sie meinten, der Krieg sei ja fast am Ende und ein nachfolgender Frieden werde wieder tragbare Bedingungen des Lebens schaffen), – dieselben Menschen drängten sich jetzt, mit den Transporten abzugehen. Man hatte die völlige Aussichtslosigkeit erkannt. Und nach dem Nichts der ersten Monate waren 50 kg Gepäck immerhin wenigstens der Handbedarf. [...] Als wir drankamen, 6. August 1946, waren schon etwa 6 oder 7 Transporte aus Troppau abgegangen, jeder zu rund 1200 Menschen, also etwa 8000.»[38] Wie in Polen wurden auch in der Tschechoslowakei zunächst noch Fachkräfte zurückgehalten, so dass sich 1947 noch rund 200000 Deutsche in der Tschechoslowakei aufhielten. Die Transporte mit insgesamt rund 2,2 Millionen Ausgesiedelten erfolgten im Wesentlichen in den Jahren 1946 und 1947. Drei Viertel von ihnen kamen in die Amerikanische Besatzungszone, der Rest in die Sowjetische Besatzungszone. In diese beiden Zonen «emigrierte» unter deutlich besseren Bedingungen und Bestimmungen über das mitzunehmende Gut schließlich auch die knapp eine Million als Antifaschisten anerkannten Sudetendeutschen.

Ausweisung deutscher Vertriebener in Eisenbahntransporten nach der Konferenz von Potsdam, 1946

Mit dem Verfassungsgesetz vom 28. März 1946 erlangten alle Präsidialdekrete Gesetzeskraft, auch jene, die die Grundlage für die Ausweisung der deutschen Bevölkerung bildeten.[39] Am ersten Jahrestag seit Kriegsende wurden alle Handlungen in der Zeit vom 30. September 1938 bis zum 28. Oktober 1945, die darauf abzielten, «zum Kampf um die Wiedererlangung der Freiheit der Tschechen und Slowaken beizutragen, oder die auf eine gerechte Vergeltung für Taten der Okkupanten oder ihrer Helfer gerichtet» waren, für rechtmäßig erklärt. Damit wurde rein rechtlich in der Tschechoslowakei ein Schlussstrich unter das Kapitel gezogen, das deutsche Besatzung und Vertreibung der Deutschen vereint.

Herkunft und Zahl der deutschen Flüchtlinge und Vertriebenen, Stand 1950

Herkunft	Zahl
Deutsche Ostgebiete	6 980 000
Ostpreußen/Westpreußen	1 890 000
Pommern	1 470 000
Brandenburg	410 000
Niederschlesien	2 410 000
Oberschlesien	800 000
Freie Stadt Danzig	290 000
Polen	690 000
Tschechoslowakei	3 000 000
Baltische Staaten	170 000
Sowjetunion	100 000
Ungarn	210 000
Rumänien	250 000
Jugoslawien	300 000
Österreich	80 000
Übriges Europa	135 000
Übersee	20 000
Gesamt	12 225 000
dazu: Vertriebene ohne Heimatverlust	525 000
Insgesamt	**12 750 000**

Quelle: Reichling, Gerhard: Die deutschen Vertriebenen in Zahlen, Teil I: Umsiedler, Verschleppte, Vertriebene, Aussiedler 1940–1985. Bonn 1986, Tabellen 11 und 12, S. 59 und 61.

6.3. Südosteuropa

Art und Ergebnis der Zwangsmigration der deutschen Minderheiten aus Südosteuropa unterscheiden sich bei allen Gemeinsamkeiten von den Vertreibungsvorgängen aus den Ostgebieten des Deutschen Reiches, aus Polen und der Tschechoslowakei. Selbst in den einzelnen der in Frage kommenden Ländern Südosteuropas weisen ‹Flucht und Vertreibung› ein breites Spektrum an Erscheinungsformen auf. Rumänien hat seine deutsche Bevölkerung nicht ausgewiesen. Daher existierte hier trotz der zu verzeichnenden erheblichen Verluste am Ende des Zweiten Weltkrieges bis in die jüngste Vergangenheit eine intakte deutsche Minderheit. Jugoslawien dagegen ist, der Kollektivschuldthese folgend, radikal gegen seine deutsche Bevölkerung vorgegangen. Seit dem Ende der 1950er Jahre gibt es dort keine deutsche Minderheit mehr. Ungarn wiederum, von den Alliierten durch den Artikel XIII des Potsdamer Abkommens vom 2. August 1945 ermächtigt, die deutsche Bevölkerung, seine «Schwaben», insgesamt in «ordnungsgemäßer und humaner» Art auszusiedeln, hat nur etwa die Hälfte von ihnen ausgewiesen.

Deutlich früher als in den Ostgebieten des Reiches, in Polen und der Tschechoslowakei kündigte sich die große Flucht in den Gebieten Südosteuropas an. Bereits seit Herbst des Jahres 1943, mit dem Vorrücken der Ostfront, evakuierten die NS-Behörden mehrere Tausend Schwarzmeer- und Krimdeutsche. Die Trecks leitete man durch Rumänien und Ungarn in den Warthegau. Kurze Zeit später mussten sie diesen Zufluchtsort schon wieder verlassen. Mit der im März 1944 gestarteten Frühjahrsoffensive stießen die russischen Truppen weiter nach Westen über den Dnjester vor. Die Evakuierung von etwa 125 000 Volksdeutschen aus Transnistrien wurde eingeleitet.[40] Zuständig dafür war die Volksdeutsche Mittelstelle, die auch die «Heim ins Reich»-Umsiedlungen organisiert hatte. Wegen fehlender Schiffskapazitäten konnten nicht alle Evakuierten, wie ursprünglich geplant, auf Donauschiffen zurückgeführt werden. Für die Trecks wurden zwei Routen eingerichtet. Die eine führte etwa zwei Drittel der Evakuierten nach Süden durch die Dobrudscha und Bulgarien und dann in Richtung Reichsgebiet, die andere nach Westen über Nordsiebenbürgen nach Ungarn. Bis Mitte 1944 wurden bis zu 350000 Volksdeutsche aus dem Gebiet der Sowjetunion evakuiert. Dabei hatten, wie in allen anderen Gebieten, die Belange der kämpfenden Truppe und ihre Versorgung absoluten Vorrang, mit negativen Folgen für die Dauer der Evakuierung, die Versorgung und die Sicherheit der Evakuierten.

Die Landung der westlichen Alliierten in der Normandie im Juni 1944 und insbesondere der Sturz von Marschall Ion Antonescu und der damit eingeleitete Frontwechsel Rumäniens im August begünstigten den schnellen Vorstoß der sowjetischen Truppen bis nach Siebenbürgen und an die ungarische Grenze. Die Führung der Deutschen Volksgruppe in *Rumänien* setzte sich im Gefolge der abziehenden deutschen Truppen ab.[41] Nur wenige Orte in Südsiebenbürgen konnten evakuiert werden. Im Unterschied dazu hatte die seit dem Wiener Schiedsspruch Budapest unterstellte Gebietsleitung Nordsiebenbürgens der Deutschen Volksgruppe rechtzeitig Evakuierungspläne vorbereitet. Sie konnten auch wegen des sich verlangsamenden Vorrückens der sowjetischen Truppen umgesetzt werden. Anfang September erfolgte der Startbefehl für die Trecks, die je nach Größe der Gemeinde zwischen 50 und 400 Fuhrwerke umfassten. Der Bürgermeister von Tschippendorf, einer der evakuierten siebenbürgischen Ortschaften, erinnerte sich: «Am 15. September [1944] zogen wir wie üblich vom Felde nachhause ins Dorf und ahnten nicht, was uns die kommenden Tage bringen würden. In den Gassen des Dorfes herrschte große Aufregung. [...] Ein Oberscharführer, der mit dem Ortsleiter aus der Stadt eingetroffen war, teilte mir mit, dass alle Volksdeutschen auf höheren Befehl, wegen Herannahen der Kampffront, ungefähr 100 Kilometer in westliche Richtung evakuiert werden. [...] Der Treck Nr. 281 mit 133 Wagen, 89 Männern, 151 Frauen und 69 Kindern, zusammen 309 Personen, setzte sich in Bewegung. [...] Die Felder waren menschenleer, die Glocken vom Turme klangen noch. Mir war es so unheimlich zu Mute. Ich stieg ab und weinte, wie ich in meinem Leben noch nie geweint hatte. Ich betete ein Vaterunser, und mit einem Gott-begleite-uns ging es weiter.»[42] Wie sich bald herausstellte, lag das Ziel dieses, so wie das der anderen aus dem Sathmarer Gebiet in Bewegung gesetzten Trecks nicht 100 Kilometer westlich, sondern in der Gegend von Gmunden am Traunsee in Österreich. Jene, die mit der Eisenbahn evakuiert wurden, landeten nach kriegsbedingten wochenlangen Fahrten in Lagern der Volksdeutschen Mittelstelle in Sachsen, Oberschlesien, dem Sudetenland und im Kulmer Gebiet. Die im September bis an die Westgrenze Rumäniens vorrückende Front veranlasste einen geringen Teil der deutschen Bevölkerung des rumänischen Banats zu flüchten. Nur wenige Evakuierungen konnten durchgeführt werden. Insgesamt dürften einige Zehntausend Volksdeutsche bis Kriegsende Rumänien verlassen haben.

Der überwiegende Teil der deutschen Minderheit in Rumänien, Siebenbürger Sachsen und Schwaben, verblieb in den Heimatorten. Es kam zu Plünderungen, Übergriffen und Gewalttaten der sowjetischen Truppen, wie auch durch Angehörige der rumänischen Bevölkerung. Aber im Vergleich zu den Exzessen und der Brutalität der Ereignisse in den Ostgebieten des Reiches, in Polen und der Tschechoslowakei, hielten sie sich in Grenzen und hatten keinen systematischen Charakter. Wie in den anderen ostmitteleuropäischen Staaten gab es Überlegungen, die deutsche Minderheit auszuweisen. Diese mündeten aber weder in konkrete Planungen noch in Ausweisungen von Angehörigen der deutschen Minderheit.[43] Es kam später lediglich zu Deportationen und Umsiedlungen von Deutschen innerhalb des Landes.[44] Dagegen konnte sich Rumänien der Forderung der Sowjetunion nicht entziehen, Angehörige der deutschen Minderheit als Teil ihrer Reparationsforderungen zu deportieren. «Am 14. Januar 1945, es war ein Sonntag, wurden alle Männer im Alter von 15 bis 45 Jahren und Frauen und Mädchen im Alter von 17 bis 33 Jahren durch den Gemeindetrommler aufgefordert, sich an einem bestimmten Platz zu melden. Wir wußten genau, um was es ging; schon Tage vorher wurde darauf vorbereitet, daß die arbeitsfähigen Kräfte zu einem Transport [nach Russland] zusammengestellt werden», heißt es im Bericht eines Banater Schwaben.[45] Der «Nutzung deutscher Arbeit» durch die Sowjetunion hatten die Westmächte zugestimmt. Die von Stalin unterzeichnete Verordnung Nr. 7161 vom 16. Dezember 1944 benannte den zu deportierenden Personenkreis, legte die Zuständigkeiten und den organisatorischen Ablauf fest und präzisierte die Einsatzgebiete für die Verschleppten in der Sowjetunion. In der Verordnung heißt es: «Alle arbeitsfähigen Deutschen

Bewohnerin der Gemeinde Tschene im rumänischen Banat auf der Flucht, November 1944

im Alter von 17 bis 45 Jahren (Männer) bzw. von 18 bis 30 Jahren (Frauen), die sich in den von der Roten Armee befreiten Gebieten Rumäniens, Jugoslawiens, Ungarns, Bulgariens und der Tschechoslowakei befinden, sollen mobilisiert und interniert werden, um sie mit dem Ziel des Arbeitseinsatzes in die UdSSR zu deportieren.»[46] Die Aushebung der Deportierten in Rumänien, mit rund 70 000 Personen der Hauptschauplatz der Mobilisierung und Internierung der arbeitsfähigen Bevölkerung in Südosteuropa, fand im Wesentlichen im Januar 1945 statt. Am frühesten, noch im November 1944, setzten die Internierungen in Ungarn, später dann auch auf dem Gebiet Jugoslawiens ein. Schätzungen zufolge waren davon rund 30 000 bzw. 10 000 Personen betroffen. Die Todesrate lag bei rund 15 Prozent.[47]

In weitaus größerem Umfang wurden auf Grund der militärischen Entwicklung Evakuierungsmaßnahmen auf dem Gebiet *Vorkriegsjugoslawiens* durchgeführt. Sie knüpften nahtlos an die bereits während des Krieges erfolgten Umsiedlungen oder die während dieser Zeit entwickelten Pläne an. In der Verantwortung des «Reichskom-

Evakuierung und Flucht aus der Gemeinde Sarwasch, Jugoslawien, Ende 1944

missars für die Festigung deutschen Volkstums» erfolgte die Verlagerung des größten Teils der deutschen Bevölkerung aus dem «Unabhängigen Staat Kroatien».[48] Die Anfang Oktober 1944 begonnene Evakuierung von knapp 100 000 Personen ins Reichsgebiet war Ende des Monats abgeschlossen. Auch die deutsche Bevölkerung aus dem Raum um Belgrad konnte zu einem großen Teil in Sicherheit gebracht werden. Schwieriger gestalteten sich die Maßnahmen zur Verlagerung der deutschen Bevölkerung in der Batschka und im Banat. Eine Frau, deren Ehemann im März 1944 zur Waffen-SS eingezogen worden war, flüchtete mit ihren fünf Kindern im Alter zwischen elf Jahren und 16 Monaten und ihren Eltern in einem Treck: «8. 10. 1944. Am Tage zuvor hatte es in der Gemeinde getrommelt: Man soll sich bereithalten, die Russen kommen über Rumänien. Wir hatten schon alles gepackt.»[49] Der Treck führte sie über Ungarn nach St. Pölten in Österreich. Von dort wurde die Familie, von der der älteste Sohn getrennt worden war, schon wenige Wochen später mit dem Zug nach Schlesien verbracht. «Wir kamen nach Hindenburg in ein ehemaliges Theater, am 12. Dezember 1944.» Die Flüchtlinge wurden von diesem Sammellager aus auf Ortschaften der Umgebung verteilt.

Oft gingen die Evakuierungen mit überhasteter Flucht einher, wie der Bericht eines Lehrers aus Novi Sad erkennen lässt. «Es war am 4. Oktober 1944. Um 10.30 Uhr stand ich an der Tafel der VI. Klasse des Neusatzer Gymnasiums und erklärte die deutsche Wortfolge. Da riß ein junger Professor die Türe auf und meldete mir mit bleichem Gesicht, daß auf behördliche Anordnung die Schüler sofort zu entlassen seien und gleich zu ihren Angehörigen heimkehren sollten. – Was wir schon seit Tagen erwarteten, ist eingetreten: der Feind stand vor den Toren, die Russen an der Theiß, die serbischen Partisanen in Peterwardein [seit 1945 Ortsteil von Novi Sad]. In 10 Minuten waren die Klassen leer, auf den Straßen jagten die Menschen mit ratlosen Minen, rasende Gerüchte kreisten in Windeseile. […] Wie ein Lauffeuer verbreitete sich die Devise: Flüchten!»[50] Gelang es in diesen Gebieten fast der Hälfte der Bevölkerung zu fliehen, so waren es im serbischen Banat weitaus weniger. Vertreibungen, wie sie in den Ostgebieten des Reiches, Polen und der Tschechoslowakei bis Ende des Jahres 1945 stattfanden, erfolgten auf dem Gebiet Jugoslawiens lediglich in Slowenien und Slawonien.

Neuere Schätzungen gehen davon aus, dass über 200 000 Volksdeutsche in Jugoslawien verblieben und damit weniger als die Hälfte der ursprünglichen deutschen Bevölkerung. Sie fielen nach der Machtübernahme durch die Partisanen vielerorts dem ungehemmten Drang nach Rache und Vergeltung zum Opfer. Kollektiv der Kollaboration mit der deutschen Besatzungsmacht beschuldigt, dekretierte der Antifaschistische Rat der Nationalen Befreiung Jugoslawiens (AVNOJ) bereits am 21. November 1944 ihre Enteignung und die Aberkennung ihrer Bürgerrechte.[51] Soweit bisher bekannt, gab es bei der jugoslawischen Exilregierung in London keine Pläne für eine kollektive Aussiedlung der deutschen Bevölkerung. Ein förmlicher Vertreibungsbeschluss ist auch später offensichtlich nicht gefasst worden.[52] Zwar sind entsprechende Überlegungen seit Mitte des Jahres 1945 greifbar. Sie scheinen aber den Alliierten zu diesem Zeitpunkt nicht vorgetragen worden zu sein. In den Potsdamer Verhandlungen haben sie jedenfalls keinen Niederschlag gefunden. Dafür spricht auch, dass sich die jugoslawische Regierung Ende 1945 und dann wieder Anfang 1946 an den Alliierten Kontrollrat mit dem Anliegen wandte, einem «Transfer der gesamten deutschen Minderheit» nach

Deutschland gemäß den Potsdamer Beschlüssen zuzustimmen.⁵³ Dieses Anliegen wurde von den Westmächten ebenso abgelehnt wie ein erneuter Vorstoß bei den sowjetischen Behörden im Juli 1946. Im jugoslawischen Außenministerium kam man daher zu dem eindeutigen wie entlarvenden Schluss, dass die Frage der Aussiedlung der deutschen Minderheit «in absehbarer Zeit nicht auf legale Weise wird gelöst werden können».⁵⁴

Den Geflohenen wurde die Rückkehr verboten. Die im Land verbliebenen Angehörigen der deutschen Minderheit fasste man in Lagern zusammen und setzte sie zur Zwangsarbeit ein. Seit Ende 1944 umspannten die neuen kommunistischen Machthaber die donauschwäbischen Siedlungsgebiete mit einem Netz von Lagern wie jene in Rudolfsgnad, Gakowa und Kruschiwl.⁵⁵ In Ortslagern, Zentralarbeitslagern und Konzentrationslagern für Arbeitsunfähige wurde die gesamte deutsche Bevölkerung systematisch zusammengefasst und dezimiert. «Es kam der Karsamstag, der 31. März 1945» – erinnerte sich der Kaplan der Ortschaft Filipovo. «Nichtsahnend feierten wir in der Kirche die Zeremonien und die Auferstehungsmesse. Als wir gegen 9 Uhr die Kirche verließen, sahen wir vom unteren Ende des Dorfes Menschen mit Bündeln auf dem Rücken in schwarzen Scharen heraufkommen. Am unteren Ende des Dorfes gingen Partisanen von Haus zu Haus und trieben die Menschen heraus. Es wurde allen zur Gewißheit: Das Ende unseres Dorfes ist gekommen.»⁵⁶ In Ortslagern sonderte man die deutsche Bevölkerung einer Ortschaft ab, in den Zentralarbeitslagern wurden vornehmlich arbeitsfähige Männer zusammengefasst. Zwangsarbeit, Misshandlungen, mangelhafte Ernährung und ungenügende medizinische Versorgung ließen die Zahl der Toten in den Konzentrationslagern für Arbeitsunfähige rasch ansteigen. In hohem Maße waren davon Kinder und Jugendliche betroffen, die bis zur Hälfte der Insassen stellten. Von ihren Eltern getrennte Kinder wurden in serbischen Heimen ethnisch umerzogen. Den unmenschlichen Bedingungen und Misshandlungen fielen Zehntausende Menschen zum Opfer. Aus einem dieser Lager schrieb ein 15-jähriges Mädchen am 9. November 1945 an seine Mutter: «Ich habe schon lange keine Nachricht von Dir erhalten, überhaupt habe ich erst zwei Briefe erhalten, Päckchen oder Geld nicht. Als Omama starb war ich in Altker im Lager, ich habe Bärbelsgot dort nicht getroffen. Ich war dann sehr krank als ich zurückkehrte, habe mich aber jetzt schon erholt. Katrinche ist seit gestern vorgestern wegen Difus im Spital, soll aber kein Difus sein. Sie hoffen, daß sie bald alle herauskommen. Aus unserem Haus sind 3 fort. Wir sind nicht im Kinderheim, wie Du schriebst, sondern bei den Leuten bei denen wir eher wohnten. Mit der Kleidung kann ich auskommen, da ich seit ich krank war, nicht auf die Arbeit gehen musste. Von Omas Kleider habe ich schon für Lebensmittel verhandelt und koche uns als nebenbei, da man von der Lagerkost allein nicht leben kann. Degen Hans wurde gestern begraben. Wir haben schon über 480 Tote. Von dem, daß Mutter und Kind zusammen dürfen über Winter, habe ich auch gehört, sind auch schon Eltern gekommen, aber nur Kinder bis zu 10 Jahren. Wir hoffen, daß wir bald nach Hause kommen. Auf ein baldiges Wiedersehn. Es grüßt Dich vielmals Hedi. Grüße auch meine Kameradinnen alle.»[57] Anders als im Brief erhofft, erlag das neun Jahre alte Katrinchen schon bald dem Typhus. Die Beerdigung des 13 Jahre alten Hans Degen wird im Brief gemeldet. Mit ihm starb das letzte Mitglied dieser Familie. Der Vater fiel 1944 als deutscher Soldat in Russland. Hans Degen wurde gemeinsam mit seiner jüngeren Schwester und dem Großvater ins Lager Jarek eingeliefert. Der Großvater starb am 20. Juni 1945, einen Monat später die Schwester. Die Mutter der Kinder wurde zu Weihnachten 1944 zur Zwangsarbeit in die Sowjetunion deportiert, wo sie im September 1945 in den Kohlengruben von Anthrazit verstarb.

Einem Teil der verbliebenen deutschen Bevölkerung wurde es bis 1947 erlaubt, nach Ungarn zu fliehen. Im Zuge der Auflösung der Lager seit 1948 wurden ihre Insassen nach Ungarn und Österreich abgeschoben. Von den in Jugoslawien Verbliebenen kamen im Rahmen der Familienzusammenführung in den 1950er Jahren etwa 62 000 Jugoslawiendeutsche in die Bundesrepublik.

Als der Umsturz in Rumänien den Weg der sowjetischen Truppen bis an die ungarische Grenze frei machte, wurden von der Volksgruppenführung in *Ungarn* gemeinsam mit reichsdeutschen Stellen Evakuierungspläne aufgestellt.[58] Flüchtlingstrecks aus den östlichen Gebieten setzten sich noch im September in Bewegung. Die planmäßige Evakuierung der Schwäbischen Türkei setzte in der zweiten Oktoberhälfte ein. Ende des Jahres 1944, als Budapest von den sowjetischen Truppen eingeschlossen war, folgte das Gebiet nördlich des Bakonywaldes. «Als wier ende Ogtober fon der volksgruppenleitung einen Aufruf zur flucht bekammen, wurte diesem nicht fiel gehör geschengt, doch als am 27 den November der in meinem Haus Eingwartirte Spies mid seinem Schef, einem Oberst, fon der Rusischen frond Inschpizirung zurückkam und mir mitteilte, wie es dort aussiht, da wurte es ernstgenommen, besonderst als man uns damals schon genau sagte, das unsere Gemeinde [Szomor] bei einem umringgen Budapest unausweichlich zur frond wiert. Bei dieser mitteilung an unser Volk began dan das Ein und auspacken, noch immer konden fiele es nicht glauben, das man freiwillig die so treaute Liebe Heimad ferlasenkan.»[59] Insgesamt betrachtet war die Bereitschaft der deutschen Bevölkerung, die Heimatorte zu verlassen, gering. Neben den zahlreichen Wendungen des Kriegsgeschehens trug vor allem die, verglichen mit anderen deutschen Minderheiten Ostmitteleuropas, ausgeprägte Loyalität gegenüber Ungarn dazu bei. Nur etwa 50 000 bis 60 000 Personen der deutschen Bevölkerung Ungarns, und damit zwischen 10 und 15 Prozent, verließen bis Kriegsende das Land.

«Wilde Vertreibungen» erfolgten in Ungarn nicht. Stattdessen bemühten sich die ungarischen Regierungsparteien, allen voran die der Kleinen Landwirte, aktiv und mit Erfolg darum, die deutsche Bevölkerung aussiedeln zu dürfen. Wirtschaftliche Überlegungen spielten dabei, wie erwähnt, eine wichtige Rolle. Ungarn fand als einziger «Feindstaat» und als einziges Land Südosteuropas Aufnahme in Artikel XIII des Potsdamer Abkommens. Mit der Aussiedlungsverordnung vom 22. Dezember 1945 schuf die ungarische Regierung die rechtliche Grundlage für den auszusiedelnden Personenkreis. Ergänzend wurde am 4. Januar 1946 eine Durchführungsverordnung erlassen.[60] Beide trafen die in ihrer überwiegenden Mehrheit nicht geflohene Bevölkerung, soweit sie nicht in die Sowjetunion deportiert worden war, unvorbereitet. In den Tagebuchaufzeichnungen einer Bauersfrau aus Budaörs, nahe Budapest, ist zu lesen: «Da brachte das Amtsblatt von 1946 Januar 22 die neueste Regierungsverordnung: alle, die sich bei der in 1941 gehaltene Volkszählung für deutsche nationalität oder deutsche Muttersprache erklärten, werden für Deutsche erklärt und so nach Deutschland ausgewiesen.»[61] Des Weiteren fielen auch jene Deutschen unter die Bestimmungen der

Verordnung, die ihren madjarischen Namen wieder in einen deutsch klingenden hatten ändern lassen, sowie diejenigen, die Mitglied des «Volksbundes» oder einer bewaffneten deutschen Formation waren. Schon bald nach ihrer öffentlichen Bekanntgabe wurden die Aussiedlungsbestimmungen umgesetzt. «Auf einmahl über Nacht fängt mann in der oberen Neugasse, Nußbaumgasse und in noch 4 Gassen, die Leute zu wecken. Die Polizei drängt auf 1/4 Stunde Zeit, mann treibt sie aus der Wohnung. Diese ersten konnten kaum etwas mitnehmen, eben nur so viel, was sie schnell in einem oder zwei Bündel von den Kasten nehmen und mit sich zur Bahn tragen konnten. Mit diesen Leuten füllte sich der erste Zug.»[62] Diese Tagebuchaufzeichnungen werden durch die Beobachtungen von General Lucius D. Clay bestätigt, in dieser Zeit stellvertretender Militärgouverneur in der Amerikanischen Zone Deutschlands. In seinen Erinnerungen heißt es über die Ankunft des ersten Zugs aus Ungarn: «Die erste Zugladung aus Ungarn bot einen erbarmungswürdigen Anblick. Die Ausgewiesenen waren versammelt worden, ohne ausreichend Essen und persönliches Gepäck mitnehmen zu können, und kamen daher hungrig und mittellos an. Als Ergebnis mehrfach wiederholter Interventionen wurden dann Maßnahmen getroffen, um die Mitnahme einer kleinen Menge Gepäcks zu gewährleisten und jeden Ausgewiesenen mit RM 500 zu versorgen.»[63] Auf Grund der von Clay beschriebenen Kritik der USA an der Ausweisungspraxis verbesserten sich die Verhältnisse vorübergehend.

Die Betroffenen, fest in ihren Heimatgebieten verwurzelt und in ihrem Selbstverständnis auf Ungarn bezogen, gingen von einer zeitweiligen Umsiedlung aus. «Keiner von uns dachte, daß diese Ausweisung etwas endgültiges werden könnte, jeder rechnete mit der Wiederkehr. Auf den Waggons wurden Sprüche geschrieben, wie zum Beispiel ‹Tavaszra elemegyünk, szüretre vissza jövünk!› (Im Frühjahr gehen wir, zum Herbst kommen wir.) [...] Mit unserem Transport fuhren viele Mitglieder des örtlichen Musikvereins. Zum Abschied gruppierten sie sich vor den Waggons und spielten gefühlvoll und schweren Herzens die Ungarische Nationalhymne: ‹Isten áld meg a magyart [Gott segne die Ungarn].»[64] Sämtliche Transporte erfolgten in dem Zeitraum von Januar bis Juni und dann von September bis November 1946, wie von dem Alliierten Kontrollrat empfohlen, in die Amerikanische Besatzungszone, nach Hessen, Bayern und vor allem nach Nordwürttemberg und Nordbaden. Insgesamt dürften in dieser ersten Aussiedlungsphase, die eng verbunden war mit den durch die Bodenreform ausgelösten chaotischen Binnenmigrationen, bis zu 130 000 Personen nach Deutschland verbracht worden sein. Hinzu kommen die rund 50 000 bei Kriegsende Evakuierten und Geflüchteten. Die vorliegenden widersprüchlichen Zahlen sind selbst Ausdruck der unübersichtlichen Lage. Erst am 12. Juli 1946 wurde den bereits ausgewiesenen und künftig noch auszuweisenden Volksdeutschen die ungarische Staatsbürgerschaft entzogen.[65]

Durch die Einstellung der Aussiedlung und die Notwendigkeit, Madjaren aus der Slowakei aufzunehmen, wie es der tschechoslowakisch-ungarische Bevölkerungsaustausch vorsah, spitzte sich die Lage in Ungarn zu Beginn des Jahres 1947 zu. Daher wandte sich die ungarische Regierung an die Alliierte Kontrollkommission in Ungarn und ersuchte darum, weitere Angehörige seiner deutschen Minderheit aussiedeln zu dürfen. «Es ist ein existientielles Interesse Ungarns, diese turbulenten und zahlenmäßig starken Elemente loszuwerden, denn eine so schwere Last kann den wirtschaftlichen Wiederaufbau unmöglich machen. Es liegt aber auch im Interesse der Ungarndeutschen, da die Regierung für sie nicht mal das Mindeste an Lebensbedingungen sicherstellen kann.»[66] Mit einer solchen Argumentation konnten nur die sowjetischen Vertreter in der Alliierten Kontrollkommission überzeugt werden. Die Sowjetunion erklärte sich bereit, weitere Ungarndeutsche in ihre Besatzungszone aufzunehmen. Von August 1947 an rollten die Züge mit Ausgewiesenen vorwiegend nach Sachsen. Die von den ungarischen Behörden für die Ausweisung der Deutschen zunächst vorgeschobenen ethnischen und politischen Kriterien traten in dieser Phase mehr und mehr zugunsten sozialer und wirtschaftlicher Aspekte in den Hintergrund. Nicht mehr das Bekenntnis zum Deutschen als Muttersprache, sondern der Besitz gab zunehmend den Ausschlag. Die meisten der insgesamt 33 Transporte dieser zweiten Ausweisungsphase hatten die Sowjetische Besatzungszone als Ziel. Von August bis September 1947 sowie von Januar bis Juni 1948 wurde die Mehrzahl der Transporte zunächst in das Aufnahmelager «Graue Kaserne» in Pirna geleitet. Während der zweiten Ausweisungsphase wurden vorwiegend aus Südungarn knapp 50 000 Schwaben ausgewiesen.[67] 1950 kam im Rahmen der Familienzusammenführung noch eine Reihe von «Repatriantentransporten» aus Ungarn in die DDR. Umgekehrt kehrten bis dahin mindestens 10 000 Ausgesiedelte insbesondere aus der Sowjetischen Besatzungszone und der DDR nach Ungarn zurück. An die 200 000 Schwaben blieben in Ungarn. «Es ist halt gerade tie helfte hir und tie helfte zuhause, ich denke halt immer so wen es eine gerechtigkeit gibt dan komen wir fileicht noch einmal zurück in unzre teure Heimat dein tie ist unfergeslich für unz», heißt es im Brief einer Vertriebenen von 1946, die im deutschen Südwesten eine Bleibe fand.[68]

7. Folgen

Der Verschiebebahnhof, der Europa auch in der unmittelbaren Nachkriegszeit blieb, trug zur Umverteilung der Besitzverhältnisse in den Herkunftsgebieten der Flüchtlinge und Vertriebenen bei. Dadurch begünstigten die Bevölkerungsverschiebungen am Ende des Krieges die Entstehung der kommunistisch geprägten Wirtschafts- und Gesellschaftssysteme in den Staaten Osteuropas. Bevölkerungsverschiebungen veränderten auch die ethnische, sprachliche und konfessionelle Karte Mittel- und Ostmitteleuropas innerhalb weniger Jahre grundlegend. Der Anteil der ethnischen Minderheiten sank im Vergleich zur Vorkriegszeit in Polen von 32 auf 3 Prozent, in der Tschechoslowakei von 33 auf 15 Prozent und in Rumänien von 28 auf 12 Prozent. Noch nie in der Geschichte des deutschen Nationalstaats deckten sich jetzt Staat und Volk stärker als nach Abschluss der Vertreibungen. Zugleich waren fast alle Staaten Ostmitteleuropas vor die große Aufgabe gestellt, Millionen von Flüchtlingen und Vertriebenen eine neue Heimat zu bieten. In der unmittelbaren Nachkriegszeit war noch nicht absehbar, ob das gelingen würde, auch im geteilten Deutschland nicht.

7.1. Flüchtlinge und Vertriebene im Nachkriegsdeutschland

Die Verteilung der Flüchtlinge und Vertriebenen auf die Besatzungszonen und innerhalb der einzelnen Regionen war nicht einheitlich. Der Anteil der «Umsiedler» in der Sowjetischen Besatzungszone (SBZ), wie der dort verordnete Begriff für die Vertriebenen lautete, war mit rund 4,1 Millionen deutlich höher als in den westlichen Besatzungszonen. Dabei bewegte sich der Vertriebenenanteil zwischen 44,3 Prozent in Mecklenburg-Vorpommern und 17,2 Prozent in Sachsen.

Verteilung der deutschen Vertriebenen in der DDR nach Ländern, Stand 31. 8. 1950

Land	Vertriebene
Brandenburg	540 761
Mecklenburg	686 340
Sachsen-Anhalt	782 374
Sachsen	760 920
Thüringen	483 707
Gesamt	3 254 102

Quelle: Schwartz, Michael: Vertriebene und «Umsiedlerpolitik». Integrationskonflikte in den deutschen Nachkriegs-Gesellschaften und die Assimilationsstrategie in der SBZ/DDR 1945–1961. München 2004, S. 54.

In den westlichen Besatzungszonen gehörten die Länder der Britischen Besatzungszone, insbesondere Schleswig-Holstein, gefolgt von Niedersachsen, und Bayern in der Amerikanischen Besatzungszone zu den Hauptaufnahmegebieten. In nicht wenigen Gemeinden fand sich die eingesessene Bevölkerung in kürzester Zeit in der Situation einer Minderheit wieder. Ein Landwirt aus dem niedersächsischen Beckedorf gab 1947 zu Protokoll: «Wir haben in Beckedorf rund 400 Flüchtlinge auf 480 Einheimische, das kommt, weil kurz vor der Besetzung zwei Trecks hiergeblieben sind, die nicht mehr wegkonnten vor den Engländern. Natürlich sieht jeder Ortseingesessene am liebsten, wenn die Flüchtlinge auch wieder in ihrer Heimat wären. Beengt ist man doch.»[1] Im Durchschnitt waren in den Hauptaufnahmeländern der westlichen Zonen von 100 Personen 33 Flüchtlinge oder Vertriebene. Dagegen zählten zur gleichen Zeit im zur Französischen Besatzungszone gehörenden Rheinland-Pfalz lediglich drei von 100 Menschen zur Gruppe der Flüchtlinge und Vertriebenen. Die zunächst deutlich geringere Aufnahmequote in der Französischen Besatzungszone war eine Folge der Bemühungen Frankreichs, seiner Zone möglichst keine zusätzliche deutsche Bevölkerung zuzuführen.

Bei der Volkszählung 1950 betrug der Anteil der Flüchtlinge und Vertriebenen an der Gesamtbevölkerung der Bundesrepublik 16,5 Prozent. Das entsprach etwa acht Millionen Menschen. Damit übertraf ihre Zahl die Bevölkerungsgröße Australiens und war mehr als doppelt so hoch wie diejenige der Schweiz. Etwa zwei Drittel der Vertriebenen stammten aus den Ostgebieten des Deutschen Reiches. Das restliche Drittel bildeten Angehörige deutscher Minderheiten aus den Staaten Ostmitteleuropas: Volksdeutsche aus der Tschechoslowakei, aus Ungarn, Jugoslawien und Rumänien. Dass Ostpreußen vorwiegend nach Norddeutschland, Schlesier in den mittleren Teil Westdeutschlands und Sudetendeutsche sowie Ungarndeutsche vor allem nach Süddeutschland verbracht wurden, war allein dem Bestreben der Alliierten geschuldet, die Zwangsumsiedlung schnell durchzuführen. Die Ost-West-Verschiebung auf kürzestem Weg bot dafür die beste Gewähr.

Auch nach Beendigung der organisierten Vertreibungen Ende der 1940er Jahre stieg die Zahl der Flüchtlinge und Vertriebenen weiter an. Dafür verantwortlich waren der seit Beginn der 1950er Jahre stark anschwellende Flüchtlingsstrom aus der DDR und die Bestimmungen des 1953 in der Bundesrepublik verabschiedeten Bundesvertriebenengesetzes.[2] Dieses schrieb die Vererbbarkeit des Vertriebenenstatus fest. 1961, als zum letzten Mal bei einer Volkszählung nach dem Flüchtlings- und Vertriebenenstatus gefragt wurde, lag der Anteil der Flüchtlinge und Vertriebenen bei 21,5 Prozent. Damit war jeder fünfte Bewohner der Bundesrepublik ein Flüchtling, Vertriebener oder er stammte von diesem Personenkreis ab. Es handelte sich zweifellos um eine Bevölkerungsverschiebung nie gekannten Ausmaßes.

Ebenso beispiellos war die Frage, wie die Folgen im Ansiedlungsgebiet bewältigt werden konnten. Die Aufnahme einer solch großen Zahl von Menschen innerhalb nur weniger Jahre hätte schon ein intaktes Staatswesen vor kaum lösbare Probleme gestellt. Umso schwieriger musste es sein, Millionen, in der Regel nur das eigene Leben besitzender Entwurzelte, in einem Land aufzunehmen, unterzubringen und zu versorgen, das besiegt, besetzt, zerstört, amputiert und viergeteilt war. Der Politologe Theodor Eschenburg, damals Landeskommissar für das Flüchtlingswesen in Württemberg-Hohenzollern, sprach 1946 treffend von einer «Last, die uns in unserer Not noch überdies aufgebürdet ist».[3] Die Aufnahme von vielen Tausenden Ausgewiesenen stellte nicht nur seiner Meinung nach ein «großes Experiment» dar, einen gewagten unfreiwilligen Versuch mit unkalkulierbarem Risiko und unvorhersehbarem Ausgang.

Verteilung der deutschen Vertriebenen in der Bundesrepublik nach Ländern, 1950 und 1961

(Bundes-)Land	Vertriebene	
	1.1.1950	1961
Schleswig-Holstein	858 000	630 000
Hamburg	116 000	206 000
Niedersachsen	1 848 000	1 612 000
Bremen	48 000	97 000
Nordrhein-Westfalen	1 323 000	2 298 000
Hessen	715 000	818 000
Rheinland-Pfalz	137 000	276 000

Baden-Württemberg
   Württemberg-Baden
   Württemberg-Hohenzollern
   (Süd-)Baden
	856 000	1 205 000
		856 000
		178 000
		170 000

Bayern	1 932 000	1 645 000
Saarland	–	18 000
Berlin-West	148 000	151 000
Gesamt	**7 981 000**	**8 956 000**

Quelle: Neuhoff, Hans: Die deutschen Vertriebenen in Zahlen. Bonn 1977, S. 19.

Zunächst steuerten und überwachten die Besatzungsmächte dieses Experiment, für das es kein Vorbild gab. Sie hatten der «ordnungsgemäßen und humanen» Vertreibung zugestimmt, weil sie in der Beseitigung der deutschen Bevölkerung aus den Polen und der Sowjetunion zugesprochenen Gebieten des Deutschen Reiches wie der deutschen Minderheiten aus Ostmitteleuropa die Grundlage für eine stabile und friedliche europäische Nachkriegsordnung sahen. Dafür war einerseits die dauerhafte Aufnahme der Flüchtlinge und Vertriebenen in Restdeutschland erforderlich, um so die Vertreibung unumkehrbar zu machen. Andererseits musste im Aufnahmegebiet die Entstehung von neuen Minderheiten, die mit der Umsiedlung verschwinden sollten, verhindert werden. Diese Ziele vor Augen, betrieben alle Besatzungsmächte zunächst eine konsequente Assimilationspolitik.[4] Als die Amerikanische Militärregierung den Eindruck hatte, die deutschen Verwaltungen ihrer Zone würden sich nicht energisch genug für das vorgegebene Ziel der Assimilierung der Flüchtlinge einsetzen, wandte sich General Lucius D. Clay in der Sitzung des Länderrates der US-Zone vom 4. Februar 1947 persönlich an die versammelten Ministerpräsidenten mit den Worten: «Diese Deutschen [d. h. die Flüchtlinge und Vertriebenen] gehören nun einmal zu ihnen. Das künftige harmonische Zusammenleben ihrer Bürger hängt von der Art ab, wie sie sie absorbieren werden. Wenn es weitergeht wie bisher, schaffen sie sich eine Minderheit, die auf Jahre hinaus Hass und Feindschaft nährt. Sie sollten die Schwierigkeiten kennen, die in der Vergangenheit von Minderheitengruppen verursacht wurden.»[5] Ebenso wurde in der Sowjetischen Besatzungszone alles darangesetzt, die «Assimilierung der Umsiedler in ihrer neuen Heimat und ihr Verwachsen mit der eingesessenen Bevölkerung zu fördern».[6] Die durch Herkunft, Erfahrungen und Traditionen anders geprägten Vertriebenen sollten, so die klare Anweisung, in möglichst kurzer Zeit vollkommen in der eingesessenen deutschen Bevölkerung aufgehen, von dieser aufgesogen werden.

Mit konsequent überprüften Geboten und klar ausgesprochenen Verboten begleiteten die Besatzungsmächte den angestrebten Einschmelzungsprozess. Ihm dienten alle angeordneten Maßnahmen, die die deutschen Verwaltungen auszuführen hatten: «Make the Germans do it!» Die Ausgewiesenentransporte fanden unter der Aufsicht der jeweiligen Besatzungsmacht statt. Für alle weiteren Schritte, wie Aufnahme, Verteilung und Versorgung der Flüchtlinge, waren dagegen eigens dafür ins Leben gerufene deutsche Sonderbehörden und Verwaltungen zuständig. Sie hatten den meist kurzfristigen Anordnungen der Besatzungsmacht Folge zu leisten. Den Verantwortlichen in Württemberg-Baden wurde zum Beispiel bei einer Besprechung im Oktober 1945 von der Amerikanischen Militärregierung mitgeteilt, in der Zeit vom 20. bis 29. Oktober werde täglich je ein Eisenbahntransport mit 1400 Flüchtlingen aus dem Osten eintreffen. Die deutschen Behörden hatten gerade mal 24 Stunden Zeit, um zehn Ausladebahnhöfe zu benennen. Nicht anders war die Lage in der Sowjetischen Besatzungszone. In einer Anordnung der Provinzialverwaltung Mark Brandenburg vom 16. Mai 1946 heißt es: «Für die Aufnahme der 50 000 Umsiedler aus der Tschechoslowakei wird folgendes angeordnet: Die Umsiedler werden zunächst den Auffanglagern Jüterborg bzw. Spremberg zugeleitet. [...] Jeder Transport wird etwa 1500 Personen umfassen. Die einwandfreie Entlausung muss innerhalb zwei Tagen durchgeführt sein. Spätestens am dritten Tag erfolgt der Abtransport zum Quarantänelager. Am fünften Tag stehen die Aufnahmelager aufnahmebereit wieder zur Verfügung.»[7]

Bei der Ankunft der Eisenbahntransporte mit Ausgewiesenen in Deutschland wurde darauf geachtet, die Insassen nicht geschlossen anzusiedeln. Mit der breiten Streuung im Ansiedlungsgebiet sollten möglichst alle sozialen Bindungen bis auf die Ebene der Familie gekappt und so die Voraussetzung für die angestrebte Assimilation verbessert werden. Das Ergebnis: Die zu Vertriebenen gewordenen Bewohner einer 2000 Seelen zählenden ehemaligen geschlossenen Gemeinde wohnten beispielsweise 1947 in 158 Ortschaften der westlichen Besatzungszonen.[8] Um eine Sondergemeinschaft der Flüchtlinge und Vertriebenen zu verhindern, legte insbesondere die Amerikanische Militärregierung auf einen möglichst kurzen Lageraufenthalt der Neuankömmlinge Wert. Das vom Alliierten Kontrollrat erlassene (Wohn-)Gesetz Nr. 18 erlaubte es, Flüchtlinge und Vertriebene in Privatwohnungen gegen den Willen der Bewohner oder Eigentümer einzuweisen. Bei Bedarf, und der bestand nicht selten, halfen Polizeikräfte der Besatzungsmächte nach, den Vertriebenen im Zimmer einer Privatwohnung ein Dach über dem Kopf zu sichern.

Gekrönt wurden diese Vorgaben und Maßnahmen durch die früh vorordnete rechtliche Gleichstellung der Flüchtlinge und Vertriebenen mit der eingesessenen Bevölkerung. Den «Neubürgern», so der jetzt aufkommende Begriff,[9] verbrieften die auf Druck der Besatzungsmächte in sämtlichen Zonen erlassenen Gesetze dieselben staatsbürgerlichen Rechte und Pflichten wie allen anderen Deutschen – mit einer gewichtigen Ausnahme: Die Vertriebenen durften keine eigenen politischen Parteien bilden. Ein Teil der entstandenen Vertriebenenorganisationen fand daraufhin unter dem Mantel der katholischen und evangelischen Kirche einen von den Besatzungsmächten anerkannten Schutzraum für ihre Tätigkeit. Das so genannte Koalitionsverbot, das bis einschließlich der ersten Bundestagswahl 1949 galt, rundete das Bündel von Maßnahmen der Besatzungsmächte zur Assimilation der Flüchtlinge und Vertriebenen ab, das ihr «organisches Aufgehen in der einheimischen Bevölkerung» fördern sollte.[10] Doch die wirtschaftlichen, sozialen und politischen Verhältnisse waren weit davon entfernt, die Verheißung «Neubürger» in Erfüllung gehen zu lassen. Umso höher ist deshalb der Stellenwert der Assimilationspolitik der Besatzungsmächte einzuschätzen. In Anlehnung an das von Theodor Eschenburg für die Bundesrepublik geprägte Diktum von der «verordneten Demokratie» kann man bezogen auf die Aufnahme der Vertriebenen von einer «verordneten Assimilation» sprechen.

Schon die große Zahl der Vertriebenen und die rasche Folge, in der sie eintrafen, bargen ein hohes Konfliktpotential in sich. «Die Flüchtlinge liegen uns schwer im Magen», meinte eine niedersächsische Landwirtin 1948.[11] Unter den Bedingungen der deutschen «Zusammenbruchsgesellschaft» entfaltete dies sehr schnell eine nachhaltige Wirkung. Die Fragen: Wo kann ich unterkommen? Wie werde ich satt? Wo finde ich meine Familie wieder? standen auf der Tagesordnung. Sie wurden dadurch verschärft, dass die eingesessene *und* die zugewiesene Bevölkerung sie sich gleichermaßen stellten. Die Landkreise und Gemeinden wehrten sich massiv gegen den steigenden Zuzug von Ostflüchtlingen. Das zunächst auf zehn Prozent des Bevölkerungsstandes von 1939 festgelegte Aufnahmesoll war bald überschritten. In den Gemeinden, auf die die Vertriebenen ohne Rücksicht auf die wirtschaftlichen, sozialen und konfessionellen Verhältnisse

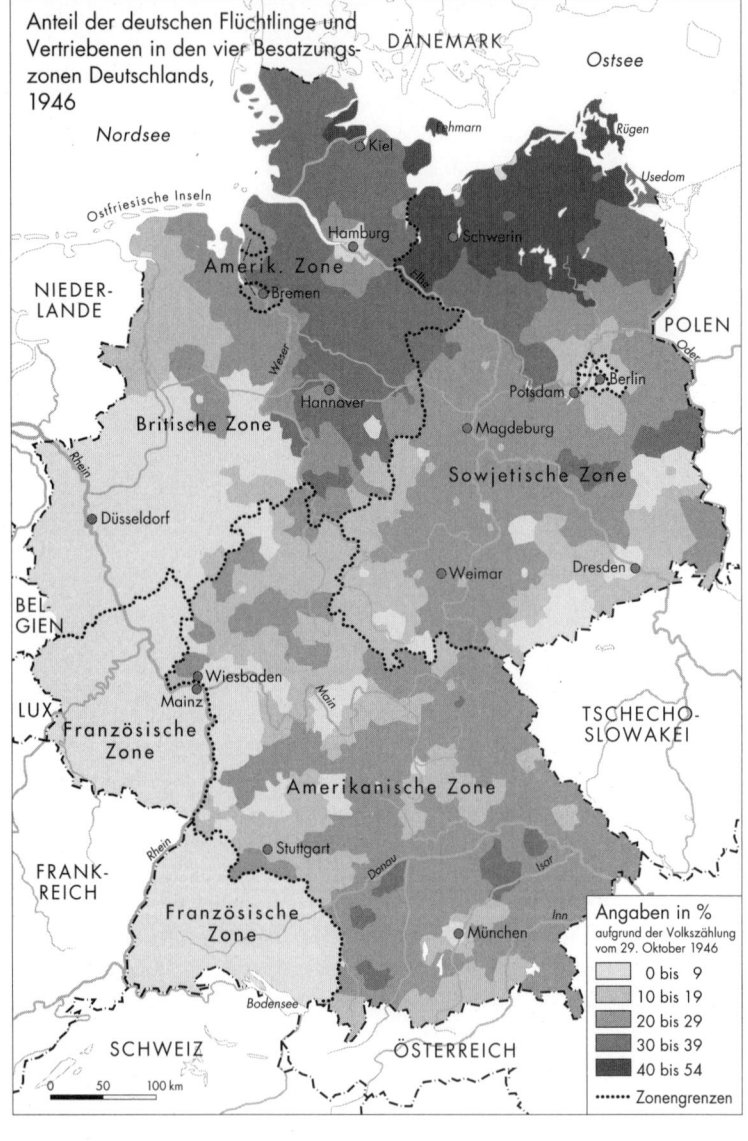

vor allem auf Grund der verfügbaren Unterkünfte nach dem Passieren der ständig überfüllten Kreisdurchgangslager verteilt wurden, sah es nicht anders aus. «Am Anfang stand die Schleuse der Lager, Ortschaften, deren Namen man nie gehört hatte, die nun in Schrecken versetzten: Wasseralfingen oder Pasing, Durchgänge für von Krätze Befallene, der Aussatz der Transporte, die Entlausung war mittlerweile zum Ritual geworden, auch die Typhusspritze in die Brust», schreibt der Schriftsteller Peter Härtling in seiner Erzählung «Die Flüchtlinge».[12] Ein Viertel des Wohnungsbestandes in Deutschland war zerstört oder schwer beschädigt, ihm stand die von Tag zu Tag steigende Bevölkerung gegenüber. Alte Lager erhielten neue Insassen, neue Lager mussten eingerichtet werden. Nissenhütten und Holzbaracken prägten das Erscheinungsbild der Gemeinden: «Denn wo Flüchtlinge sind, sind immer auch Die Lager ... .»[13] Als Notlösung entstanden, entwickelten sich die Lager zu Dauereinrichtungen. Für die Insassen waren sie trotz der schlechten Wohnverhältnisse ein Schutzraum in der neuen, ihnen fremden Welt. Zudem vermittelte das Provisorium des Lagers den Eindruck, der Aufenthalt in der Fremde könnte vielleicht doch nur ein vorübergehender sein.

Verstärkt wurde der trügerische Eindruck der Rückkehr durch die Ablehnung, welche die nicht nur sprachlich und konfessionell fremden Flüchtlinge und Vertriebenen erfuhren. Sie veränderten die konfessionelle Struktur Deutschlands in einem Maß, wie das seit dem Ende des Dreißigjährigen Krieges 1648 nicht mehr der Fall gewesen war. «Aus dem Osten kamen die Trecks, Umsiedler wie Heuschrecken, brachten den Hunger mit und den Typhus», heißt es in Heiner Müllers Drama «Die Umsiedlerin oder das Leben auf dem Lande».[14] Gegenseitige Vorurteile gegenüber Fremdem und Fremden spielten keine geringe Rolle. Auch Konrad Adenauer meinte 1946 im Zusammenhang mit der Aufnahme der Ostvertriebenen, man müsse darauf achten, dass sie «nicht den preußischen Geist in unsere rheinische Jugend pflanzen». Er sprach sich dafür aus, «die Flüchtlinge zu assimilieren und sie unserer Geisteshaltung einzufügen».[15] In Meinungsumfragen äußerten viele Vertriebene, die eingesessene Bevölkerung sehe sie nicht als Deutsche an, sondern halte sie für Menschen geringeren Wertes, für Fremde oder Unheil bringen-

Blick in eine Baracke des Flüchtlingswohnlagers auf der Schlotwiese in Stuttgart-Zuffenhausen, 1948

de Bettler. «Die Flüchtlinge sind grundsätzlich schmutzig. Sie sind grundsätzlich primitiv, ja sie sind sogar grundsätzlich unehrlich. Daß sie faul sind, versteht sich am Rande und daß sie lieber einen braven Einheimischen betrügen, als ihm eine Arbeit abzunehmen. Ganz abgesehen davon, daß sie das streitsüchtigste Volk sind, das in unseren Gassen und Gäßchen einherläuft. Und einen Dank für das, was man ihnen tut, kennen sie nicht. Das ist es, was man in neunzig von hundert Unterhaltungen über Flüchtlinge zu hören bekommt», war nicht in einem internen Bericht, sondern in einer Ausgabe der Rhein-Neckar-Zeitung vom April 1949 zu lesen.[16]

Die ursprüngliche Skepsis schlug in dem Maße in Ablehnung um, in dem sich abzeichnete, dass es sich bei den Flüchtlingen und Vertriebenen nicht um Gäste, sondern um Dauerbewohner handeln würde. «Die Heimatvertriebenen können uns nicht immer auf der Pelle sitzen. [...] Wir sind nicht schuld, daß sie ihre Heimat verlassen mußten. Sie sprechen zwar immer davon, daß wir gemeinsam den Krieg verloren hätten; aber man kann doch nicht so einfach alles teilen wollen. [...] Die Heimatvertriebenen müssen hier weg und kommen weg. Wenn es nötig ist, dann müssen sie eben Gewalt anwenden. Uns kleinen Leuten will man die Äcker abnehmen, damit die Heimatvertriebenen Höfe bekommen.»[17] Eine Flüchtlingsfrau wurde zusammen mit ihren Angehörigen mit der Begründung von einem Bauernhof verwiesen, sie sei eine Hexe, die Menschen und Vieh des Hofes krank mache. In Nord- und in Süddeutschland gleichermaßen kursierten oft in Gebetsform gehaltene Schmähverse, in denen in unmissverständlicher Form eindeutige Konsequenzen gefordert wurden:

«Herrgott im Himmel, sieh unsere Not,
wir Bauern haben kein Fett und kein Brot.
Flüchtlinge fressen sich dick und fett
und stehlen uns unser letztes Bett.
Wir verhungern und leiden große Pein,
Herrgott, schick das Gesindel heim.
Schick sie zurück in die Tschechoslowakei,
Herrgott, mach uns von dem Gesindel frei.
Sie haben keinen Glauben und keinen Namen,
die dreimal Verfluchten, in Ewigkeit Amen.»[18]

Solche Konflikte hatte der Flüchtlingskommissar Theodor Eschenburg vor Augen, als er in Württemberg-Hohenzollern «Eingliederungsmerkblätter» erarbeiten ließ. In jenem für die eingesessene Bevölkerung heißt es: «Die Ausgewiesenen kommen aus einem fremden Lande, ihre Lebensgewohnheiten und ihre Auffassungen sind anders als die unseren, ihre Kleidung ist eine andere und die Art ihres Kochens, manche ihrer Arbeitsmethoden weichen von den unseren ab. Ihr Dialekt ist anders als der unsere. Manche werden es in den ersten Tagen schwer haben, sich mit ihnen zu verständigen. Was Euch fremd erscheint, ist deswegen nicht schlecht und verurteilenswert, erst nach Wochen und Monaten werdet Ihr vielleicht über Eure neuen Mitbewohner und Nachbarn ein Urteil abgeben können.» Mit einem weiteren Merkblatt versuchte der Flüchtlingskommissar, den Ausgewiesenen die Eigenheiten der Altbürger zu erklären: «Die Menschen hier im Lande haben im Wandel der Jahrhunderte ihre Eigenart bewahrt. Sie sind ehrlich, verschlossen und sparsam und nach diesen Eigenschaften messen sie den Wert der neu Ankommenden. Sie sind unermüdlich in ihrer Arbeit, vor allem die Frauen in ihrem Haushalt, und erwarten das gleiche von den anderen. Sie sind peinlich sauber und sehr sparsam im eigenen Verbrauch, sie denken, daß es bei den anderen ebenso sein müsse. Sie sind im Grunde bescheiden, aber sehr empfindlich gegen Kritik und das Besserwissen der Fremden. Sie sind derb in ihren Worten, aber dahinter verbirgt sich viel Liebe und Hilfsbereitschaft.»[19]

Solche Initiativen flankierten die auf allen Ebenen der Verwaltung eingeleiteten Maßnahmen zur Organisation der Flüchtlingshilfe und zur Versorgung der Vertriebenen. Dabei waren neben den Landkreisen und Kommunen in besonderem Maße die Kirchen gefordert. Mit der «Kirchlichen Hilfsstelle», der «Caritas-Vertriebenen- und Flüchtlingshilfe», dem «Katholischen Flüchtlingsrat» und dem «Hilfswerk der Evangelischen Kirche» schufen die Kirchen Organisationsstrukturen, die das Hilfsangebot der staatlichen Stellen ergänzten. Doch auch dadurch gelang es gerade in der Zeit, als das Gros der Vertriebenentransporte eintraf, nur unzureichend, dem Flüchtlingsproblem Herr zu werden. Angesichts der sich zuspitzenden Verhältnisse sprachen neutrale Beobachter von einem hier und da «akuten Krieg zwischen Alt- und Neubürgern», von deutlichen Zügen «eines Nationalitätenkampfes und eines Klassenkampfes». Er speiste die Hoffnung, bald heimkehren zu können, zusätzlich. Nach einer Umfrage von 1948 wünschten 90 Prozent der Flüchtlinge und Vertriebenen eine Rückkehr in ihre Heimat. Im August 1961 waren es immer noch mehr als 50 Prozent.[20]

Mit den Flüchtlingen und Vertriebenen galt es nicht nur den knappen Wohnraum einschließlich der Küche zu teilen, in die neue Düfte und mit ihnen Spannungen und Auseinandersetzungen Einzug hielten. Zeitgenössisch war von einem «Kochlöffelkrieg» die Rede. Die Angst vor Überfremdung grassierte und mit ihr stieg der Anpassungsdruck an die Neubürger: «Möge unser Ort davor bewahrt bleiben […], daß das heimatgebundene Charakterbild unserer Gemeinde nicht vollständig zerschlagen wird. Bergen war immer beliebt durch seine Gastfreundschaft und seine Biederkeit, Tugenden,

Vertriebener mit Suchmeldung in Hamburg, 1951

die von altersher traditionell waren. Möchten auch die Kräfte, die durch das Kriegsschicksal nun zu uns gekommen sind, sich unserer Art anpassen und den Tugenden, die Niedersachsen eigen sind. Das ist die Voraussetzung, daß die Ansässigen den neuen Bürgern diese alten überlieferten Stammestugenden vorleben, damit die Fremden genötigt sind, sich ihrer Umgebung anzupassen, wenn sie hier lebensfähig sein wollen.»[21]

Mit den zusätzlichen Mäulern war auch das im Vergleich zu den Kriegsjahren nochmals drastisch gesunkene Angebot an Gütern des täglichen Bedarfs zu teilen. Auf Grund der territorialen Bestimmungen des Potsdamer Abkommens konnten nur noch 35 Prozent der Lebensmittelversorgung durch die Inlandsproduktion gesichert werden. Hinzu kamen witterungsbedingte Ernteausfälle von bis zu 50 Prozent. Die schlechte Versorgung mit Wohnraum und Lebensmitteln ging einher mit katastrophalen wirtschaftlichen Verhältnissen. Der Großteil der Flüchtlinge und Vertriebenen wurde in die weniger zerstörten ländlichen Gebiete eingewiesen. Hier standen nur wenige gewerbliche Arbeitsplätze zur Verfügung. In der Landwirtschaft wurden zwar Arbeitskräfte benötigt, auch um die jetzt fehlenden Zwangsarbeiter zu ersetzen, mit denen die Vertriebenen nicht selten gleichgesetzt wurden. Doch hatte dies in vielen Fällen eine berufsfremde Tätigkeit und damit eine soziale Deklassierung zur Folge. Wenn Flüchtlinge und Vertriebene Firmen gründeten, wozu sie von den Besatzungsmächten ermuntert wurden – «Heimat ist Arbeit» –, so taten sie dies nicht selten unter dem Vorbehalt, «für die Dauer des Aufenthalts im Ansiedlungsgebiet». Die Währungsreform im Juni 1948 bereitete selbst solch zaghaften Versuchen eines Neuanfangs oft ein Ende, indem sie ihnen die äußerst dünne Kapitaldecke entzog. Zudem offenbarte die Währungsreform die hohe verdeckte Arbeitslosigkeit, von der Flüchtlinge und Vertriebene angesichts fehlender immobiler Werte jetzt besonders betroffen waren.

Arbeitslose in den Ländern der Bundesrepublik Deutschland, Stand 31. 12. 1949

Gebiet	Arbeitslose gesamt	Arbeitslose Vertriebene	Prozentualer Anteil der Vertriebenen	
			an den Arbeitslosen	an der Gesamtbevölkerung
Schleswig-Holstein	221 184	129 365	58,5	34,9
Hamburg	71 874	1441	2,0	5,9
Niedersachsen	367 701	159 514	43,4	26,8
Nordrhein-Westfalen	196 107	25 514	13,0	9,1
Bremen	17 457	1448	8,3	6,9
Hessen	132 977	36 304	27,3	15,4
Württemberg-Baden	68 298	23 818	34,9	18,4
Bayern	406 295	162 129	39,9	21,0
Baden	11 227	1691	15,1	5,6
Württemberg-Hohenzollern	12 229	5426	44,4	8,0
Bundesrepublik gesamt	**546 650**	**546 650**	**35,1**	**16,1**

Quelle: Connor, Ian: Die Integration der Flüchtlinge und Vertriebenen in den Arbeitsprozess nach 1945. In: Jahrbuch für ostdeutsche Volkskunde 32, 1989, S. 185–205, hier S. 190.

Bei einem Anteil von 16 Prozent an der Gesamtbevölkerung im April 1949 stellten sie in manchen Ländern der Bundesrepublik über 40 Prozent der Arbeitslosen. Die Stimmen, welche schon immer eine Lösung des Flüchtlingsproblems in der massiven Auswanderung sahen, erhielten neue Nahrung. Das umso mehr als, wie im Emsland, zu den drei großen Übeln der Nachkriegszeit «die Wildschweine, die Kartoffelkäfer und die Flüchtlinge» gezählt wurden.[22] 1949 waren in der Bizone 60 Prozent der Einheimischen und 90 Prozent der Vertriebenen der Auffassung, dass das Verhältnis zwischen Alt- und Neubürgern schlecht sei. Noch lange blieb Deutschland den Vertriebenen eine «kalte Heimat».[23]

Vieles, wenn nicht sogar alles, deutete im Vorfeld der Gründung der Bundesrepublik darauf, dass der Ausgang des großen Experiments, das die Aufnahme der Flüchtlinge und Vertriebenen darstellte, nach wie vor offen war. Nicht zufällig meinte der Militärgouverneur der britischen Zone, Sir Brian Hubert Robertson, im März 1949 gegenüber seinem amerikanischen Amtskollegen, die Lösung des Flüchtlingsproblems sei eine der wichtigsten Aufgaben, die der künftigen Bundesregierung zufallen werde. Die Zeitung «Das Parlament» sprach 1949 von «Deutschlands Frage Nr. 1».[24]

Diese schwere Hypothek war ein gewichtiger Teil der Gründungskrise der Bundesrepublik. Im Flüchtlingsproblem sah der Deutsche Bundestag das Kernstück aller sozialen Fragen. Dass man von der Flüchtlings*frage* sprach, war kein Zufall. Antworten auf die Herausforderungen, welche der mit der Aufnahme der Flüchtlinge und Vertriebenen angestaute soziale Sprengstoff in sich barg, fehlten 1949 noch weitgehend. Es war längst nicht klar, ob und wie er entschärft werden konnte, aber es bestand Einigkeit darin, dass dies so schnell wie möglich geschehen musste. Die in der ersten Regierungserklärung benannte Gefahr, Westdeutschland könnte für lange Zeit zu einem Herd politischer und wirtschaftlicher Unruhe werden, war real. Für diese Einschätzung sprachen auch die nach dem Wegfall des von den Alliierten verhängten Koalitionsverbots wie Pilze aus dem Boden schießenden politischen Interessenvertretungen der Flüchtlinge und Vertriebenen. Bei den Wahlen 1950 in Schleswig-Holstein errang der Block der Heimatvertriebenen und Entrechteten (BHE) auf Anhieb 23,4 Prozent der Stimmen. Er setzte seine Erfolge in weiteren Bundesländern fort. Lautstark und mit Nachdruck machten die Interessenvertretungen der Flüchtlinge und Vertriebenen, der «Zentralverband der vertriebenen Deutschen» und die «Vereinigten Ostdeutschen Landsmannschaften», auf ihre Anliegen aufmerksam. Bei der am 6. August 1950 in Stuttgart verkündeten

Kundgebung vor den Ruinen des Neuen Schlosses in Stuttgart anlässlich der Verkündung der Charta der deutschen Heimatvertriebenen, 6. August 1950

«Charta der deutschen Heimatvertriebenen» artikulierten sie ihre zwei zentralen außen- und sozialpolitischen Forderungen: Rückgabe der von Deutschland abgetrennten Gebiete sowie Rückkehr der Vertriebenen in ihre Heimatgebiete und zugleich die Eingliederung in der Bundesrepublik, womit Gleichstellung vor dem Gesetz, gerechte Verteilung der Lasten des Krieges und wirtschaftliche Integration gemeint waren. Die das gesamte gesellschaftliche Gefüge betreffende Flüchtlingsfrage tickte damals wie eine Zeitbombe im Gebälk des jungen Staates.[25]

Entgegen der Erwartung und Vorhersage vieler Zeitgenossen im In- und Ausland gelang es in der Bundesrepublik in einem Jahrzehnte währenden Prozess, zunächst den Zeitzünder der Flüchtlingsfrage zu entschärfen und schließlich den neutralisierten Sprengkörper in das Fundament des entstehenden Staates einzufügen. Die befürchtete desintegrierende und destabilisierende Wirkung – palästinensische Verhältnisse, wie es zeitgenössisch hieß –, die von «Deutschlands Problem Nr. 1» auszugehen drohte, trat nicht ein.

Unter den Faktoren, die dazu beigetragen haben, war die Verschärfung des Ost-West-Gegensatzes zum Kalten Krieg mit der wichtigste. Angesichts der sich anbahnenden, von der Konfrontation zweier Blöcke gekennzeichneten bipolaren Welt waren die Westmächte, allen voran die USA, an einem stabilen, wirtschaftlich florierenden Weststaat interessiert. Die Folge war eine Neuausrichtung der Politik gegenüber den westlichen Besatzungszonen, die in die Gründung der Bundesrepublik und deren Westintegration mündete. Dabei hatte die Flüchtlingsfrage einen hohen Stellenwert. Im Unterschied zur Sozialistischen Einheitspartei Deutschlands (SED), die im Einklang mit der Sowjetunion am Assimilationspostulat festhielt, rückten die westlichen Alliierten vom zunächst verfolgten Ziel der strikten Assimilation der Flüchtlinge und Vertriebenen ab. In der Freigabe von Mitteln aus dem Marshall-Plan für die Flüchtlings- und Vertriebenenhilfe, der Errichtung einer zentralen Verwaltungsstelle für die Vertriebenen und der Aufhebung des Koalitionsverbotes sind nur einige Hinweise dafür zu sehen. Die Flüchtlinge und Vertriebenen sollten wirtschaftlich, sozial und politisch zum Wohle des westdeutschen Frontstaates eingegliedert werden und dadurch zu seiner Prosperität, Stabilität und damit zur Abwehrkraft des westlichen Bündnisses beitragen. Darin waren sich bis in die 1960er Jahre alle Regierungskoalitionen, die Parteien und Interessenvertreter der Vertriebenen einig. Die Antworten auf die Flüchtlingsfrage waren Teil der «Suche nach Sicherheit» des westdeutschen Staates.[26] Auf dieser Grundlage sollte es den Vertriebenen zugleich möglich sein, ihre außenpolitischen Anliegen – insbesondere das Recht auf Heimat – laut und unüberhörbar für den Ostblock artikulieren zu können. Die lange Zeit wirkungsvolle und in Einklang mit der jeweils amtierenden Bundesregierung stehende Speerspitze dafür war der 1958 aus Vorgängerorganisationen entstandene «Bund der Vertriebenen. Vereinigte ostdeutsche Landsmannschaften» (BdV).[27] Wie in der frühen bundesdeutschen Gesellschaft insgesamt, gab es in den Vertriebenenorganisationen eine Kontinuität der im NS-Herrschaftssystem auch aktiv mitwirkenden Eliten.

Unter den bedrohlichen Rahmenbedingungen des Kalten Krieges fiel die Saat der ordnungs- und sozialpolitischen Maßnahmen der Bundesregierungen zugunsten der Flüchtlinge und Vertriebenen auf fruchtbaren Boden. Ihnen allen lag die Festschreibung des Vertriebenen-, Heimatvertriebenen- und Flüchtlingsstatus zu Grunde, wie er in dem am 19. Mai 1953 verabschiedeten Bundesvertriebenengesetz (BVFG) erstmals einheitlich definiert wurde.[28] Er beinhaltet gemäß den Bestimmungen des Grundgesetzes eine Gleichstellung der Flüchtlinge und Vertriebenen mit der Mehrheitsbevölkerung, zugleich aber und im Unterschied zur DDR, wo schon 1950 offiziell nur noch von «ehemaligen Umsiedlern» gesprochen wurde, eine Sonderstellung dieser Personengruppe. Sie war sichtbarer Ausdruck der offenen deutschen Frage. Entsprechend der damit verbundenen außenpolitischen Zielsetzung schrieb das nach wie vor gültige Gesetz die Förderung der kulturellen Eigenart der Vertriebenen sowie die staatliche Unterstützung der Interessenvertretungen der Flüchtlinge und Vertriebenen ebenso fest wie die der «Flüchtlingsforschung». Die beiden monumentalen Publikationen, «Dokumentation der Vertreibung der Deutschen aus Ost-Mitteleuropa» und «Die Vertriebenen in Westdeutschland» sind nur zwei Beispiele dafür. Im Vorwort des nach massiven Angriffen aus der DDR 1960 wegen seiner NS-Belastung zurückgetretenen Vertriebenenministers Theodor Oberländer zum letztgenannten Werk wird die Ambivalenz der westdeutschen Vertriebenenpolitik deutlich. Er unterstrich, dass «die Rückkehr der Ostdeutschen in ihre Heimat nur möglich erscheint, wenn das Potential der Vertriebenen in seiner Lebenskraft wiederhergestellt wird. Die Eingliederung ist daher auch eine Voraussetzung der Rückkehr.»[29] Mit einer solchen Argumentation wurde versucht, den offensichtlichen Konflikt zwischen dem Rechtsanspruch auf Rückkehr und der Integration zu überwinden.

Zugleich zielte der Sonderstatus des Vertriebenen auf die Verwurzelung der Neubürger in der Bundesrepublik. Die breit angelegten sozialpolitischen und wirtschaftlichen Hilfsleistungen hatten die Anpassung der Lebensverhältnisse der Vertriebenen und Flüchtlinge an die der alteingesessenen Bevölkerung zum Ziel. Die Bundesregierung erhob damit die Eingliederung als wesentlichen Teil der Beseitigung der Kriegsfolgen zu einer staatspolitischen Aufgabe ersten Ranges. Nach außen wurde das mit der Errichtung des nicht unumstrittenen «Bundesministeriums für Vertriebene,

Flüchtlinge und Kriegsgeschädigte» sichtbar gemacht. Wenn es auch angesichts seiner geringen Kompetenzen selbst wenig bewegen konnte, sollte seine wichtige symbolische Integrationswirkung während seines zwanzigjährigen Bestehens nicht unterschätzt werden.[30]

Konkrete und schnelle Wirkung entfaltete das von der Bundesregierung zugunsten der Flüchtlinge und Vertriebenen geschnürte Maßnahmenbündel, dessen Wurzeln in einigen Bereichen in die Zeit vor der Konstituierung des ersten Bundestags zurückreichen. Dazu zählte eine Korrektur der offensichtlichen Fehlverteilung der Flüchtlinge und Vertriebenen und damit der ungleichen Belastung der einzelnen Länder. In mehreren Umsiedlungsprogrammen auf freiwilliger Basis gaben die Hauptaufnahmeländer über eine Million Flüchtlinge und Vertriebene an die Bundesländer mit einer geringeren Aufnahmequote ab. Hauptempfängerländer waren Nordrhein-Westfalen, Baden-Württemberg und Rheinland-Pfalz. Dadurch und durch zusätzliche Umsiedlungsprogramme innerhalb der Länder gelang es nach der mit der Währungsreform eingeleiteten wirtschaftlichen Erholung, Arbeitsplatzangebot und Arbeitsplatznachfrage anzugleichen.

Der Gedanke eines Ausgleichs der durch den Ausgang des Krieges unterschiedlich verteilten Lasten lag den Lastenausgleichsgesetzen zu Grunde. Sie wurden in Ergänzung zum Soforthilfegesetz von 1949 nach langem und zähem Ringen 1952 vom Bundestag verabschiedet. Das Lastenausgleichsgesetz (LAG)[31] schuf die Grundlage dafür, dass Vertriebene einen Antrag auf gestaffelte Entschädigung, nicht auf einen Ausgleich für das durch Flucht und Vertreibung verlorene, vor allem immobile Vermögen stellen konnten. Damit sollten die im Vergleich zur eingesessenen Bevölkerung schlechteren Startchancen der Neubürger verbessert werden. Der Lastenausgleichsfonds speiste sich insbesondere aus Vermögensabgaben. Die Auszahlungen aus der Hauptentschädigung setzten in der zweiten Hälfte der 1950er Jahre ein und erreichten in den 1960er Jahren ihren Höhepunkt. Von den 7,1 Millionen gestellten Feststellungsanträgen wurden bis 1970 73 Prozent positiv beschieden, 23 Prozent abgelehnt oder zurückgezogen und vier Prozent waren noch zu erledigen. Bis Ende 2001 beliefen sich die Zahlungen auf

Demonstration für einen gerechten Lastenausgleich in Bonn, 1951

145,3 Milliarden DM.³² Der Lastenausgleich führte weder zu einer Veränderung der Sozialstruktur der Bundesrepublik, was manche gewünscht und andere befürchtet hatten, noch berührte er die bestehenden Vermögensverhältnisse. Aber er förderte die Eingliederung der Vertriebenen – wirtschaftlich, sozial und psychologisch – und war zudem ein gesamtgesellschaftlich willkommenes Konjunkturprogramm. Der im LAG verankerte Ausgleichsgedanke entfaltete für die zusammengewürfelte bundesdeutsche Gesellschaft eine nicht zu unterschätzende nivellierende und integrative Wirkung. Mit dem Lastenausgleich gelang es zudem, auch den zeitweiligen Vorsprung der DDR bei der Versorgung der «Umsiedler» wettzumachen und bald in den Schatten zu stellen. Das umso mehr, als in dem Maß, in dem der Lastenausgleich in der Bundesrepublik seine Wirkung entfaltete, die DDR die Hilfsmaßnahmen für ihre Neubürger abbaute und Mitte der 1950er Jahre den Status des «Umsiedlers» abschaffte. Der zweite deutsche Staat proklamierte 1952/53 die endgültige Lösung des Umsiedlerproblems und setzte darauf, all seinen Bürgern unter den Bedingungen eines neuen, sozialistischen Gesellschaftsmodells eine neue Heimat bie-

Bei einer Demonstration am 1. Mai 1950 befürworten Vertreter der Freien Deutschen Jugend der DDR die Anerkennung der Oder-Neiße-Grenze

ten zu können. Bis zum Bau der Mauer 1961 sollte fast eine Million ehemaliger «Umsiedler» in die Bundesrepublik flüchten, womit ihr Anteil an den «Republikflüchtlingen» deutlich über ihrem Anteil an der Bevölkerung der DDR lag.

Eng verbunden mit dem Flüchtlings- und dem Lastenausgleich in der Bundesrepublik waren die Maßnahmen, mit denen die Beseitigung des Wohnungsmangels in Angriff genommen wurde. Mit Hilfe intensiver staatlicher Förderung des Wohnungsbaus gelang es, die akute Wohnungsnot nach und nach zu lindern. Die zum Symbol von Unbehaustheit gewordenen Lager verschwanden allmählich. Aber auch zehn Jahre nach Kriegsende wies die erste und letzte entsprechende Statistik in der Bundesrepublik noch 3008 kriegsbedingte Lager aus. Mit 1907 hatten die Wohnlager den größten Anteil daran. In ihnen lebten fast eine Viertelmillion Flüchtlinge und Vertriebene. Annähernd die Hälfte von ihnen fristete seit 1947 und länger ein Lagerdasein.

Kriegsbedingte Lager im Bundesgebiet ohne Berlin (West), Stand 30. 6. 1955

Art der Lager	Zahl	in %	Belegung	in %
Wohnlager	1907	63,40	234 900	63,23
Durchgangslager	35	1,16	30 700	8,26
Grenzdurchgangslager	4	0,13	1600	0,43
Notaufnahmelager	6	0,20	2500	0,67
Auswandererlager	1	0,03	40	0,01
Notunterkünfte Ost	1049	34,88	100 600	27,08
Sonstige Lager	6	0,20	1200	0,32
Summe	**3008**	**100,00**	**371 540**	**100,00**

Quelle: Statistisches Bundesamt (Hg.): Die kriegsbedingten Lager und ihre Insassen im Jahre 1955. Wiesbaden 1957, S. 6.

Für die in der Folgezeit eingeleiteten «Lagerauflösungsprogramme» stellte bis 1966 allein der Bund 250 Millionen DM zur Verfügung. Sie verfehlten zwar ihr Ziel nicht, doch es wurde viel später erreicht als geplant. Neue Vertriebenengemeinden und sogar ganze Städte – Neugablonz, Neutraubling, Espelkamp –, die auf den Brachen von Munitionsanstalten und Flugplätzen entstanden, lösten die «Barackendörfer und Barackenstädte» ab. Gemessen an der Zahl der Flüchtlinge und Vertriebenen, denen sie ein neues Zuhause boten, kommt den in fast allen Gemeinden erfolgten Siedlungserweiterungen eine noch größere Bedeutung zu. Die Böhmerwald-, Schlesien-, Danziger-, Königsberger- oder Donauschwabenstraßen deuten bis heute im ganzen Bundesgebiet auf die Wurzeln dieser intensiven Siedlungstätigkeit hin. Sie schöpfte aus den Quellen der bereitgestellten staatlichen Anreize und Vergünstigungen.[33] Aber mindestens so bedeutsam waren die Initiative sowie Selbsthilfe der Flüchtlinge und Vertriebenen. Oft in Siedlungsgenossenschaften mit bezeichnenden Namen wie «Neues Heim» zusammengeschlossen, setzten sie das damit verbundene Programm um. Die in den Boden getriebenen

Fundamente der neuen Häuser und Kirchen markierten den unübersehbaren Anfang des Übergangs von einem befristeten Aufenthalt der Flüchtlinge und Vertriebenen hin zu ihrer dauerhaften Verwurzelung in der Bundesrepublik.

Weitaus wichtiger für die Lösung der Flüchtlingsfrage als die eingeleiteten Programme und verabschiedeten Gesetze war der wirtschaftliche Boom, der sich seit dem Beginn der 1950er Jahre abzeichnete. Erst das Wirtschaftswunder warf die Früchte ab, die den politischen und administrativen Maßnahmen und damit dem Experiment zum Erfolg verhalfen. Die Voraussetzungen für die Eingliederung der Flüchtlinge und Vertriebenen wurden damit wesentlich verbessert, sowohl wirtschaftlich und sozial als auch politisch. Die in vielen Fällen berufsfremde Beschäftigung und, damit verbunden, die im Vergleich zur eingesessenen Bevölkerung verminderten Erwerbschancen glichen die Vertriebenen mit ihrem sprichwörtlichen Fleiß, durch eine hohe berufliche und räumliche Mobilität sowie durch große Anpassungs- und Leistungsbereitschaft aus. Schon 1950 gab es in der Bundesrepublik 5000 industrielle Betriebe im Besitz von Flüchtlingen mit insgesamt 200 000 Beschäftigten. Und ihre Zahl stieg in den folgenden Jahren noch an. Innerhalb nur eines halben Jahrzehnts war das bei der Gründung der Bundesrepublik vorhandene Heer der Arbeitslosen von der florierenden Wirtschaft aufgesogen worden, die sich damit als wichtige Integrationsagentur erwies. Das Arbeitskraftreservoir der Vertriebenen – eine wesentliche Voraussetzung für das westdeutsche Wirtschaftswunder – war bereits Mitte der 1950er Jahre ausgeschöpft. Die nach wie vor bestehende Nachfrage der deutschen Wirtschaft konnte nur durch Anwerbung ausländischer Arbeitskräfte gedeckt werden. Am 20. Dezember 1955 schloss die Bundesrepublik das erste Anwerbeabkommen mit Italien ab.[34]

Die Hypothek, mit der der neue westdeutsche Staat gestartet war, wurde, erheblich gefördert durch den Kalten Krieg und auch in Konkurrenz zur DDR, geradezu in einen Vorteil umgewandelt. Wurden die «Umsiedler» in der DDR zu den «verschwiegenen vier Millionen»,[35] so erhielten die Vertriebenen in der Bundesrepublik einen auf Dauer gesetzlich verankerten und herausgehobenen Platz in der Gesellschaft. Der «Treibsand der Millionen von Flüchtlingen» verwandelte sich durch ausreichenden Wohnungsbau, die geschaffenen

Nach der Einweihung des ersten Wohnblocks im Dezember 1949 wurde die neue Siedlung Stuttgart-Rot für Tausende von Flüchtlingen und Vertriebenen zur neuen Heimat, 1955

Arbeitsplätze und den massiven «sozialpolitischen Interventionsschub»[36] in festen Grund. Die Neubürger wurden zu Bausteinen, nicht zu Dynamit, wie es der am längsten amtierende Bundesvertriebenenminister Theodor Oberländer formulierte. Und die Verwurzelung in Westdeutschland entzog den Hoffnungen auf Rückkehr in die Heimatgebiete immer mehr den Boden. Sie wurde daher als Rechtsanspruch von den Interessenvertretern der Vertriebenen mit dem Bund der Vertriebenen (BdV) an der Spitze umso lauter artikuliert. Die Vertriebenen und Flüchtlinge hatten einen gewichtigen Anteil an der «Periode der aufregenden Modernisierung»,[37] die die Bundesrepublik seit den 1950er Jahren durchlief. Sie ging mit der schon 1950 diagnostizierten «Entstehung eines neuen Volkes aus Binnendeutschen und Ostvertriebenen»[38] einher, einem Prozess, in dem sie die Gesellschaft dieses Staates veränderten und dabei selbst verändert wurden.

Vor dem Hintergrund der katastrophalen Bedingungen des Experiments und seines so schnell nicht zu erwartenden Gelingens meldeten sich früh Stimmen zu Wort, die analog zum Wirtschaftswunder von einem Integrationswunder sprachen. Das Bild vom Wunder entwickelte sich bald zu einem Topos. Wie jeder Topos weist er zwei Seiten auf, eine reale und eine, die sich eine Gesellschaft im Laufe der Zeit zurechtlegt.

Mit der sich vollziehenden wirtschaftlichen, sozialen und politischen Integration der Flüchtlinge und Vertriebenen wurde die sozialpolitische Antwort auf die zunächst offene Flüchtlingsfrage gefunden. Aus Trümmern wurden in der Tat solide Fundamente. Nicht der befürchtete politische und wirtschaftliche Unruheherd war das Ergebnis, sondern ein im westlichen Bündnis verankertes demokratisches, wirtschaftlich prosperierendes Staatswesen. Es war selbst das Resultat der letztendlich gelungenen Zusammenführung und Verflechtung von Alt- und Neubürgern. Die erheblichen sozialen Spannungen, die dem neuen Staat in die Wiege gelegt worden waren, konnten bald abgebaut werden. Ein deutliches Indiz dafür ist im Scheitern des Blocks der Heimatvertriebenen und Entrechteten (BHE) an der Fünfprozentklausel bei den Bundestagswahlen 1957 zu sehen, mit dem er von der politischen Bühne verschwand. Jetzt traten zunehmend die vom BdV vertretenen außenpolitischen Forderungen in den Vordergrund. Sie erreichten mit der von der Großen Koalition eingeleiteten und von der sozial-liberalen Koalition zu Beginn der 1970er Jahre umgesetzten Neuen Ostpolitik ihren Höhe- und zugleich Scheitelpunkt.[39]

Zweifellos, die Eingliederung von Millionen von Flüchtlingen und Vertriebenen war eine beispiellose Leistung, die nicht hoch genug eingeschätzt werden kann. Es wird daher zu Recht von der größten wirtschaftlichen und sozialen Aufgabe gesprochen, die die Bundesrepublik gelöst habe.[40] Darüber darf aber nicht vergessen werden, dass das Bild vom Integrationswunder den Eingliederungsprozess in unzulässiger Weise glorifiziert. Es ist ein Mythos, dass sich die Integration der Flüchtlinge und Vertriebenen schnell vollzogen habe.[41] Mit Wohnungen und Arbeitsplätzen waren diese zwar relativ rasch versorgt und sie hatten auch gleichberechtigt an den Segnungen des Wirtschaftswunders teil. Doch noch Mitte der 1960er Jahre waren Vertriebene verglichen mit Nichtvertriebenen nur halb so häufig Eigentümer der Wohnung, die sie bewohnten. Und auch auf Grund des vom Anfang der 1970er Jahre verfügbaren empirischen Materials ist nachvollziehbar, dass noch zu diesem Zeitpunkt, also drei Jahrzehnte nach Kriegsende, keine Chancengleichheit zwischen Alt- und Neubürgern bestand.

Prozentualer Anteil der Hausbesitzer an der Gesamtbevölkerung der Bundesrepublik, Stand 1971

Gebiet	Einheimische	Vertriebene
Schleswig-Holstein	34,7	28,9
Hamburg	15,9	16,1
Niedersachsen	36,1	28,2
Bremen	23,7	20,3
Nordrhein-Westfalen	26,3	18,1
Hessen	33,8	25,9
Rheinland-Pfalz	41,2	27,3
Baden-Württemberg	39,3	26,5
Bayern	36,9	25,0
Saarland	45,4	37,0
Bundesrepublik gesamt	32,6	24,2
Berlin (West)	9,8	9,4

Quelle: Grosser, Thomas: Die Integration der Heimatvertriebenen in Württemberg-Baden (1945–1961). Stuttgart 2006, S. 322.

Sieht man sich zudem die individuell und altersspezifisch bestimmte psychologische Seite des Eingliederungsvorgangs an, so zeigt die Integration bis in die Gegenwart ihre Folgen – «Im Fremden ungewollt zuhaus».[42] Es ist auch bei der Eingliederung der Flüchtlinge und Vertriebenen von einem Prozess auszugehen, der drei und mehr Generationen in Anspruch nimmt und von «Beharrung und Einfügung»[43] gekennzeichnet ist.

Zum Mythos des Integrationswunders gehört auch, dass sich der Eingliederungsprozess von fast einem Viertel der bundesdeutschen Bevölkerung quasi selbstläufig und weitgehend geräuschlos, eben auf wundersame Weise vollzogen habe. Aber das letztendlich positive Ergebnis stand weder von Anfang an fest, auch wenn es rückblickend so erscheinen mag, noch wurde es spannungsfrei erreicht. Im Gegenteil, es war ein Vorgang, der in einem von Auseinandersetzungen geprägten langen Zeitraum beiden Seiten große Anstrengungen und Anpassungsleistungen abverlangte. Das Zusammenwachsen vollzog sich unter den Bedingungen eines in hohem Maße als «Konfliktgemeinschaft» zu charakterisierenden Gegeneinanders, das sich erst allmählich zu einem Nebeneinander entwickelte, um dann zum Zusammen- und schließlich zum Miteinanderleben von Alt- und Neubürgern zu führen. «Erst allmählich» – so ein Vertriebener – «drang das Bewußtsein in uns durch, daß diese Fremde uns zur Heimat werden muß.»[44] Der Eingliederungsmythos ist fester Bestandteil der bundesdeutschen Staatsgründung, ohne den offensichtlich gerade ein junges Staatsgebilde nicht auskommen kann, zumal wenn es vor die Aufgabe gestellt ist, Millionen von Flüchtlingen und Vertriebenen aufzunehmen.

Der mehrere Generationen umfassende Eingliederungsprozess, der in den meisten Bereichen in eine Assimilation der Flüchtlinge und Vertriebenen mündete, erfolgte vor dem Hintergrund der Aufnahme weiterer Zuwanderer – Arbeitsmigranten, Bürgerkriegsflüchtlinge, Asylbewerber, Aussiedler. Sie trafen auf eine bundesdeutsche Gesellschaft, der mit der unfreiwilligen Aufnahme der Millionen von Flüchtlingen und Vertriebenen die Integration als Aufgabe und Herausforderung in die Wiege gelegt wurde. 1992 meinte ein Vertriebener, der im deutschen Südwesten eine neue Heimat gefunden hat, mit einem unüberhörbaren schwäbischen Einschlag: «Fast alle unsere Leut, die von unte rauf gkome sind, die hen soviel gschafft und gmacht, die sind zu was gkome. Und dadurch hot sich in den Betrieben und unter den Leuten scho des Bild gwandelt. Halt a mol, die Leut, die schaffet auch! Dadurch is mr scho irgendwie anerkannt wordn. Jetzt sind aber die Gastarbeiter komme, jetzt hen sie mol wieder en Zigeuner ghabt. Zu uns hen sies nimmehr sage könne, weil mir ihne bewiese hen, dass mir was schaffe. Und do hen sie wieder en

Fastnachtsumzug im badischen Lahr, Anfang der 1950er Jahre

Zigeuner ghabt. Die Gastarbeiter ... und jetzt kommet die Asylante dran. Und so isch halt immer ei Stufe weiter na.»[45]

7.2. Vertreibungsopfer und Vertreibungsverluste

Ein eigenes Kapitel bei den Auseinandersetzung mit dem Komplex ‹Flucht und Vertreibung› bildet die Frage nach der Zahl der Menschen, die von der deutschen Zwangsmigration am Ende des Zweiten Weltkrieges betroffen waren und insbesondere die Zahl der dabei zu Tode gekommenen Menschen. Sie wird nach wie vor kontrovers diskutiert und weist so ein Merkmal auf, welches die Debatten zu ‹Flucht und Vertreibung› insgesamt und damit das Erinnern daran charakterisiert. Die Intensität der Diskussion um die quantitative Dimension ist vor dem Hintergrund der grundsätzlichen Bedeutung zu sehen, die Zahlen in der politischen und öffentlichen Diskussion nicht nur bei diesem Thema haben: Zahlen werden zum Verrechnen gebraucht. In ihnen, so die gängige Auffassung, finden sich alle Bedeutungsfelder von ‹Flucht und Vertreibung› in konzentrierter Form wieder. Zahlen bringen das Ergebnis des komplexen Prozesses, den die deutsche Zwangsmigration darstellt, auf den Punkt. Sie werden daher immer wieder gezielt als willkommener Maßstab benutzt, um das Geschehen insgesamt nach dem Grundsatz zu bewerten: Je größer die Zahl der Flüchtlinge und Vertriebenen und der während der Zwangsmigration Umgekommenen, desto höher der Opferstatus.

Dass Zahlen, denen eine solche Auffassung zu Grunde liegt, bis in die Gegenwart die Auseinandersetzungen über die deutsche Zwangsmigration beherrschen, ist auf die innen- wie außenpolitisch in hohem Maß politisch aufgeladenen Debatten zu ‹Flucht und Vertreibung› zurückzuführen. Hinzu kommt die schwierige Datengrundlage. Zudem spielt die damit eng verbundene spezifische Forschungsgeschichte eine nicht unwesentliche Rolle. Die historische Forschung hat sich dieses Teilbereichs des Gesamtkomplexes nur selten angenommen, mit der Folge, dass auch noch in der jüngsten Vergangenheit in Publikationen mit Handbuchcharakter Zahlen genannt werden, die in sich widersprüchlich sind und mehr Fragen aufwerfen, als sie zu beantworten vorgeben. Wenn das Thema von der Forschung dennoch aufgegriffen wurde, so haben ihre Ergebnisse so gut wie kein Echo in den öffentlichen Diskussionen gefunden oder sie blieben schlicht und einfach unberücksichtigt. Erst seit den 1990er Jahren ist insbesondere von Rüdiger Overmans[46] gezeigt worden, wie das vorhandene Datenmaterial im Laufe der Zeit zu einem Topos geronnen ist, dessen Zahlen einer ernsthaften wissenschaftlichen Prüfung bedürfen: Erstens, weil gar nicht das gesamte vorhandene Zahlenmaterial von der Forschung herangezogen wird; zweitens, weil die herangezogenen Daten je nach Standpunkt und Standort des Bearbeiters äußerst selektiv verwendet werden; und drittens, weil man nach wie vor weit davon entfernt ist, die gleiche Sprache zu sprechen, also von einheitlichen Definitionen und Bezugsgrößen auszugehen. Nicht nur «Vertreibungsopfer» ist ein missverständlicher Begriff.[47] Zählen dazu auch die während der nationalsozialistischen Umsiedlungen zu Tode gekommenen Reichs- und Volksdeutschen? Sind damit alle Todesopfer gemeint, oder nur solche, die gezielt ermordet wurden? Und, wie verhalten sich «Vertreibungsopfer» und «Vertreibungsverluste» zueinander?[48]

Als einigermaßen gesichert kann die Zahl der insgesamt von Umsiedlung, Evakuierung, Flucht und Vertreibung Betroffenen angesehen werden. 1950 betrug sie in den beiden deutschen Staaten rund 12,5 Millionen. Davon lebten in der Bundesrepublik etwa acht Millionen und 4,5 Millionen in der DDR. Dagegen weichen die kursierenden Zahlen über die als Folge unterschiedlicher Formen von Gewaltanwendung zu verzeichnenden Todesopfer im Prozess der Vertreibung beziehungsweise der «Nachkriegsverluste» erheblich voneinander ab. Sie reichen, um nur vier Größenordnungen zu nennen, von einer Höchstzahl von rund 2,8 Millionen[49] über 2,4 und 1,4 Millionen[50] bis hin zu einer Mindestzahl von 600 000,[51] jedenfalls deutlich unter einer Million. Angesichts der Spannweite dieser Zahlen und der zutreffenden Erwartung, dass sich letztendlich keine exakten «endgültigen» Zahlen werden ermitteln lassen, ist auch schon die Meinung geäußert worden, die Diskussion darüber besser ruhen zu lassen.[52] Führt man sich allerdings die bisherigen Auseinandersetzungen um die «richtigen» Zahlen vor Augen, wird man nicht fehl gehen anzunehmen, dass ein solcher Vorschlag nicht hilfreich ist. Weiterführend kann es dagegen sein, das Maß an Plausibilität zu überprüfen, welches die im Raum stehenden Größenordnungen aufweisen. Hierbei gilt es, sowohl die Quellengrundlage und die jeweils angewandte Methodik näher zu betrachten, als auch danach zu fragen, inwiefern die ermittelten Werte mit der Ereignisgeschichte übereinstimmen.

Die Quellengrundlage, auf die sich die Versuche stützen, möglichst genaue Zahlen zu ermitteln, ist umfangreich und zugleich dürftig. Zeitgenössisches empirisches Material fehlt angesichts der chaotischen Verhältnisse in der Zeit um das Kriegsende weitgehend oder es ist in Archiven ostmitteleuropäischer Staaten (noch) nicht zugänglich. Jene Daten, auf die die Forschung zurückgreifen kann, sind fast ausschließlich nachträglich, zum Teil mit erheblichem Zeitverzug zum Geschehen erhoben oder ermittelt worden. Daher müssen, wie Gerhard Reichling unterstrichen hat, die sich auf die Zeit am Ende des Krieges beziehenden Zahlen «rückwärts abgeleitet werden».[53] Bei dem vorliegenden statistischen Material kann es sich um Daten handeln, die alle Flüchtlinge und Vertriebene mit einbeziehen, und solche, die sich nur auf ein bestimmtes Herkunftsgebiet der Flüchtlinge und Vertriebenen beschränken. Legt man als Maßstab die Art zu Grunde, wie das verfügbare Datenmaterial entstanden ist, so sind grundsätzlich zwei Gruppen zu unterscheiden: empirische Erhebungen und Bilanzen. Dem konkreten Zählen von Einzelfällen in der ersten Gruppe stehen im zweiten Fall Berechnungen gegenüber.

Die früheste Registrierung auch von Zivilvermissten stammt aus dem Jahr 1947.[54] Weil aber Europa und das Gebiet des Deutschen Reiches zu diesem Zeitpunkt nach wie vor in Bewegung waren, ist die Aussagekraft dieser Daten statistisch betrachtet gering. Größer ist ihr Stellenwert als Argument gegen eine häufig anzutreffende Annahme einzuschätzen. Danach könne es angesichts der erst spät einsetzenden Registrierungen eine größere Zahl von Todesfällen geben, die gar nicht erfasst worden sind. Auf Anregung der Suchdienste beschloss der Bundestag am 12. Dezember 1949 eine erneute Registrierung, unter anderem auch der vermissten Zivilpersonen. Weil ihre Zahl, und damit auch die Zahl der während der Flucht und Vertreibung zu Tode Gekommenen, deutlich niedriger ausfiel als erwartet, wurde argumentiert, die Registrierung sei nicht vollständig gewesen, und die Erwartung geäußert, man müsse mit etwa drei Millionen ungeklärten Vertriebenenschicksalen rechnen.[55] Dies zu klären, war der deutlich ausgeweitete Auftrag, den der Deutsche Bundestag am 25. März 1953 beschloss: «Die Bundesregierung wird ersucht, eine Erhebung zu veranstalten, die eine Klärung des Schicksals der Vertriebenen, insbesondere eine Feststellung der Bevölkerungsverluste in den Vertreibungsgebieten ermöglicht.»[56] Nicht nur die Vermissten und die Toten sollten erfasst werden, sondern die gesamte Bevölkerung in den «Vertreibungsgebieten» und ihr Schicksal sollte dokumentiert werden. Das federführende Bundesvertriebenenministerium beauftragte mit der «Gesamterhebung zur Klärung des Schicksals der deutschen Bevölkerung in den Vertreibungsgebieten» die Trägerverbände der im Kirchlichen Suchdienst vereinigten zwölf Heimatortskarteien, das Deutsche Rote Kreuz, den Verband der Landsmannschaften und den Bund vertriebener Deutscher (BvD).[57] Gestützt auf einen Erhebungsbogen leitete man umfangreiche Datensammlungen ein. Diese wurden in jahrelanger Arbeit durch anderweitig ermittelte Erkenntnisse ergänzt, ohne dass es aber zu einer Publikation der Ergebnisse gekommen wäre. 1965 wurde lediglich ein gedrucktes Manuskript in einer kleinen Auflage für den Dienstgebrauch verteilt, vornehmlich als Beleg für den Verwendungsnachweis der verbrauchten Mittel. Die Gesamterhebung erbrachte rund 500 000 nachgewiesene, «bei und als Folge der Vertreibung Verstorbene», einschließlich der Selbstmorde und Toten bei der Deportation in die Sowjetunion, und rund 1,9 Millionen «ungeklärte Fälle».[58]

Zu der Gruppe der empirischen Erhebungen zählen schließlich die Ergebnisse einer weiteren, vom Bundesarchiv in Koblenz durchgeführten Untersuchung. Die Grundlage dafür bildete der vom Bundeskabinett erteilte Auftrag vom 25. Juni 1969, der im Vergleich zu dem Auftrag, der der Gesamterhebung zu Grunde liegt, wesentlich eingeschränkt war. Danach war es gemäß dem Erlass des Bundesministeriums des Inneren Aufgabe des Bundesarchivs, «das ihm und anderen Stellen vorliegende Material über Verbrechen und Unmenschlichkeiten, die an Deutschen im Zuge der Vertreibung begangen worden sind, zusammenzustellen und auszuwerten».[59] Dafür zog das Bundesarchiv vornehmlich die in seinen Beständen der «Ost-Dokumentation» lagernden Zehntausende von Zeitzeugenberichten und Gemeindeschicksalsberichten über die Erfahrungen der Betroffenen während der Flucht, Umsiedlung und Vertreibung heran. Sie wurden systematisch im Hinblick auf die darin erwähnten Todesfälle ausgewertet. Die Ergebnisse lagen 1974 vor, wurden aber auch angesichts der parteipolitischen Polarisierung des Themas im Zuge der Neuen Ostpolitik nicht veröffentlicht. Durch eine von der Opposition bewusst herbeigeführte Indiskretion erschien ein Jahr später ein Raubdruck des Berichtes.[60] Er sorgte für einigen parteipolitischen und medialen Wirbel, in dem allerdings das mit Abstand wichtigste Ergebnis der Erhebung unterging. Das Bundesarchiv war nämlich zu dem Schluss gekommen, dass unter Beachtung aller Unsicherheitsfaktoren und unter Einschluss der Opfer von Deportationen in die Sowjetunion von etwas mehr als 600 000 «Todesopfer[n] von Vertreibungsverbrechen als Folge von Gewalttaten und Unmenschlichkeiten» auszugehen ist.[61] Auch wenn es zu beachten gilt, dass sich diese Zahl lediglich auf die Gebiete östlich der Oder und Neiße, der Tschechoslowakei und Jugoslawiens bezieht, also die Sowjetunion, Rumänien und Ungarn fehlen, so liegt sie deutlich niedriger als die

Ergebnisse anderer Erhebungen und Bilanzen. Hinzu kommt, dass es bei dieser Erhebung keine «ungeklärten Fälle» gibt.

Zu der zweiten Gruppe von Arbeiten, die nicht auf empirischen Erhebungen, sondern auf Rechenergebnissen beruhen, zählen ebenfalls mehrere Untersuchungen. Dazu gehören zum einen Studien wie die «Dokumentation der Vertreibung der Deutschen aus Ost-Mitteleuropa», die im Rahmen weitergehender Ziele auch der Frage nach der Zahl der Todesopfer während der Flucht und Vertreibung nachgegangen ist. Zum anderen zählen hierzu Studien, die ausschließlich statistische Fragestellungen verfolgen. Eine überragende Bedeutung kommt nicht nur in dieser Gruppe der 1958 vom Statistischen Bundesamt erarbeiteten Studie «Die deutschen Vertreibungsverluste» zu. Ihren Ausgangspunkt bildete eben jener Beschluss des Bundestags vom 25. März 1953, der auch der Gesamterhebung zu Grunde liegt. Sie ging von der Feststellung aus, dass es unmöglich sein dürfte, die Verluste «individuell vollständig und damit zahlenmäßig genau zu erfassen»,[62] und wählte daher einen anderen methodischen Zugang als die Gesamterhebung. «Ein Ausweg, wenigstens zu größenordnungsmäßigen Vorstellungen von der Höhe der Opfer der deutschen Bevölkerung zu kommen, die diese bei ‹Flucht und Vertreibung› bringen mußte, ist die Aufstellung von Bevölkerungsbilanzen.» Dafür zog das Statistische Bundesamt nur vorliegendes und greifbares statistisches Material aus Volkszählungen, Registrierungen und sonstigen Bevölkerungsstatistiken heran. Lücken wurden mit Schätzungen gefüllt. Aus der Differenz zwischen dem Bestand der Bevölkerung vor Kriegsbeginn und jenem vom Herbst 1950 ermittelte das Statistische Bundesamt unter Berücksichtigung aller anderen, die Bevölkerungsveränderungen beeinflussenden Faktoren eine «Restposition», die es «ungeklärte Fälle» nannte. «Sie sind in dieser Untersuchung auch unter dem Ausdruck ‹Nachkriegsverluste› oder ‹Vertreibungsverluste› zusammengefaßt worden.» Die rechnerisch ermittelte Bilanz der Nachkriegsverluste und Vertreibungsverluste erbrachte rund 2,8 Millionen «ungeklärte Fälle», also Menschen. Das Statistische Bundesamt konnte nur vermuten, dass die meisten von ihnen nicht mehr am Leben oder Opfer von Vertreibung, Flucht und Verschleppung geworden waren. Einschränkend räumte das Statistische Bundesamt u. a. die Schwierigkeit ein, Kriegs- und Vertreibungsverluste genau voneinander zu trennen, und schloss insgesamt Korrekturen der ermittelten Ergebnisse nicht aus.

Von den vorgestellten Erhebungen und Studien hat die Bilanz des Statistischen Bundesamtes die größte Wirkung entfaltet, so dass seine Angaben in der Diskussion über die bei ‹Flucht und Vertreibung› zu Tode Gekommenen dominieren. Das liegt sicher daran, dass die Autorschaft des Statistischen Bundesamts als Gütesiegel angesehen wird, welches über alle Zweifel erhaben ist. Hinzu kommt, dass der vom Statistischen Bundesamt errechnete Wert deutlich höher liegt als die von der Gesamterhebung ermittelte, nachgewiesene Opfer und «ungeklärte Fälle» umfassende Zahl. Darin wurde sicher auch die Überlegenheit der vom Statistischen Bundesamt angewandten Methode gegenüber der zahlenmäßigen Erfassung gesehen. Außer Acht wurde allerdings gelassen, dass beide Studien von unterschiedlichen Ansätzen bei der insgesamt von Flucht und Vertreibung betroffenen Bevölkerungszahl ausgehen. Dabei handelt es sich nur um ein Beispiel unter vielen, die angesichts der Berechnungen, in die sie einflossen, die Ausgangsfehlerquote noch weiter erhöhten. Es darf zudem nicht übersehen werden: Die hohen Verlustwerte entstehen sowohl in der Gesamterhebung als auch beim Statistischen Bundesamt erst, wenn mit der Kategorie «ungeklärte Fälle» gearbeitet wird. Dabei handelt es sich aber nur um eine quantitative Kategorie, deren Qualität das Statistische Bundesamt nicht hinterfragt. Es wird nicht danach gefragt, wie wahrscheinlich die Gleichsetzung von «ungeklärten Fällen» und Todesopfern ist. Diese Wahrscheinlichkeit wird nur vermutet.

Dass es erforderlich und auch möglich ist, die vorgelegten unterschiedlichen Zahlen zumindest punktuell auf ihre Übereinstimmung mit der Realität zu überprüfen, hat Rüdiger Overmans gezeigt. Anhand mehrerer Ereignisse des Krieges mit belegbaren sehr hohen Verlustzahlen konnte er überzeugend nachweisen, dass ausgehend von der Bilanz des Statistischen Bundesamtes die Prozentsätze der Vertreibungsverluste für einzelne Regionen unverhältnismäßig hoch sind. Anders formuliert: Die rechnerisch ermittelten Zahlen der Todesopfer während des Vertreibungsprozesses finden in der Realität keine Entsprechung. Ähnliche, zumindest leichte Zweifel an der Gleichsetzung von «ungeklärten Fällen» und Todesopfern hatte offensichtlich auch das Statistische Bundesamt, weil es selbst von einer Vermutung spricht. Diese vorsichtig artikulierte Einschränkung wurde aber in der Folgezeit geflissentlich übersehen, hätte sie doch die Zahl von 2,8 Millionen, und damit auch ein wesentliches Argument in der Anerkennung eines herausgehobenen Opferstatus, in Frage gestellt.

Den empirischen Nachweis, dass die Gleichsetzung nicht zulässig, weil irreführend ist, hat bereits der Bericht des Bundesarchivs von 1974 erbracht. Dieser wurde aber weder in der aufgeheizten parteipolitischen Diskussion der 1970er Jahre noch von der historischen Forschung als solcher eingeschätzt. Die Ergebnisse des Berichts werden mittlerweile von einer weiteren, ebenfalls viel zu wenig beachteten Erhebung bestätigt. Die Landsmannschaft der Donauschwaben hat den Versuch unternommen, die Verluste unter ihren Landsleuten durch eine möglichst vollständige namentliche Erfassung aller Personen festzustellen. Dabei wurde eine Zahl von rund 59 000 Toten ermittelt.[63] Sie schließt, gegliedert nach vier Kategorien, alle zivilen Opfer mit ein. Diese Zahl liegt weitaus niedriger als die von der Bilanz des Statistischen Bundesamtes angesetzte und etwas niedriger als die vom Bericht des Bundesarchivs ermittelte Zahl. Sie entspricht ungefähr der von der Gesamterhebung ermittelten Zahl «nachgewiesener Fälle».

Fasst man den gegenwärtigen Forschungsstand zusammen und lässt sich nicht von den im Laufe der Zeit in der politischen und öffentlichen Diskussion uminterpretierten Zahlen des Statistischen Bundesamtes in die Irre führen, so ist von einer deutlich niedrigeren Zahl der während der Umsiedlung, Flucht und Vertreibung zu Tode Gekommen auszugehen. Sie liegt, ohne dass sich wohl je eine genaue Zahl ermitteln lassen wird, vermutlich deutlich unter der Grenze von einer Million.

8. ‹Flucht und Vertreibung› als Erinnerungsort

8.1. Ein angebliches Tabu

Über die sozialpolitischen Folgen der Aufnahme der Flüchtlinge und Vertriebenen für die Bundesrepublik, die zunächst nicht für möglich gehaltene Integration und Assimilation von Millionen von Neubürgern, hat es seit den 1960er Jahren keine nennenswerten öffentlichen Diskussionen gegeben. Das lässt sich auch an der Aufmerksamkeit ablesen, die das 2008 von Andreas Kossert veröffentlichte Buch «Kalte Heimat» erfahren hat. Auf den seit Jahrzehnten vorliegenden breiten Forschungsergebnissen fußend, hat es ein zentrales Kapitel deutscher Nachkriegsgeschichte in Erinnerung gerufen. An dieser ersten Phase deutscher Zuwanderungsgeschichte nach dem Zweiten Weltkrieg wird deutlich, dass Integration kein selbstläufiger Prozess ist. Integration lässt sich nicht allein mit staatlichen Maßnahmen erreichen. Integration ist, auch beim Zusammentreffen von deutschen Landsleuten, die von Konflikten begleitete Begegnung von Menschen unterschiedlicher Herkunft, Sprache und unterschiedlichen Glaubens. Integration braucht Zeit, sie erstreckt sich über Generationen. Integration kann zum Wohle aller, der Alt- und Neubürger gelingen. Integration kann erfolgreich sein. Es sind dies nur einige der Gründe, weshalb eine tiefere öffentliche Auseinandersetzung mit den Folgen von Flucht und Vertreibung wünschenswert ist. Die Geschichte der Bundesrepublik ist eine Integrationsgeschichte sondergleichen, die mit den Flüchtlingen und Vertriebenen beginnt. Es ist eine Geschichte, die wesentlich von der Begegnung, dem Abtasten, Annähern und dem Verschmelzen von Alt- und Neubürgern geprägt ist. Die Bundesrepublik ist nicht erst seit gestern ein Integrationsland, sondern ein Integrationsland von seiner Geburtsstunde an.

Im Unterschied zu den *sozialpolitischen Folgen* von ‹Flucht und Vertreibung› für die Bundesrepublik, sind auch zu Beginn des 21. Jahrhunderts die *Ursachen* und *Umstände* der deutschen Zwangsmigration nicht aus der öffentlichen Diskussion verschwunden. Im

Gegenteil, seit der Gründung der Bundesrepublik, dann verstärkt auf dem durch die Eingliederung der Flüchtlinge und Vertriebenen geschaffenen Fundament und bis in die Gegenwart hinein, ist das Vertreibungsgeschehen fester Bestandteil politischer, medialer und wissenschaftlicher Auseinandersetzungen. Sie durchziehen die gesamte Geschichte der Bundesrepublik und sind Teil ihrer Geschichtspolitik.

Das Sprechen über dieses Bedeutungsfeld von ‹Flucht und Vertreibung› stellt eine Konstante der Geschichte der Bundesrepublik dar, und zwar über alle politischen und gesellschaftlichen Veränderungen hinweg. Ob unter christdemokratischer, sozial-liberaler, christlich-liberaler, sozialdemokratisch-grüner Regierung oder großer Koalition, ob in den heißen Abschnitten des Kalten Krieges oder seinen Entspannungsphasen, ob in der im wirtschaftlichen und demokratischen Aufbau befindlichen frühen Bundesrepublik, den tief greifenden gesellschaftlichen Veränderungen der 1960er Jahre, der Neuen Ostpolitik in den siebziger oder der konservativen Wende der achtziger Jahre und auch nach dem epochalen weltpolitischen Wandel von 1989, der die Vereinigung der beiden deutschen Staaten zur Folge hatte – Umsiedlung, Flucht und Vertreibung war immer ein Thema. Es bestimmte die Vorgeschichte der Bundesrepublik, begleitete das Bonner Provisorium allgegenwärtig und blieb der Berliner Republik erhalten.

‹Flucht, Umsiedlung und Vertreibung› waren, auch wenn es bis in die Gegenwart immer wieder und verstärkt im letzten Jahrzehnt von unterschiedlichen Seiten mit großem Nachdruck behauptet wird, kein Tabu in der Bundesrepublik und ist es auch nie gewesen.[1] Die Millionen von Umsiedlern, Flüchtlingen und Vertriebenen, die Opfer der Zwangsmigration, haben darüber gesprochen und sprechen darüber, nicht nur anlässlich der sich einer besonderen medialen Aufmerksamkeit erfreuenden Pfingsttreffen. Ein breites, lange Zeit staatlich subventioniertes Pressewesen[2] belegt das ebenso wie die heterogene Gattung der Heimatliteratur. Sie umfasst eine kaum überschaubare Zahl von Veröffentlichungen von und für Flüchtlinge und Vertriebene, wobei Zeitzeugenberichte über die eigene Flucht und Ausweisung zum festen Bestandteil der nach 1945 aufblühenden Gattung der Heimatbücher gehören. Hinzu kommen die konstant lautstarken Wortmeldungen der unterschiedlichen Interessenvertreter der Flüchtlinge und Vertriebenen aus deren weit verzweigten, bis heute bestehenden Organisationen, seien sie politischer oder kultureller Art. Die Landsmannschaften und der Bund der Vertriebenen gehören ebenso dazu, wie eine ganze Reihe ihren Zielen verpflichteter oder diesen nahestehender Stiftungen. Auch auf Dokumentationen zum Vertreibungsgeschehen haben die Interessenverbände der Flüchtlinge und Vertriebenen immer wieder gedrängt. Auf ihr Wirken gehen die wiederholten Fragestunden zu der Thematik im Bundestag zurück. Und sie sind auch die Initiatoren der am 6. September 2000 ins Leben gerufenen Stiftung «Zentrum gegen Vertreibungen».[3] Das damit verbundene Projekt hat die erinnerungspolitischen Auseinandersetzungen mit ‹Flucht und Vertreibung› der letzten Jahre maßgeblich beeinflusst und vorangebracht. Sie fanden über den Bundestagsbeschluss vom Juli 2002, dem im Koalitionsvertrag von 2005 vereinbarten «sichtbaren Zeichen» und schließlich in der Errichtung der «Stiftung Flucht, Vertreibung, Versöhnung» 2008 ihre spezifische parteipolitische Ausformung.[4]

Aber nicht nur für die Flüchtlinge und Vertriebenen und deren Interessenvertreter war und ist ‹Flucht und Vertreibung› ein Thema. Bei einem Anteil von 20 Prozent und mehr an der Bevölkerung waren die Flüchtlinge und Vertriebenen ein konstitutiver Teil der Bonner Republik und mit ihnen war auch das Vertreibungsgeschehen ein gesamtgesellschaftliches Thema. Angesichts der engen Verknüpfung der Flüchtlingsfrage mit dem innen- und außenpolitischen Tagesgeschehen konnte ‹Flucht und Vertreibung› gar nicht ignoriert werden und wurde auch nicht totgeschwiegen. Von einem «verdrängten Thema»,[5] von einer «Vertreibung der Vertriebenen»[6] oder gar von «verbotene[r] Trauer»[7] zu sprechen, geht an der gesellschaftlichen Realität der Bundesrepublik vorbei, weil dadurch die vielgestaltigen und vielschichtigen Debatten unzulässig verkürzt, eingeengt oder gar nicht zur Kenntnis genommen werden.[8]

‹Flucht und Vertreibung› war mit variierender Intensität und unterschiedlichen Schwerpunkten über Jahrzehnte hinweg als Thema im Bundestag präsent. Aber nicht nur hier: Das Reden, das das Schweigen mit einschließt, war keineswegs auf die Exekutive und die Legislative der Bundesebene begrenzt, in der Flüchtlinge und Vertriebene ebenso vertreten waren und sind.⁹ An der Auseinandersetzung waren gleichermaßen die Landesregierungen und die Parlamente der Länder, die Parteien und die unterschiedlichen Interessenverbände beteiligt. Hinzu kommt das breite Spektrum der Medien, seien es Zeitungen, Radio, Fernsehen oder Internet, in denen ‹Flucht und Vertreibung› thematisiert und diskutiert wurde und wird. Ebenso fand die Erfahrung von millionenfacher Vertreibung ihren Niederschlag in der Literatur, der Kunst und der wissenschaftlichen Forschung.¹⁰ An der Jahreswende 1961/62 führte das «Ostpreußische[s] Tagebuch» von Hans Graf von Lehndorff, das erstmals als Beiheft in der «Dokumentation der Vertreibung der Deutschen aus Ost-Mitteleuropa» erschien, über Monate hinweg die Bestsellerliste des deutschen Buchhandels an. Nicht erst seit dem Erscheinen von Günter Grass' Novelle «Im Krebsgang»¹¹ im Jahr 2002 werden Flucht und Vertreibung in der Literatur der Bundesrepublik thematisiert. Und auch die beiden viel beachteten Ausstellungen des Hauses der Geschichte in Bonn «Flucht, Vertreibung, Integration» von 2005 und jene der Stiftung «Zentrum gegen Vertreibungen» von 2006 sind nur die jüngsten einer Reihe, die bis weit in in die 1950er Jahre zurückreicht.¹² Die in der jüngsten Vergangenheit von der ARD und dem ZDF ausgestrahlten Dokumentationen und Spielfilme sind keineswegs die ersten Fernsehsendungen zu der Thematik. «Die Deutschen als Opfer» zu sehen, ist kein neuer Blick auf die Geschichte.¹³ Vielmehr handelt es sich um einen Blickwinkel, der von Anfang an in den Debatten über ‹Flucht und Vertreibung› präsent war. All diese unterschiedlichen, aufeinander bezogenen und miteinander verwobenen Diskussionsstränge flossen in die, zu einem Großteil öffentlich geführten und dennoch offensichtlich in Vergessenheit geratenen, bundesrepublikanischen Debatten über ‹Flucht und Vertreibung› ein. Sie sind Ausdruck einer deutschen und ostmitteleuropäischen Streitgeschichte, die ‹Flucht und Vertreibung› in der Vergangenheit war, in der Gegenwart ist und vermutlich auch in Zukunft sein wird.

Die schon früh geäußerte und periodisch wiederholte Behauptung eines Tabus erweist sich bei näherem Hinsehen als Symptom für bestimmte Abschnitte der und für bestimmte Teilnehmer an den Debatten über ‹Flucht und Vertreibung›. Diese waren keineswegs rein bundesdeutsche Debatten und auch keine auf die deutsch-deutschen

Sonderbeziehungen beschränkten, konnten es angesichts der außenpolitischen Konnotationen des Themas auch gar nicht sein. An ihnen waren, sowohl während des Kalten Krieges als auch nach dem Ende des Ost-West-Konflikts, und sind nach wie vor die Regierungen, die öffentliche und veröffentlichte Meinung, Literatur und Wissenschaft einer ganzen Reihe ostmitteleuropäischer Staaten, insbesondere Polens und Tschechiens, mit beteiligt. Spiegelbildlich verkehrt nutzten und nutzen sie ‹Flucht und Vertreibung›, um eigene nationale Standpunkte zu untermauern und damit bundesdeutschen Rechtspositionen oder Geschichtsbildern entgegenzutreten. Die damit verbundenen Reaktionen wirkten sich wiederum auf den Verlauf, die Intensität und die im Laufe der Zeit unterschiedlichen Akzente der Auseinandersetzungen mit der deutschen Zwangsmigration am Ende des Zweiten Weltkrieges in der Bundesrepublik aus. Deren Merkmale und mit ihnen der Wandel des Erinnerungsortes ‹Flucht und Vertreibung› werden geradezu wie in einem Brennglas in den Debatten des Deutschen Bundestags sichtbar.

8.2. Bundesdeutsche Debatten

In seiner ersten Regierungserklärung am 20. September 1949 erläuterte Bundeskanzler Konrad Adenauer die Grundzüge der von ihm geführten Koalition. Ein von der Bundesregierung in der ersten Legislaturperiode gesetzter Schwerpunkt betraf das «Los der Vertriebenen». Die Frage ihres zukünftigen Schicksals, führte der Bundeskanzler aus, könne nicht allein von Deutschland gelöst werden. «Es handelt sich um eine Frage, die nur auf internationalem Wege ihrer Lösung nähergebracht werden kann. Man muß sie aber lösen, wenn man nicht Westdeutschland für lange Zeit hinaus zu einem Herd politischer und wirtschaftlicher Unruhe werden lassen will.» Ausführlicher fielen die sich daran anschließenden Ausführungen zu den Ursachen aus, die dazu geführt hatten, dass die Bundesrepublik mit einem Flüchtlingsproblem riesigen Ausmaßes konfrontiert war. Im Zusammenhang mit Fragen, die, wie er sagte, «uns in Deutschland außerordentlich am Herzen liegen und die für unser gesamtes Volk Lebensfragen sind», ging der Bundeskanzler auf die Gebiete jenseits der «Oder-Neiße-Linie» ein. «Wir werden nicht aufhören, in einem geordneten Rechtsgang unsere Ansprüche auf diese Gebiete weiter zu verfolgen.» Er fuhr fort: «Ich weise darauf hin, daß die Austreibung der Vertriebenen in vollem Gegensatz zu den Bestimmungen des Potsdamer Abkommens vorgenommen worden ist. In diesem Potsdamer Abkommen ist nur von einer Umsiedlung der in Polen, der Tschechoslowakei und Ungarn verbliebenen deutschen Bevölkerung die Rede, und es war vereinbart worden, daß jede stattfindende Umsiedlung auf organisierte und humane Weise vorgenommen werden sollte. Es fällt mir sehr schwer, meine Damen und Herren, wenn ich an das Schicksal der Vertriebenen denke, die zu Millionen umgekommen sind, mit der notwendigen leidenschaftslosen Zurückhaltung zu sprechen. […] Die Bundesregierung wird allen diesen Fragen die größte Aufmerksamkeit widmen und sich dafür einsetzen, daß auch das uns zustehende Recht geachtet wird. Sie wird das ganze Rechts- und Tatsachenmaterial in einer Denkschrift, die veröffentlicht und den alliierten Regierungen überreicht werden wird, zusammenfassen.»[14]

Auch 25 Jahre später wurde über die «Austreibung der Vertriebenen» im Deutschen Bundestag diskutiert. Die Frage des Abgeordneten Heinrich Windelen (CDU), ob die Bundesregierung bereit sei, «der Öffentlichkeit am 8. Mai 1975 anläßlich des 30. Jahrestages des Kriegsendes – eventuell unter Verantwortung einer wissenschaftlichen Kommission – eine zusammenfassende Darstellung im Zusammenhang mit dem II. Weltkrieg geschehener Verbrechen von und an Deutschen vorzulegen», beantwortete der Parlamentarische Staatssekretär beim Bundesministerium des Innern, Gerhard Baum (FDP). Er verwies darauf, «daß bisher in der öffentlichen Diskussion vor allem von den im Zusammenhang mit der Vertreibung an Deutschen begangenen Verbrechen die Rede war», zählte die dazu vorliegenden amtlichen deutschen Dokumentationen auf, allen voran die «Dokumentation der Vertreibung der Deutschen aus Ost-Mitteleuropa» aus den Jahren 1953 bis 1962, und erläuterte dann, weshalb die sozial-liberale Regierung es nicht für zweckmäßig hielt, einen Plan zu verfolgen, wie er vom Abgeordneten Heinrich Windelen gefordert wurde. «Es würde sich um eine Verbrechensbilanz handeln, die, ob man es nun will oder nicht, zu der Aufrechnungsdiskussion führen würde, die im Grunde von niemandem, besonders von keinem Deutschen, gewollt sein kann. Es würde auch gar nicht möglich sein, das Mißverständnis auszuschließen – so hat es der frühere Bundeskanzler Willy Brandt in seiner Eigenschaft als Außenminister hier vor diesem Hohen Hause am 5. 4. 1969 formuliert –, mit einer massierten Publizierung des Materials werde eine politische Absicht verfolgt und eine Diskussion in der Öffentlichkeit des Inlands oder gar des Auslands provoziert. Dies hätte, so fuhr der damalige Außenminister fort, bei allen Beteiligten – oder bei vielen Beteiligten – alte Wunden aufreißen können und wäre der auf Versöhnung gerichteten Außenpolitik der Bundesregierung nicht dienlich gewesen.»[15]

Mehr als fünfzig Jahre nach der Regierungserklärung von 1949 war der Themenkomplex «Vertreibung der Deutschen» in der Arbeit des Deutschen Bundestags immer noch präsent. Unter dem Tagesordnungspunkt zwölf wurde in der Sitzung vom 4. Juli 2002 die Beschlussempfehlung des Ausschusses für Kultur und Medien zum Antrag der Fraktionen von SPD und Bündnis 90. Die Grünen «Für ein europäisch ausgerichtetes Zentrum gegen Vertreibungen» angenommen. Darin heißt es unter anderem: «Der Deutsche Bundestag spricht sich dafür aus, einen europäischen Dialog über die Errichtung eines europäischen Zentrums gegen Vertreibungen zu beginnen. Ein solches Zentrum – als Dokumentations- und Begegnungszentrum mit Forschungsstätte – soll die Vertreibungen im Europa des 20. Jahrhunderts in ihren verschiedenen Ursachen, Kontexten und Folgen, darunter die Vertreibung der Deutschen, dokumentieren. Die Betroffenen sollten ihr Schicksal und Leid in dieser Dokumentation wiedererkennen können – und gleichzeitig das der Vertriebenen anderer Völker sehen. So wird ein solches Projekt Ort historisch-wissenschaftlicher Aufarbeitung sein und zugleich daran erinnern, dass wir als Deutsche und Europäer alles dafür tun müssen, um solches Leid in Zukunft zu verhindern. Ein solches Projekt ist eine europäische Aufgabe und braucht zu seiner Verwirklichung europäische Partner, die auch in die Trägerschaft einbezogen werden. An der Ausarbeitung sollten Persönlichkeiten aus europäischen Ländern, die in ihrer Geschichte von Vertreibungen betroffen waren oder sind, beteiligt werden. Über Konzept und Ort einer solchen Einrichtung muss in europäischer Zusammenarbeit beraten und entschieden werden.»[16]

Schließlich brachten die in einer großen Koalition regierenden CDU/CSU und SPD Ende September 2008 einen Gesetzentwurf zur Errichtung einer Stiftung «Deutsches Historisches Museum» (DHM) in den Bundestag ein. Ihm stimmte der Ausschuss für Kultur und Medien am 12. November 2008 mit geringfügigen Änderungen zu. Abschnitt zwei des Gesetzentwurfs legt die Errichtung einer unselbständigen Stiftung «Flucht, Vertreibung, Versöhnung» in der Trägerschaft des DHM fest. Damit konkretisierte die Bundesregierung ihr im Koalitionsvertrag vom 11. November 2005 vereinbartes «sichtbares Zeichen» in Berlin zur historischen Aufarbeitung von Zwangsmigrationen, Flucht und Vertreibung auf der Grundlage der vom Beauftragten der Bundesregierung für Kultur und Medien am 19. März 2008 vorgelegten Konzeption.[17] Zweck der Stiftung ist es, «im Geiste der Versöhnung die Erinnerung und das Gedenken an Flucht und Vertreibung im 20. Jahrhundert im historischen Kontext des Zweiten Weltkrieges und der nationalsozialistischen Expansions- und Vernichtungspolitik und ihren Folgen wachzuhalten».[18] Dieses Ziel soll durch «Errichtung, Unterhaltung und Weiterentwicklung einer Dauerausstellung zu Flucht und Vertreibung im 20. Jahrhundert, den historischen Hintergründen und Zusammenhängen sowie europäischen Dimensionen und Folgen» erreicht werden, durch Einzelausstellungen, Vermittlung von Forschungsergebnissen, Sammlung und Auswertung einschlägiger Unterlagen, insbesondere von Zeitzeugenberichten, sowie durch die Zusammenarbeit mit deutschen und internationalen Museen und Forschungseinrichtungen. Der Deutsche Bundestag verabschiedete das Gesetz mit den Stimmen der CDU/CSU, SPD und FDP, bei Enthaltung von Bündnis 90. Die Grünen und der Ablehnung durch Die Linke am 4. Dezember 2008 – mehr als 60 Jahre nach dem Ende des Zweiten Weltkrieges. Es trat mit seiner Veröffentlichung im Bundesgesetzblatt am 29. Dezember 2008 in Kraft.[19]

Die bundesrepublikanischen Debatten über ‹Flucht und Vertreibung› waren – das macht ein vier Stationen umfassender Blick in den Deutschen Bundestag deutlich – in ihrem Verlauf in jeweils spezifische außenpolitische Rahmenbedingungen eingebettet und wurden von ihnen entscheidend mitgeprägt. Damit ist ein erstes Merkmal genannt, das die bundesdeutschen Debatten über ‹Flucht und Vertreibung› auszeichnet. 1949 war es die politische Großwetterlage des Kalten Krieges. Aus den durch die Gegnerschaft zum nationalsozialistischen Deutschland zusammengeführten Kriegsalliierten waren nach dem Ende des Zweiten Weltkrieges bald Gegner geworden. Der Kalte Krieg entzweite die Großmächte, er spaltete Europa und teilte Deutschland. Dieser Spaltung entsprach, je nach Zugehörigkeit zum westlichen oder östlichen Bündnissystem, eine klare Zuordnung der Verantwortung für die Zwangsmigration der Deutschen, die ihren Niederschlag auch in der Sprache fand. In der Bundesrepublik sprach man von Vertreibung, in den Ländern des Ostblocks von Übersiedlung, Abschub, Transfer und Umsiedlung. Die erste Regierungserklärung Adenauers von 1949 ist diesem Dualismus verpflichtet. Sie macht die ostmitteleuropäischen Staaten für die Vertreibung der Deutschen verantwortlich. Als Kronzeuge beruft sich der Bundeskanzler auf die westlichen Alliierten Großbritannien und USA, allen voran Winston Churchill, der schon Ende August 1945 Protest gegen die «Praxis der Massenaustreibung» eingelegt habe. Der Zuruf aus dem Plenum, dass der ehemalige britische Premier selbst der Umsiedlung zugestimmt habe, konnte angesichts der klaren Frontstellung des Kalten Krieges, der auch die Debatten um ‹Flucht und Vertreibung› lange Zeit verpflichtet waren, vom Bundeskanzler souverän übergangen werden. Und die von einem Abgeordneten der Kommunistischen Partei Deutschlands (KPD) nicht ohne Hintergedanken zitierten zeitgenössischen Aussagen des britischen Premiers und des amerikanischen Präsidenten Franklin D. Roosevelt, in denen sie die neue Grenzziehung und die Umsiedlung deutscher Bevölkerung befürwortet hatten, wurden vom Plenum mit Empörung aufgenommen.[20] Nicht weil sie zutrafen, sondern weil sie von einem «Vertreter der Ostzone» vorgebracht wurden, der von der Oder-Neiße-Linie als einer «Friedensgrenze» sprach.

Ein Vierteljahrhundert später hatte sich die politische Großwetterlage zwar nicht grundsätzlich geändert, aber die dem atomaren Patt der Großmächte geschuldete Entspannung zwischen Ost und West schuf eine neue Konstellation. Sie bildete die Grundlage für die sich spätestens mit der Großen Koalition anbahnende Neuorientierung der deutschen Außenpolitik, die schließlich mit der sozialliberalen Koalition von 1969 in die von den Vertriebenenverbänden und der CDU/CSU heftig kritisierte Neue Ostpolitik mündete. Mit

Demonstration von Vertriebenen gegen die Neue Ostpolitik der sozial-liberalen Bundesregierung beim Deutschlandtreffen der Schlesier in München, 1971

ihr kamen neue Akzente in die von der «Tübinger Erklärung», der Ost-Denkschrift der Evangelischen Kirche von 1965, und dem vom Schriftwechsel der deutschen Bischofkonferenz und den polnischen Bischöfen angestoßenenen Debatten über ‹Flucht und Vertreibung›, wie die Fragestunde vom September 1974 zeigt. Nicht mehr allein gegen die von ostmitteleuropäischen Staaten zu verantwortenden Verbrechen an Deutschen wurde Klage erhoben. Vielmehr wurden alle Verbrechen, ganz gleich von wem und von welcher Seite, verurteilt, womit die Bundesregierung ‹Flucht und Vertreibung› den neuen außenpolitischen Rahmenbedingungen unterordnete. Sie vertrat jetzt den Standpunkt, eines Weißbuchs über Verbrechen an Deutschen bedürfe es nicht, zumal bereits eine Fülle einschlägigen Materials vorliege. An erster Stelle wurde dabei auf die umfangreiche regierungsamtliche «Dokumentation der Vertreibung der Deutschen aus Ost-Mitteleuropa» verwiesen.

Die grundlegenden Veränderungen der weltpolitischen Lage im letzten Jahrzehnt des 20. Jahrhunderts, der Kollaps der Sowjetunion und mit ihm das Ende der bipolaren Weltordnung, blieben nicht ohne Auswirkungen auf die Debatten über ‹Flucht und Vertreibung›. Von einer Frontstellung der Bundesrepublik zu den ostmitteleuropäischen Staaten ist im Beschluss des Bundestags von 2002 keine Rede mehr. Das europäisch ausgerichtete Zentrum gegen Vertreibungen sollte nach dem Willen der rot-grünen Regierungskoalition nicht nur ein europäisches Forschungs- und Dokumentationszentrum sein, sondern auch eine europäische Begegnungsstätte. Es sollte nicht Schuld zuweisen, sondern die vielfältigen Ursachen der Vertreibungen herausarbeiten, die Identifizierung der betroffenen Deutschen ermöglichen und Verständnis für das Vertreibungsschicksal von Menschen anderer Staaten wecken. Das Vorhaben war auf einen Dialog zwischen der Bundesrepublik und seinen östlichen Nachbarn angelegt, der die lange Zeit der Konfrontation im Zeichen des Kalten Krieges ablöste und die mit der Neuen Ostpolitik eingeleitete Annäherung verwirklichen sollte.

Auch wenn sich die allgemeinen Rahmenbedingungen 2008 nicht grundsätzlich verändert hatten, sind die neuen Akzente unübersehbar, die mit der «Stiftung Flucht, Vertreibung, Versöhnung» gesetzt wurden. Der Dialog mit den ostmitteleuropäischen Staaten mündete nicht in ein «europäisches Zentrum gegen Vertreibungen», sondern in eine deutsche Stiftung, mit der im Kontext der Vertreibungen des 20. Jahrhunderts an ‹Flucht und Vertreibung› erinnert werden soll. Der Weg dazu wurde erst frei, nachdem in einem Gespräch am 7. Februar 2008 in Warschau zwischen dem Beauftragten der Bundesregierung für Kultur und Medien, Bernd Neumann, und dem polnischen Deutschlandbeauftragten Władysław Bartoszewski die polnische Regierung ihren bis dahin unmissverständlich geäußerten, im Wesentlichen mit der Rolle des Bundes der Vertriebenen (BdV) begründeten Widerstand gegen das «sichtbare Zeichen» aufgab.[21] Polen, wie auch die anderen ostmitteleuropäischen Staaten, beteiligt sich formell nicht an dem deutschen Vorhaben und begegnet seither dem Projekt «mit wohlwollender Distanz». Unter diesen Voraussetzungen erhielt das «sichtbare Zeichen» seine nationale Ausgestaltung in der «Stiftung Flucht, Vertreibung, Versöhnung», die unter das Dach des Deutschen Historischen Museums (DHM) gestellt wurde. Damit ist unübersehbar, wie es in den Erläuterungen zum Stiftungsgesetz heißt, dass die Aufarbeitung des Vertreibungsgeschehens als staatliche Aufgabe «in besonderem Maße von politischen Rahmenbedingungen geprägt» wird.

Die Debatten über ‹Flucht und Vertreibung› in der Bundesrepublik waren, ein weiteres Merkmal, auf das Engste mit der Einschätzung und Bewertung der territorialen Veränderungen als Folge des Zweiten Weltkrieges durch die Parteien der Bundesrepublik verknüpft und diesen Fragen nachgeordnet. In der Regierungserklärung von 1949 kommt diese Abhängigkeit und Gewichtung klar zum Ausdruck. Die Bundesrepublik könne, sagte der Bundeskanzler, sich auf die Atlantik-Charta von 1941 und das Potsdamer Abkommen berufend und den Begriff «Grenze» bewusst vermeidend, die Oder-Neiße-Linie nicht akzeptieren. Sie werde sich mit dieser von der Sowjetunion und Polen einseitig vorgenommenen Abtretung der östlich davon liegenden Gebiete unter keinen Umständen abfinden. Das Protokoll vermerkt an dieser Stelle unüberhörbare Zustimmung «von rechts, aus der Mitte und von der SPD» und dokumentiert damit den parteiübergreifenden Konsens, der damals in dieser Frage gegeben war. Den Rechtsanspruch auf die von Deutschland abgetretenen Gebiete werde die Bundesrepublik nicht aufgeben. Im Gegenteil: «Wir werden nicht aufhören, in einem geordneten Rechtsgang unsere Ansprüche auf diese Gebiete weiter zu verfolgen.»[22] Erst im Anschluss an diese, wie er es formulierte, Lebensfrage für das gesamte deutsche Volk kam der Bundeskanzler auf ‹Flucht und Vertreibung› zu sprechen, welche er unter dem Begriff «Austreibung der Vertriebenen» zusammenfasste.

Der parteipolitische Konsens in Bezug auf die deutsche Frage ging im Laufe der 1960er Jahre verloren. Als sich Anfang der 1970er Jahre im Zuge der Neuen Ostpolitik die sozial-liberale Regierung verpflichtete, den mit dem Ende des Zweiten Weltkrieges geschaffenen Status quo zu respektieren, folgte sie der Einschätzung, dass sich Deutschland in den Grenzen von 1937 nicht wiederherstellen lasse. Die Oder-Neiße-Linie wurde de facto zu einer Grenze, zu deren Unverletzbarkeit sich die Bundesregierung bekannte. Mit diesem politisch heftig umstrittenen Schritt erhielt auch das Sprechen über ‹Flucht und Vertreibung› einen anderen Stellenwert. Eine «Aufrechnungsdiskussion» und eine «Verbrechensbilanz» wollte die Bun-

Bundeskanzler Helmut Kohl auf dem Deutschlandtreffen der Schlesier in Hannover, 1985

desregierung jetzt durch Verzicht auf die bis dahin von offizieller Bonner Seite geübte Betonung des an Deutschen verübten Unrechts in jedem Fall vermeiden. Die politische Brisanz des Themas ging damit nicht verloren. Im Gegenteil, zu der durch die politische Großwetterlage bedingten außenpolitischen Front in der Beurteilung von ‹Flucht und Vertreibung› kam die innenpolitische Fronstellung der beiden großen Volksparteien hinzu. Die Debatten über ‹Flucht und Vertreibung› erfuhren eine extreme, zum Teil bis in die Gegenwart greifbare parteipolitische Polarisierung. Sie blieb nicht ohne Auswirkungen auf den Stellenwert von ‹Flucht und Vertreibung› im kollektiven Gedächtnis der bundesrepublikanischen Gesellschaft.

Die Abhängigkeit der Debatten über ‹Flucht und Vertreibung› von der Aktualität der Grenzproblematik ist auch am Beschluss des Bundestags «Für ein europäisches Zentrum gegen Vertreibungen» aus dem Jahr 2002 ablesbar.[23] Die Vereinigung der beiden deutschen Staaten als Ergebnis des Zusammenbruchs der Sowjetunion und der Zustimmung der drei Westmächte ging einher mit der weitgehenden Bestätigung der Grenzen, wie sie nach dem Ende des Zweiten

Weltkrieges festgelegt worden waren. Aus der im Zuge der sozialliberalen Ostpolitik zur Grenze mutierten Oder-Neiße-Linie wurde durch den Zwei-plus-Vier-Vertrag und den deutsch-polnischen Vertrag vom 14. November 1990 die deutsch-polnische Grenze. Deren Anerkennung durch die jetzt christlich-liberale Regierungskoalition wirkte sich offensichtlich auf die Debatten über ‹Flucht und Vertreibung› aus. Wie in der Beratung zum Antrag «Für ein europäisches Zentrum gegen Vertreibungen» mit Verweis auf das endgültige Ende der Nachkriegszeit mehrfach betont wurde, sei eine solche Diskussion einige Jahre zuvor noch undenkbar gewesen. Mit dem Schließen der lange Zeit prinzipiell «offenen deutschen Frage» verschwand aus dem Beschluss des Bundestags «Für ein europäisch ausgerichtetes Zentrum gegen Vertreibungen» jedweder Bezug auf die Grenzproblematik. Die Erkenntnis, dass Vertreibungen «leider keine überwundenen Ereignisse der Geschichte» darstellen, «sondern immer noch täglich schuldlose Menschen auf der ganzen Welt treffende Menschenrechtsverletzungen», und der besondere deutsche Bezug zu den europäischen Zwangsmigrationen des 20. Jahrhunderts bildeten die Grundlage für den Antrag.

Genuine Grenzfragen spielten in den Gesprächen und Verhandlungen auf nationaler Ebene und mit den Staaten Ostmitteleuropas, die 2008 im Vorfeld der Errichtung der Stiftung «Flucht, Vertreibung, Versöhnung» geführt wurden, keine Rolle. Noch stärker als der Plan für ein «europäisches Zentrum gegen Vertreibungen» betont das Stiftungsgesetz den Versöhnungsgedanken und das gemeinsame Aufarbeiten von «Flucht und Vertreibung im 20. Jahrhundert» über Grenzen hinweg. Den Stellenwert dieses Anliegens unterstreicht die Aufnahme des Begriffs «Versöhnung» in den Namen der Stiftung. Er ist Programm und will, gerade mit Blick über die östlichen Grenzen der Bundesrepublik, unmissverständlich ein Grundanliegen der deutschen Auseinandersetzung mit und der Erinnerung an ‹Flucht und Vertreibung› hervorheben. Dadurch, so die unausgesprochene Erwartung, stehen auch unterschiedliche nationale Geschichtsbilder einem Dialog nicht im Weg. Das umso mehr, als im Gesetz nur allgemein und ohne einen Bezug auf die Zwangsmigration der Deutschen von «Flucht und Vertreibung im 20. Jahrhundert» gesprochen wird. Erst in der Begründung ist davon die Rede, dass «Flucht und Vertreibung der Deutschen einen Hauptakzent» der Dauerausstellung bilden sollen.[24]

Die Bundestagsprotokolle liefern noch weitere Stichworte zum Inhalt der bundesdeutschen Debatten über ‹Flucht und Vertreibung›. Sie betreffen die Voraussetzungen für das Vertreibungsgeschehen, seine Ursachen und die Frage der dabei zu Tode gekommenen Opfer. In der Regierungserklärung von 1949 findet sich kein Hinweis auf mögliche Ursachen für die Zwangsmigration der deutschen Bevölkerung am Ende des Zweiten Weltkrieges. Eine Vorgeschichte gibt es nicht. Voraussetzungslos erscheint die «Austreibung» bloß als eine Folge wiederholter unrechtmäßiger Handlungen mehrerer ostmitteleuropäischer Staaten. Polen und die Sowjetunion, so der Bundeskanzler, hätten entgegen dem Wortlaut des Potsdamer Abkommens ihnen lediglich übertragene Gebiete übernommen. Anders als dort festgeschrieben, könne auch von einer Umsiedlung lediglich der verbliebenen Bevölkerung und zudem von «ordnungsgemäßer und humaner Weise» keine Rede sein. Weder der eine noch der andere Grundsatz sei befolgt und damit sei gegen rechtsverbindliche internationale Absprachen verstoßen worden. In unüberhörbarer Anspielung auf das von den Alliierten gegen Deutschland angewandte Recht pochte der Bundeskanzler darauf, «daß auch das uns zustehende Recht geachtet wird».[25] Als Nachweis für den Rechtsbruch und damit das Deutschland zugefügte Unrecht führte er «die zu Millionen» während des Ausweisungsvorgangs Umgekommenen an. Sie, deren Zahl ein Zwischenruf auf fünf Millionen bezifferte, ließen es nicht nur dem Bundeskanzler schwerfallen, «mit der notwendigen leidenschaftslosen Zurückhaltung zu sprechen».

In der Fragestunde des Bundestags vom September 1974 wird ein im Vergleich zu 1949 deutlich veränderter Standpunkt sichtbar. Hier ist die Antwort auf die Frage, wie es dazu kommen konnte, ein deutlicher Verweis auf den Anteil deutscher Politik als Voraussetzung für das Vertreibungsgeschehen am Ende des Zweiten Weltkrieges. Für die sozial-liberale Regierung hatten die Verbrechen der NS-Politik den Grundstein für ‹Flucht und Vertreibung› gelegt. Es «sollte jedoch im Zusammenhang mit Verbrechen im Zweiten Weltkrieg gerade von Deutschen nicht übersehen werden, daß dieser Krieg in einer in unserem Land zur Herrschaft gelegten Grundlage in unsere

Nachbarländer getragen wurde».²⁶ Angesichts dieser Einschätzung von Ursache und Folgen suchte die sozial-liberale Bundesregierung eine Diskussion in der Öffentlichkeit des Inlands «oder gar des Auslands» über an Deutschen während des Vertreibungsprozesses begangenen Verbrechen zu vermeiden. Sie setzte alles daran, eine von der Vorgängerregierung beim Bundesarchiv in Auftrag gegebene und 1974 fertig gestellte «Dokumentation über Vertreibungsverbrechen» nicht als amtliche Veröffentlichung erscheinen zu lassen. «Auch mit einer auszugsweisen Veröffentlichung der Materialien würde weder ein weiterer Beitrag zur Findung der Wahrheit noch zur Bewältigung der Vergangenheit geleistet werden.»²⁷ Mit dieser Haltung forderte die sozial-liberale Koalition die Diskussion über Vertreibungsverbrechen geradezu heraus.

Differenzierter ist die Einschätzung von Ursache und Wirkung im Bundestagsbeschluss vom Juli 2002. Er spricht von dem Vertreibungsgeschehen als einem europäischen Phänomen des 20. Jahrhunderts, das verschiedene und weit zurückreichende Ursachen hat. Mit dem Nationalstaatsgedanken und dem ihm innewohnenden nationalen Homogenisierungsbestreben sowie der nationalsozialistischen Eroberungs- und Vernichtungspolitik wurden in den Redebeiträgen zum Antrag zwei wichtige Ursachenbündel genannt. Der Antrag sieht in den Vertreibungen der Deutschen am Ende des Zweiten Weltkrieges ein Unrecht. Die damit verbundenen Menschenrechtsverletzungen weist er aber nicht einer Nation oder einer Gruppe von Staaten zu, sondern sieht sie geradezu als ein Charakteristikum der neueren europäischen Geschichte. Der auf die deutschen Opfer fixierten nationalen Perspektive der Regierungserklärung von 1949 und der «Ausklammerung» des Themas in der Fragestunde von 1974 stellt der Antrag die europäische Betrachtung von ‹Flucht und Vertreibung› gegenüber, welche die Wechselseitigkeit von Opfer- und Täterrolle unterstreicht. Seiner europäischen Perspektive auf Zwangsmigrationen verpflichtet, bezieht der Bundestagsbeschluss in das Projekt eines europäisch ausgerichteten Zentrums gegen Vertreibung alle Opfer von Vertreibungen, ohne Unterschied ihrer Nationalität ein.

Das Gesetz vom Dezember 2008 knüpft unmittelbar an den Bundestagsbeschluss von 2002 an. Aber weder waren in den Beratungen über das Gesetz die Ursachen für die Zwangsmigration der Deutschen ein besonderer Diskussionspunkt, noch wird im Gesetzestext und seinen Erläuterungen breit darauf eingegangen. Das ist Ausdruck des mittlerweile vorhandenen Konsenses der im Bundestag vertretenen Parteien über die Voraussetzungen für die Flucht, Ausweisung und Vertreibung der deutschen Bevölkerung. Sie werden im Gesetz klar und deutlich benannt: die sich zu Beginn des 20. Jahrhunderts herausgebildete Praxis der Umsiedlung und Vertreibung als Instrument zur Lösung von Minderheiten- und Grenzfragen; der vom Deutschen Reich vom Zaun gebrochene Zweite Weltkrieg und die damit verbundene nationalsozialistische Expansions- und Vernichtungspolitik; und schließlich die damit verbundenen Folgen. Dementsprechend soll die geplante Dauerausstellung der «Stiftung Flucht, Vertreibung, Versöhnung» konzeptionell und inhaltlich an die erfolgreiche Ausstellung «Flucht, Vertreibung, Integration» des Hauses der Geschichte in Bonn von 2005 anknüpfen und nicht an die Ausstellung «Erzwungene Wege» der maßgeblich vom Bund der Vertriebenen (BdV) getragenen Stiftung «Zentrum gegen Vertreibungen». Ziel der «Stiftung Flucht, Vertreibung, Versöhnung» ist es, alle Bedeutungsfelder von ‹Flucht und Vertreibung› auszuleuchten, auch die Eingliederung der Vertriebenen und Flüchtlinge und «die vielfältigen Bemühungen um Ausgleich und Versöhnung zwischen Deutschland und seinen östlichen Nachbarländern».

Zu den Eigenheiten der bundesdeutschen Debatten über ‹Flucht und Vertreibung› zählt auch ihre enge Verbindung mit der Auseinandersetzung der bundesdeutschen Gesellschaft mit dem Nationalsozialismus, für die der Begriff Vergangenheitsbewältigung[28] steht. In der Regierungserklärung von 1949 stehen die deutschen Opfer – Kriegsbeschädigte, Kriegshinterbliebene, Kriegsgefangene, Verschleppte –, und hier «das Schicksal der Vertriebenen, die zu Millionen umgekommen sind» im Vordergrund. Dem gegenüber wird der nationalsozialistische Massenmord nicht oder nur verklausuliert angesprochen. In der Regierungserklärung heißt es lediglich, dass die «wirklich Schuldigen an den Verbrechen, die in der nationalsozialistischen Zeit und im Kriege begangen worden sind […] mit aller Schärfe bestraft werden sollen.» Zudem wurden «anscheinend hervorgetretene antisemitische Bestrebungen» entschieden verurteilt. Der Bundeskanzler sprach, wie ihm der SPD-Politiker Kurt Schumacher in seiner Entgegnung auf die Regierungserklärung vorhielt, gegen den Nazismus, ohne der Opfer des Nazismus zu gedenken. «Zu matt und zu schwach» erschien dem Oppositionsführer, was der Bundeskanzler «über die furchtbare Tragödie der Juden im Dritten Reich» geäußert hatte.[29] Mit dieser Meinung vertrat die SPD allerdings eine Minderheit im Parlament. Zwar bekannten sich einige Abgeordnete mit Scham dazu, «daß es möglich war, im Konzentrationslager von Auschwitz Tausende von Menschen zu Tode zu bringen». In ihrer Mehrheit stellten sie aber, wie der Bundeskanzler, wortreicher und nachdrücklicher das an Deutschen begangene Unrecht und das im Vertreibungsprozess erfahrene Leid heraus. «Ich weiß aber nicht, ob es humaner ist, wenn die Politik der Siegermächte mit einem Federstrich sich über göttliches und irdisches Recht hinwegsetzte, Menschen aus ihrer angestammten Heimat austrieb, um sie unterwegs zu ermorden und vergewaltigen oder im überfüllten Westdeutschland langsam, aber sicher umkommen zu lassen.»[30]

Die Verknüpfung der bundesdeutschen Debatten über ‹Flucht und Vertreibung› mit der Auseinandersetzung mit dem Nationalsozialismus wurde in dem Maße enger, in dem seit den Schwellenjahren um 1950 die Vergangenheitsbewältigung des Nationalsozialismus zunehmend zum Bezugspunkt für den Umgang mit der Vergangenheit schlechthin wurde. Diesen Zusammenhang, in den auch die langjährigen Debatten um die Verjährung der während der nationalsozialistischen Herrschaft begangenen Morde gehörten,[31] lässt schon die am 25. September 1974 im Bundestag gewählte Formulierung der Eingangsfrage erkennen. Indem die Opposition von «Verbrechen von Deutschen und an Deutschen» sprach, und zwar ganz bewusst in dieser Reihenfolge, setzte sie einen Hebel an, mit dem sie der sozialliberalen Koalition bei der Auseinandersetzung mit dem Vertreibungsgeschehen Versäumnisse im Vergleich zur NS-Vergangenheitsbewältigung vorhielt. Die Regierungskoalition setzte sich gegen diesen Vorwurf entschieden zur Wehr, räumte aber freimütig ein, dass die von Deutschen im Zweiten Weltkrieg begangenen Verbrechen ihrer Meinung nach einen Komplex darstellten, «der ein möglicherweise für unser Volk […] größeres Gewicht» habe.[32] Wurden 1949 von der damaligen Bundesregierung die an Deutschen begangenen

Verbrechen und die dabei verzeichneten Todesopfer herausgestellt, so hatte sich gut 25 Jahre später die Waage in der «Konkurrenz der Verbrechen und Opfer» zu den von Deutschen begangenen Verbrechen hingeneigt.

Diese Entwicklung verstärkte sich in der Folgezeit. In der Aussprache zum Antrag «Für ein europäisches Zentrum gegen Vertreibungen» von 2002 ist das unübersehbar. Bei Anerkennung von ‹Flucht und Vertreibung› als einem Unrecht, als eine nicht hinnehmbare Verletzung der Menschenrechte und als Würdigung der während des Vertreibungsgeschehens zu Tode gekommenen Personen, sind die Politik des Nationalsozialismus und die nationalsozialistischen Verbrechen der Bezugspunkt für den Umgang mit ‹Flucht und Vertreibung›. Eines, so der Staatsminister im Kanzleramt, dürfe nicht geschehen, «dass die Erinnerung an die Rolle Nazi-Deutschlands als Aggressor, als Initiator eines verbrecherischen Vernichtungskrieges verblasst».[33] Noch deutlicher wurde die Vizepräsidentin des Deutschen Bundestags Antje Vollmer als sie davor warnte, mit dem Zentrum gegen Vertreibungen «eine Art Parallelstätte zum Holocaust-Mahnmal zu errichten».[34]

Solche Befürchtungen wurden im Zuge des Gesetzgebungsverfahrens für die Errichtung der «Stiftung Flucht, Vertreibung, Versöhnung» nur noch gelegentlich geäußert. Ingesamt begrüßten alle Bundestagsfraktionen, mit Ausnahme der Linken, «dass das Vorhaben die Erinnerung an deutsche Opfer in einen umfassenden historischen Kontext stelle und dem Verdacht entgegentrete, die Ereignisse, die Ursachen und deren Wirkung zu relativieren».[35] An der nationalsozialistischen Expansions- und Vernichtungspolitik als zentralem Referenzpunkt für die mit der Arbeit der Stiftung konstitutiv verbundene Aufgabe der Erinnerung und des Gedenkens an ‹Flucht und Vertreibung› lässt das Gesetz keinen Zweifel.

Die Debatten über ‹Flucht und Vertreibung› in der Bundesrepublik waren, ein weiteres ihnen eigenes Merkmal, nicht nur in hohem Maße politisiert, sondern auch über weite Strecken hinweg ideologisch polarisiert. Dabei sollte der, wenn auch langsame Wandel einzelner Positionen nicht übersehen werden. Die Gegensätze verliefen, wie die Antwort des Oppositionsführers auf die Regierungserklärung des Bundeskanzlers erkennen lässt, entlang zweier parteipolitischer

Lager. Es gehört zum Grundtenor der konservativen Parteien, wie er in der Regierungserklärung von 1949 deutlich wird, dass ‹Flucht und Vertreibung› absolut gesetzt wird. «Dem deutschen Volke groß aufgemachte Rechnungen» wurden 1949 als Vergehen Einzelner eingestuft, die mit einer Gegenrechnung beantwortet wurden. «Wenn man überhaupt über Verbrechen gegen die Menschlichkeit spricht, dann [...] muß man zuallererst das größte Verbrechen, das jemals gegen die Menschlichkeit begangen worden ist, hervorheben, nämlich die viehische Austreibung von Millionen von Deutschen aus den urdeutschen Ostgebieten.»[36] Dem setzte die SPD schon 1949 eine andere Gewichtung gegenüber. Sie stellte dem Unrecht, das den Deutschen zugefügt worden war, die NS-Verbrechen entgegen. Nur wer sich «über die Ausrottung der Juden und Polen, über Lidice, über Auschwitz und über Oradour wenigstens geschämt» habe, besitze das moralische Recht, an Deutschen begangene Unmenschlichkeiten anzuklagen.[37]

Dieser im Ansatz von Anfang an bestehende Dissens vertiefte sich in den sechziger und siebziger Jahren. Die Anfrage vom September 1974 war nur eine von vielen weiteren, mit denen die Opposition der sozial-liberalen Regierung Unterlassungen beim Umgang mit ‹Flucht und Vertreibung› vorwarf. Daran schloss sich eine erbittert geführte politische Auseinandersetzung an, deren Spuren bis in die Gegenwart reichen. Auch wenn sich der Ton in den folgenden Jahren deutlich abmilderte und die Parteien später bei allen vorhandenen Unterschieden ein «europäisch ausgerichtetes Zentrum gegen Vertreibungen» befürworteten, war die von Anfang an gegebene parteipolitische Polarisierung auch 2002 nicht verschwunden. Sie schlug sich in den eingebrachten unterschiedlichen Anträgen und den verschiedenen Akzenten, die sie setzen, nieder. Eine nationale Gedenkstätte für ‹Flucht und Vertreibung› zu errichten, war das primäre Anliegen der Unionsparteien, die damit die Initiative des Bundes der Vertriebenen von 1999 aufgriffen.[38] Die Antwort der Regierungskoalition von 2002 war dagegen ein Forschungs- und Dokumentationszentrum. Der Betonung der deutschen Erfahrungen mit ‹Flucht und Vertreibung› bei der CDU/CSU standen bei der SPD und den Grünen die europäischen Erfahrungen mit Zwangsmigrationen gegenüber. Darin sahen CDU und CSU wiederum nur ein Ablenkungsmanöver. «Der konzeptionslose Antrag von SPD und Grünen kaschiert nur den Versuch, die deutschen Vertreibungsopfer und deren Organisation aus der Zusammenarbeit zur Gestaltung eines ‹Zentrums gegen Vertreibungen› auszuschließen.»[39] Die FDP wiederum, die ein europäisch ausgerichtetes Zentrum gegen Vertreibungen befürwortete, kritisierte Tendenzen der SPD, «Menschenrechtsverletzungen zu relativieren nach dem Motto: Vertreibungen zu Lasten von Deutschen sind weniger schlimm als zu Lasten anderer Völker, schließlich hat ja Hitler den Krieg begonnen.»[40] Und die PDS warnte davor, «das Nachdenken über Vertreibung» nur den Vertriebenenverbänden zu überlassen, und kritisierte damit ungewollt genau das, was die Diskussionen über weite Strecken auszeichnet.

Spuren der jahrzehntelang polarisierten Auseinandersetzungen zu ‹Flucht und Vertreibung› und der ihnen zu Grunde liegenden Positionen finden sich auch noch im Gesetzgebungsverfahren von 2008. Doch ist der eingetretene Wandel unübersehbar. Die CDU/CSU-Fraktion verwies darauf, dass das Thema Flucht und Vertreibung (angeblich) lange Zeit im politischen Diskurs ausgeklammert gewesen sei. Vor diesem Hintergrund sah sie mit dem Gesetz zur Errichtung der «Stiftung Flucht, Vertreibung, Versöhnung», das CDU/CSU und SPD gemeinsam in den Bundestag eingebracht hatten, «die Erinnerungskultur auf eine solide, der Verantwortung für den Umgang mit einem äußerst düsteren Kapitel deutscher Geschichte gerecht werdende Grundlage gestellt».[41] Die SPD wiederum verwies auf die zu Beginn der Wahlperiode noch sehr unterschiedlichen Positionen sowie die langwierigen Verhandlungen und sah im Gesetz den Schlusspunkt eines «wesentlichen und komplizierten Prozesses». Sie begrüßte den erreichten breiten Konsens zu einem «sowohl national als auch international politisch brisanten Thema». Die FDP ihrerseits schloss sich dem Gesetzentwurf an. Erstens, weil «die geplante Einrichtung im Konsens mit den Nachbarn gegründet werden könne». Und zweitens, weil eine «jahrelange, oftmals kontroverse Debatte, bei der es im Kern darum gegangen sei, ein angemessenes Erinnern an die große Opfergruppe der Vertriebenen zu erreichen», damit erfolgreich abgeschlossen worden sei. Auch für Bündnis 90. Die Grünen war das Gesetz «ein erheblicher Schritt» in die richtige Richtung.

Sie enthielten sich aber bei der Abstimmung der Stimme wegen noch offener, ungeklärter Fragen. Lediglich Die Linke stimmte gegen das Gesetz. Sie sah im Zweck der Stiftung eine «schwer zu realisierende Arbeit», plädierte für einen anderen Standort als Berlin als Sitz der Stiftung und befürchtete einen zu großen Einfluss des Bundes der Vertriebenen in den Gremien der Stiftung. Dass mit dem Gesetz vom Dezember 2008 die klassische parteipolitische Polarisierung in den Debatten über ‹Flucht und Vertreibung› überwunden werden konnte, ist neben den inhaltlichen Übereinstimmungen auch dem gefundenen formalen Rahmen zu verdanken. Die unselbständige «Stiftung Flucht, Vertreibung, Versöhnung» wurde in die Trägerschaft der Stiftung «Deutsches Historisches Museum» gestellt. Damit wurde der über Jahrzehnte ausgeklammerte Komplex ‹Flucht und Vertreibung› in die deutsche Geschichte zurückgeholt, in diese wieder eingegliedert. Mit der Stiftung wurde so erstmals ein Konzept entwickelt, das ‹Flucht und Vertreibung› «als Teil der deutschen Geschichte anerkennt und aufgreift». Dabei geht es nicht mehr um Aufrechnung und Schuldzuweisung, sondern um Erinnern und Gedenken.

Zweifellos, ‹Flucht und Vertreibung› war und ist ein Dauerbrenner der bundesrepublikanischen Politik und Öffentlichkeit, aber einer mit sich verändernden äußeren und inneren Rahmenbedingungen, mit variierender Intensität, mit unterschiedlichen Grundpositionen und Akzenten und mit verschiedenen Akteuren in sich verändernden Rollen. Vergleicht man die Verhandlungen des Bundestags zum Themenkomplex, werden wesentliche Merkmale der Debatten und das Spannungsfeld deutlich, in dem sich die Diskussionen bewegten. 1949, in der ersten Wahlperiode, wurde die «Massenaustreibung» der Deutschen an herausgehobener Stelle, in einer Regierungserklärung des Bundeskanzlers zur Sprache gebracht. ‹Flucht und Vertreibung› war den Fragen ersten Ranges zugeordnet, denen nicht nur die Bundesregierung oberste Priorität einräumte, «die für unser gesamtes Volk Lebensfragen sind». Sie wusste sich dabei, wie die breite, mit durchaus unterschiedlichen Argumenten begründete Zustimmung in den sich an die Regierungserklärung anschließenden Redebeiträgen zeigt, einig mit der überwiegenden Mehrheit des Bundestags. Der in den Anfangsjahren der Bundesrepublik vorhandene Konsens brach seit den sechziger Jahren auf und wich in den siebziger Jahren einem tiefgreifenden Dissens. ‹Flucht und Vertreibung› war jetzt keine Chefsache mehr. Der Parlamentarische Staatssekretär beim Innenministerium berief sich nur noch auf den ersten sozialdemokratischen Bundeskanzler, als er eine auf Versöhnung gerichtete Außenpolitik der Bundesrepublik und das öffentliche und amtliche Sprechen über ‹Flucht und Vertreibung› für unvereinbar hielt. Im Juli 2002 war ‹Flucht und Vertreibung› lediglich Gegenstand eines Antrags, den der Bundestag, dem Votum des federführenden Ausschusses folgend, verabschiedete. Er kam bei aller grundsätzlichen Übereinstimmung auch lediglich mit der Mehrheit der rot-grünen Regierungskoalition zustande. CDU/CSU und FDP enthielten sich der Stimme. Mit der breiten Zustimmung zum Gesetz von 2008 wurde die traditionelle parteipolitische Blockbildung beim Umgang mit ‹Flucht und Vertreibung› aufgebrochen. Das Gesetzgebungsverfahren und die Abstimmung stellen eine neue Etappe in den bundesdeutschen Auseinandersetzungen über ‹Flucht und Vertreibung› dar.

Noch deutlicher als die formalen fallen die inhaltlichen Unterschiede der zeitlich mehr als ein halbes Jahrhundert umspannenden Debatten aus. In der ersten Regierungserklärung vor dem Deutschen Bundestag war die «Austreibung» gesellschaftliche Gegenwart und ein Politikum ersten Ranges. Sie stellte eine nationale politische Kernfrage dar. Sie war nach Auffassung der Bundesregierung durch den Rechtsbruch einzelner ostmitteleuropäischer Staaten zustande gekommen. Ihm wollte sie mit allen ihr zur Verfügung stehenden Rechtsmitteln entgegentreten. Eine zu veröffentlichende Denkschrift, welche das gesamte «Rechts- und Tatsachenmaterial» zusammenfassen sollte, stellte dabei eines unter vielen geschichtspolitischen Instrumenten dar. Mit ihnen allen wurde das Ziel verfolgt, Ausweisung, Flucht und Vertreibung als Rechtsbruch, als Verbrechen gegen die Menschlichkeit im Bewusstsein der deutschen Bevölkerung und des Auslands zu verankern.

Anders war die Situation Mitte der siebziger Jahre. Jetzt sah die Bundesregierung in der Veröffentlichung von «Tatsachenmaterial» weder einen Beitrag zur Wahrheitsfindung noch zur Bewältigung der Vergangenheit. Sie setzte alles daran, eine Diskussion in der Öffentlichkeit des Inlands oder gar des Auslands zu vermeiden. Die «Aufklärungsarbeit» zu ‹Flucht und Vertreibung› überließ sie den von der

Vertreibung Betroffenen und ihren Organisationen,[42] die sie aber im Rahmen der Förderung der Kulturarbeit der Flüchtlinge und Vertriebenen mit erheblichen staatlichen Mitteln unterstützte.

2002 hatte sich das Bild wieder verändert. Im vom Bundestag verabschiedeten Antrag ging es nicht um Tagespolitik, nicht um die Veränderung der nach der bedingungslosen Kapitulation des nationalsozialistischen Deutschen Reiches etablierten europäischen Nachkriegsordnung, nicht um die mögliche Gefährdung der neuen Ostpolitik, sondern um die historische Einordnung des Phänomens. Sie sollte von einer zu errichtenden Forschungsstätte und Dokumentationsstelle geleistet werden. Der Vertretung von national begründeten Rechtsansprüchen mit Anklagen gegen Staaten Ostmitteleuropas und der Vermeidung jeglicher Diskussion sowie ihre Beschränkung auf den Kreis der von ‹Flucht und Vertreibung› Betroffenen stand hier die wissenschaftliche Aufarbeitung der Zwangsmigrationen der europäischen Geschichte des letzten Jahrhunderts gegenüber, und zwar in einem europäischen Dialog. Nicht die Vertreibung der Deutschen am Ende des Zweiten Weltkrieges und die dabei zu Tode Gekommenen bilden den Mittel- und Bezugspunkt, sondern die verschiedenen Ursachen, Kontexte und Folgen von Umsiedlung, Flucht und Vertreibung, «darunter die Vertreibung der Deutschen».

Noch einen Schritt weiter ging die Errichtung der «Stiftung Flucht, Vertreibung, Versöhnung». Erinnern, Gedenken und Aufklärung im Geiste der Versöhnung durch Musealisierung von ‹Flucht und Vertreibung› ist der Auftrag der Stiftung. Sie ist Teil des «Deutschen Historischen Museums», womit eine Grundlage geschaffen wurde, um ‹Flucht und Vertreibung› in die gesamte deutsche Geschichte einzugliedern. Das Gesetz zielt auf Historisierung und Musealisierung durch die wissenschaftliche Erforschung und Dokumentation von Zwangsmigrationen. Damit sind auch die Voraussetzungen geschaffen, ein zentrales Kapitel deutscher und europäischer Zeitgeschichte im kulturellen Gedächtnis der Deutschen zu verorten.

Bei allen Veränderungen, welche die Debatte über ‹Flucht und Vertreibung› in der Bundesrepublik im Laufe der Zeit erfahren hat, weisen die als Eckpunkte gewählten Bundestagsdebatten eine grundlegende Übereinstimmung auf. «Tatsachenmaterial» zusammenzutragen, ist das Anliegen aller vier unter völlig verschiedenen innen- wie außenpolitischen Voraussetzungen stehenden Beispiele: der Regierungserklärung von 1949, der Fragestunde im Bundestag von 1974, des Antrags vom Juli 2002 und des im Dezember 2008 verabschiedeten Gesetzes. Gemeinsam ist ihnen auch das Bemühen, durch gezielte, auf Langfristigkeit angelegte Maßnahmen ‹Flucht und Vertreibung› in der Erinnerung sowohl der deutschen Bevölkerung als auch des Auslands wachzuhalten oder sie auf den Kreis der Betroffenen zu beschränken. Damit sollen entweder nationale politische Interessen gegen andere Staaten vertreten werden, um eine auf Versöhnung gerichtete Außenpolitik zu Lasten der öffentlichen Diskussion über ‹Flucht und Vertreibung› zu betreiben oder um gemeinsam mit den europäischen Staaten die millionenfache europäische Erfahrung von Vertreibung als Gedächtnisort zu sichern. In dem einen wie in dem anderen Fall ist ‹Flucht und Vertreibung› ein politisches Kampfmittel «auf der Suche nach einer brauchbaren Vergangenheit».[43] Für die politischen Akteure der Debatten steht, auch wenn sie das in der Regel vorgeben, nicht ‹Flucht und Vertreibung› als historisches Ereignis oder als persönliche Lebensgeschichte im Vordergrund. Ihnen geht es nicht in erster Linie darum, die Ursachen, den Ablauf und die Folgen eines Vorgangs von europäischer Dimension mit unterschiedlicher nationaler Ausprägung zu rekonstruieren, und auch nicht um das Festhalten der millionenfachen traumatischen Erfahrungen. Das zusammengetragene «Tatsachenmaterial» soll eine ihrem Standpunkt, ihrer Sichtweise und ihrer Zielsetzung entsprechende Funktion erfüllen: einen Rechtsanspruch untermauern, wie das in der Regierungserklärung von 1949 geschieht; als Rechtfertigung dafür dienen, dass eine öffentliche Diskussion darüber für die Außenpolitik der Bundesrepublik schädlich sei, wie in der Fragestunde des Bundestags von 1974 argumentiert wurde; die Grundlage für historisch-politische Aufklärung liefern, das zentrale Anliegen des Bundestagsbeschlusses «Für ein europäisches Zentrum gegen Vertreibungen»; und in Form einer Dauerausstellung einen zentralen Erinnerungsort an ‹Flucht und Vertreibung› in der Bundeshauptstadt schaffen, wie es das Gesetz vom Dezember 2008 festlegt.

Die Debatten über ‹Flucht und Vertreibung› erweisen sich bei näherem Betrachten als ein geschichtspolitisches Handlungsfeld, dessen Akteure nicht primär an der Geschichte dieses historischen Phänomens interessiert sind, nicht an der jeweils individuellen Lebensgeschichte und auch nicht an den Ergebnissen der historischen Forschung, sondern daran, den «Komplex Vertreibung» als Argument in der politischen Auseinandersetzung einzusetzen. ‹Flucht und Vertreibung› wurde nicht nur in letzter Zeit politisch instrumentalisiert, wie ein Redner der SPD mit Blick auf die CDU/CSU in der Debatte vom 4. Juli 2002 meinte,[44] sondern ihre politische Indienstnahme durch alle daran Beteiligten ist eine Konstante in der Diskussion. Die geschichtspolitische Nutzung[45] von ‹Flucht und Vertreibung› verfolgt das Ziel, den eigenen politischen Standpunkt zu legitimieren, für ihn zu werben und jenen des politischen Gegners in Frage zu stellen. Im Prozess gesellschaftlich-politischer Selbstvergewisserung griff und greift die Politik auf wissenschaftlichen Sachverstand zurück, von dem sie sich die ihren Standpunkt stützenden Argumente erwartet.

Wie jede politische Nutzung von Geschichte hat die politische Indienstnahme von ‹Flucht und Vertreibung› die Öffentlichkeit als Adressaten. Diese soll davon überzeugt werden, dass die Zwangsumsiedlungen der Deutschen ein Verstoß gegen internationales Recht waren und sind, dass das Sprechen darüber der Versöhnungspolitik nachgeordnet werden müsse, dass ein Zentrum gegen Vertreibungen in erster Linie ein internationales Forschungs- und Dokumentationszentrum sein sollte oder ein musealer Erinnerungsort im Geiste der Versöhnung, der Erinnerung und des Gedenkens an Flucht und Vertreibung im 20. Jahrhundert wachzuhalten habe. Es handelt sich um ein Mit-, Gegen- und Nebeneinander von unterschiedlichen politischen Interessen, welchen die politischen Akteure in einem massenmedial vermittelten Prozess zum Durchbruch zu verhelfen suchten und suchen. Dabei befrachten sie, ihren jeweiligen politischen Zielen verpflichtet, ‹Flucht und Vertreibung› mit bestimmten Bildern, die sie in der kollektiven Erinnerung zu verankern trachten. Es geht ihnen darum, eine Hegemonie der eigenen Deutungsmuster von ‹Flucht und Vertreibung› zu erlangen, um so das ihrem politischen Standpunkt gemäße Bild in der kollektiven Erinnerung festzusetzen.[46] Die breiten geschichtspolitischen Debatten zu ‹Flucht und Vertreibung› in der Bundesrepublik sind daher als ein über ein halbes Jahrhundert andauernder geschichtspolitischer Erinnerungskampf um den Ort und den Stellenwert von ‹Flucht und Vertreibung› im kollektiven Gedächtnis der Deutschen zu betrachten.[47] Vieles spricht dafür, dass sie nur der vergangene Teil von auch in Zukunft fortdauernden Auseinandersetzungen sein werden. Ihr Ergebnis sind unterschiedliche, miteinander konkurrierende Geschichtsbilder zu ‹Flucht und Vertreibung›. Darin ist vermutlich auch eine wesentliche Ursache dafür zu sehen, dass sich das deutsche historische Gedächtnis so «merkwürdig unsicher» zu ‹diesem Themenkomplex verhält.[48]

Anhang

Anmerkungen

1. Krieg und Migration – «Fuga furiosa»

1 Kempowski, Walter: Das Echolot. Fuga furiosa. Ein kollektives Tagebuch Winter 1945. 4 Bde. München 1999. Bd. I: 12. bis 20. Januar 1945. München 1999, S. 7.
2 Mazower, Mark: Der dunkle Kontinent. Europa im 20. Jahrhundert. Berlin 2000, bes. S. 207–265, 307–357.
3 «The final redristribution of Europe's population was due to Germany's defeat, which opened the way for a new in this case permanent migration of another twenty-five million, propably the greatest in European history». Kulischer, Eugene M.: Europe on the Move. War and Population Changes 1917–1947. New York 1948, S. 305.
4 Aly, Götz/Schlögel, Karl: Verschiebebahnhof Europa. Völker, die Geschichte leiden. Umsiedlung, Deportation und Vertreibung prägten das 20. Jahrhundert. In: Süddeutsche Zeitung Nr. 70 vom 23./24. 3. 2002, S. 17.
5 Jacobmeyer, Wolfgang: Vom Zwangsarbeiter zum Heimatlosen Ausländer. Die Displaced Persons in Westdeutschland 1945–1951. Göttingen 1985, bes. S. 41 f.: DP-Entwicklung 14. 5.–13. 8. 1948.
6 Zu den Zahlen vgl. Krause, Michael: Flucht vor dem Bombenkrieg. «Umquartierungen» im Zweiten Weltkrieg und die Wiedereingliederung der Evakuierten in Deutschland 1943–1963. Düsseldorf 1997, S. 174–185.
7 Polian, Pavel: Against their Will. The History and Geography of Forced Migrations in the USSR. Budapest/New York 2004, S. 239–275.
8 Overmans, Rüdiger: Das Schicksal der deutschen Kriegsgefangenen des Zweiten Weltkriegs. In: Müller, Rolf-Dieter (Hg.): Der Zusammenbruch des Deutschen Reiches 1945. 2. Halbband: Die Folgen des Zweiten Weltkriegs. München 2008, S. 379–507, hier S. 434.

2. ‹Flucht und Vertreibung› – Bedeutungsfelder

1 Vgl. dazu die Ausführungen in Kapitel 7.2.
2 Wingenroth, Carl: Das Jahrhundert der Flüchtlinge. In: Außenpolitik 10, 1959, H. 8, S. 491–499. Lemberg, Hans: Das Jahrhundert der Vertreibungen.

In: Bingen, Dieter/Borodziej, Włodzimierz/Troebst, Stefan (Hg.): Vertreibungen europäisch erinnern? Historische Erfahrungen – Vergangenheitspolitik – Zukunftskonzeptionen. Wiesbaden 2003, S. 44–53.
3 Vgl. dazu die Ausführungen in Kapitel 6.
4 Vgl. dazu die Ausführungen in Kapitel 4.2.
5 Vgl. dazu die Ausführungen in Kapitel 6.
6 Vgl. dazu die Ausführungen in Kapitel 4.2.
7 Vgl. dazu die Ausführungen in Kapitel 4.1.
8 Als die Deutschen weg waren. Was nach der Vertreibung geschah: Ostpreußen, Schlesien, Sudetenland. Das Buch zur WDR-Fernsehserie. Berlin 2005, S. 7–21 sowie die Beiträge zu den einzelnen Regionen.
9 Vgl. dazu die Ausführungen in Kapitel 7.1.
10 Engelhardt, Michael von: Lebensgeschichte und Gesellschaftsgeschichte. Biographieverläufe von Heimatvertriebenen des Zweiten Weltkriegs. München 2001, bes. S. 262–273.
11 Hirsch, Helga: Schweres Gepäck. Flucht und Vertreibung als Lebensthema. Hamburg 2004, S. 11–19 sowie die einzelnen im Buch vorgestellten Biografien. Ackermann, Volker: Das Schweigen der Flüchtlingskinder – Psychische Folgen von Krieg, Flucht und Vertreibung bei den Deutschen nach 1945. In: Geschichte und Gesellschaft 30, 2004, S. 434–464.
12 Vgl. dazu die Ausführungen in Kapitel 3 und insbesondere Kapitel 8.
13 Vgl. dazu die Ausführungen in Kapitel 7.1.
14 Kleßmann, Christoph: Verflechtung und Abgrenzung. In: Aus Politik und Zeitgeschichte B 29–30, 1993, S. 30–41.
15 Vgl. dazu die Ausführungen in Kapitel 7.1.
16 Gesetz über die Angelegenheiten der Vertriebenen und Flüchtlinge vom 19.5.1953. In: Bundesgesetzblatt I, 1953, S. 201–221.
17 Vgl. dazu die Ausführungen in Kapitel 8.
18 Schwartz, Michael: Dürfen Vertriebene Opfer sein? Zeitgeschichtliche Überlegungen zu einem Problem deutscher und europäischer Identität. In: Deutsches Archiv 38, 2005, H. 3, S. 494–505. Danyel, Jürgen/Ther, Philipp (Hg.): Nach der Vertreibung. Geschichte und Gegenwart einer kontroversen Erinnerung (= Zeitschrift für Geschichtswissenschaft 53, 2005, H. 10). Naumann, Klaus: Vertreibung. Ein Problem deutscher Selbstthematisierung. In: Mittelweg 36 14, 2005, H. 3, S. 4–18.
19 Schieder, Theodor: Die Vertreibung der Deutschen aus dem Osten als wissenschaftliches Problem. In: Vierteljahrshefte für Zeitgeschichte 8, 1960, H. 1, S. 1–16.

3. Literatur – von, für und über Vertriebene

1 Jolles, Hiddo M.: Zur Soziologie der Heimatvertriebenen und Flüchtlinge. Köln/Berlin 1965, S. 20–35.

2 Zum Stellenwert der Studien von Kulischer und Schechtman vgl. Beer, Mathias: Bevölkerungsumsiedlungen als Thema der westeuropäischen und amerikanischen Forschung des 20. Jahrhunderts. Entwicklungslinien, Phasen, Spezifika. In: Melville, Ralph/Pešek, Jiří/Scharf, Claus (Hg.): Zwangsmigrationen im mittleren und östlichen Europa. Völkerrecht, Konzeptionen, Praxis (1938–1950). Mainz 2007, S. 141–171.

3 Zur soziologischen Forschung vgl. Gerhard, Ute: Bilanz der soziologischen Literatur zur Integration der Vertriebenen und Flüchtlinge nach 1945. In: Hoffmann, Dierk u. a. (Hg.): Vertriebene in Deutschland. Interdisziplinäre Ergebnisse und Forschungsperspektiven. München 2000, S. 41–63.

4 Vgl. dazu Beer, Mathias: Im Spannungsfeld von Politik und Zeitgeschichte. Das Großforschungsprojekt «Dokumentation der Vertreibung der Deutschen aus Ost-Mitteleuropa». In: Vierteljahrshefte für Zeitgeschichte 46, 1998, H. 3, S. 345–389.

5 So Eugen Lemberg in seiner Besprechung der Publikation von Jolles, Hiddo M.: Zur Soziologie der Heimatvertriebenen und Flüchtlinge. Köln/Berlin 1965. In: Frankfurter Allgemeine Zeitung, Nr. 52, 3. 3. 1966, S. 12.

6 Goschler, Constantin: «Versöhnung» und «Viktimisierung». Die Vertriebenen und der deutsche Opferdiskurs. In: Zeitschrift für Geschichtswissenschaft 53, 2005, S. 873–884.

7 Vgl. dazu die Ausführungen in Kapitel 8.2.

8 Merkatz, Hans-Joachim von (Hg.): Aus Trümmern wurden Fundamente. Vertriebene – Flüchtlinge – Aussiedler. Drei Jahrzehnte Integration. Düsseldorf 1979, S. 7.

9 Schwedt, Herbert: Ist eine Volkskunde der Heimatvertriebenen überflüssig geworden? In: Jahrbuch für ostdeutsche Volkskunde 17, 1974, S. 20–26, Zitat S. 21 f.

10 Messerschmidt, Rolf: Mythos Schmelztiegel! Einige Neuerscheinungen zur ‹Flüchtlingsforschung› der letzten Jahre. In: Neue politische Literatur 37, 1992, S. 34–55. Wolfrum, Edgar: Zwischen Geschichtsschreibung und Geschichtspolitik. Forschungen zu Flucht und Vertreibung nach dem Zweiten Weltkrieg. In: Archiv für Sozialgeschichte 36, 1996, S. 500–522.

11 Lüttinger, Paul: Der Mythos der schnellen Integration. Eine empirische Untersuchung zur Integration der Vertriebenen und Flüchtlinge in der Bundesrepublik Deutschland bis 1971. In: Zeitschrift für Soziologie 15, 1986, H. 1, S. 20–36.

12 Borodziej, Włodzimierz/Hajnicz, Artur (Hg.): Kompleks wypędzenia. U. dt. T.: Der Komplex der Vertreibung. Abschlußbericht. Warschau, den 7. Dezember 1996. Kraków 1998.

13 Zu der einschlägigen Literatur vgl. u. a. Alexander, Manfred: Die Diskussion über die Vertreibung der Deutschen in der Tschechoslowakei. In: Streibel, Robert (Hg.): Flucht und Vertreibung. Zwischen Aufrechnung und Verdrängung. Wien 1994, S. 158–173. Sitzler, Katrin/Seewann, Gerhard: Aktuelle Stimmen zur Vertreibung aus Ungarn. In: Deutschland und seine Nach-

barn. Forum für Kultur und Politik H. 18, 1997, S. 5–39. Kraft, Claudia: Der Platz der Vertreibung der Deutschen im historischen Gedächtnis Polens und der Tschechoslowakei/Tschechiens. In: Cornelißen, Christoph/Holec, Roman/Pešek, Jiří (Hg.): Diktatur – Krieg – Vertreibung. Erinnerungskulturen in Tschechien, der Slowakei und Deutschland seit 1945. Essen 2005, S. 329–353.

14 Vgl. die einschlägige Literatur bei Schwartz, Michael: Vertriebene und «Umsiedlerpolitik». Integrationskonflikte in den deutschen Nachkriegs-Gesellschaften und die Assimilationsstrategien in der SBZ/DDR 1945–1961. München 2004, S. 1211–1240.

15 Grosser, Thomas: Die Flüchtlingsfrage in sozialgeschichtlicher Erweiterung. In: Schraut, Sylvia/Grosser, Thomas (Hg.): Die Flüchtlingsfrage in der deutschen Nachkriegsgesellschaft. Mannheim 1996, S. 19–30. Grosser, Thomas: Von der freiwilligen Solidar- zur verordneten Konfliktgesellschaft. Die Integration der Flüchtlinge und Vertriebenen in der deutschen Nachkriegsgesellschaft im Spiegel neuerer zeitgeschichtlicher Untersuchungen. In: Hoffmann, Dierk u. a. (Hg.): Vertriebene in Deutschland. Interdisziplinäre Ergebnisse und Forschungsperspektiven. München 2000, S. 65–85.

16 Vgl. dazu die Ausführungen in Kapitel 8.2.

17 Anders argumentiert Ammon, Herbert: Politisch-psychologisch brisant. Beim Thema Vertreibung weist die deutsche Zeitgeschichtsschreibung große Defizite auf. In: Frankfurter Allgemeine Zeitung, Nr. 195, 24. 8. 1998, S. 9.

18 Schlögel, Karl: Sprache finden für zweierlei Untergang. In: Ders.: Promenade in Jalta und andere Städtebilder. München/Wien 2001, S. 286–296.

19 Hofmann, Andreas R.: Zwangsmigration im östlichen Mitteleuropa. Neue Forschungen zum «Jahrhundert der Vertreibungen». In: Zeitschrift für Ostmitteleuropaforschung 55, 2006, H. 2, S. 232–252, hier S. 242.

20 Golczewski, Frank: Ziemlich weit und doch am Anfang. Zum Stand der Aufarbeitung von Vertreibung. In: Osteuropa 55, 2005, H. 2, S. 116–120.

4. Voraussetzungen

1 Schwartz, Michael: Ethnische «Säuberung» als Kriegsfolge. Ursachen und Verlauf der Vertreibung der deutschen Zivilbevölkerung aus Ostdeutschland und Osteuropa 1941 bis 1950. In: Müller, Rolf-Dieter (Hg.): Der Zusammenbruch des Deutschen Reiches 1945. 2. Halbband: Die Folgen des Zweiten Weltkriegs. München 2008, S. 509–656.

2 Kulischer, Eugene M.: Europe on the Move. War and Population Changes 1917–1947. New York 1948, S. 248 f.

3 Schieder, Theodor: Nationalstaat und Nationalitätenproblem. In: Zeitschrift für Ostforschung 1, 1952, S. 161–181, Zitat S. 162.

4 Luden, Heinrich: Das Vaterland, oder Staat und Volk. In: Nemesis. Zeit-

schrift für Politik und Geschichte 1, 1814, S. 14–303, S. 323 f. Hier auch die weiteren Zitate.
5 Koselleck, Reinhart: «Volk, Nation, Nationalismus, Masse». In: Geschichtliche Grundbegriffe. Historisch-politisches Lexikon zur politisch-sozialen Sprache. Hrsg. von Brunner, Otto/Conze, Werner/Koselleck, Reinhard. Bd. 7. Stuttgart 1992, S. 380–430, hier S. 398.
6 «The real root of the problem lies in the philosophy of the national state as it is practiced today in central and eastern Europe […]. Since the whole conception of the national state implies a violation of the principle of equality to the detriment of the minorities, the guarantee of equality might be construed as involving the renunciation by the state of its national character […]. A national state and national minorities are incompatibles.» Macartney, Carlile A.: National States and National Minorities. London 1934, S. 421 f.
7 Sundhaussen, Holm: Bevölkerungsverschiebungen in Südosteuropa seit der Nationalstaatswerdung (19./20. Jahrhundert). In: Comparativ 6, 1995, H. 1, S. 25–40.
8 Montandon, George: Frontières nationales. Détermination objective de la condition primordiale nécessaire à l'obtention d'une paix durable. Lausanne 1915, S. 9.
9 Mommsen, Wolfgang J.: Anfänge des ethnic cleansing und der Umsiedlungspolitik im Ersten Weltkrieg. In: Mühle, Eduard (Hg.): Mentalitäten – Nationen – Spannungsfelder. Studien zu Mittel- und Osteuropa im 19. und 20. Jahrhundert. Marburg 2001, S. 147–162.
10 Ladas, Stephen P.: The Exchange of Minorities. Bulgaria, Greece und Turkey. New York 1932, S. 338.
11 «A thoroughly bad and vicious solution, for which the world would have to pay a heavy penalty for a hundred years to come.» Ebd., S. 341.
12 Dazu und zum Folgenden Lemberg, Hans: «Ethnische Säuberung»: Ein Mittel zur Lösung von Nationalitätenproblemen? In: Aus Politik und Zeitgeschichte B 46, 1992, S. 27–38. S. 30 f.
13 Beyrau, Dietrich: Experimentierfeld der Moderne. Vernichtung, Vertreibung, Umsiedlung. In: Ders. (Hg.): Blick zurück ohne Zorn. Polen und Deutsche in Geschichte und Gegenwart. Tübingen 1999, S. 71–102.
14 Archiv der Gegenwart, 6. 10. 1939, S. 4267 f.
15 «Führer-Erlasse» 1939–1945. Edition sämtlicher überlieferter, nicht im Reichsgesetzblatt abgedruckter von Hitler während des Zweiten Weltkrieges schriftlich erteilter Direktiven aus den Bereichen Staat, Partei, Wirtschaft, Besatzungspolitik und Militärverwaltung. Zusammengestellt und eingeleitet von Moll, Martin. Stuttgart 1997, S. 100–102.
16 Der Menscheneinsatz. Grundsätze, Anordnungen und Richtlinien. Hrsg. von der Hauptabteilung I des Reichskommissars für die Festigung deutschen Volkstums. Nur für den inneren Dienstgebrauch. Berlin 1940, S. IV.
17 Die Tagebücher von Joseph Goebbels. Sämtliche Fragmente. Hrsg. von Fröhlich, Elke. München u. a. 1987, Bd. I,4, S. 21.

18 Burleigh, Michael: Die Zeit des Nationalsozialismus. Eine Gesamtdarstellung. Frankfurt am Main 2000, S. 665.
19 Dahlmann, Dittmar: Die Deportation der deutschen Bevölkerungsgruppen in Russland und in der Sowjetunion 1915 und 1941. Ein Vergleich. In: Gestrich, Andreas/Hirschfeld, Gerhard/Sonnabend, Holger (Hg.): Ausweisung und Deportation. Formen der Zwangsmigration in der Geschichte. Stuttgart 1995, S. 103–113.
20 Beyrau, Dietrich: Schlachtfeld der Diktatoren. Osteuropa im Schatten von Hitler und Stalin. Göttingen 2000, S. 37.
21 Hory, Ladislaus/Broszat, Martin: Der kroatische Ustascha-Staat 1941–1945. Stuttgart 1964, S. 59.
22 Zitiert nach Burleigh, Michael: Die Zeit des Nationalsozialismus. Eine Gesamtdarstellung. Frankfurt am Main 2000, S. 717.
23 Wehler, Hans-Ulrich: Radikalnationalismus – erklärt er das «Dritte Reich» besser als der Nationalsozialismus. In: Ders.: Umbruch und Kontinuität. Essays zum 20. Jahrhundert. München 2000, S. 47–63.
24 Aly, Götz: «Endlösung». Völkerverschiebung und der Mord an den europäischen Juden. Frankfurt am Main 1995, S. 20 f.
25 Browning, Christopher R.: Die Entfesselung der «Endlösung». Nationalsozialistische Judenpolitik 1939–1942. Berlin 2003, überarb. Aufl. 2006, S. 614.
26 Gerlach, Christian: Krieg, Ernährung und Völkermord. Deutsche Vernichtungspolitik im Zweiten Weltkrieg. Zürich/München 2001, S. 79–152.
27 Die Tagebücher von Joseph Goebbels. Sämtliche Fragmente. Hrsg. von Fröhlich, Elke. München u. a. 1987, Bd. II,3, S. 561.
28 Friedländer, Saul: Das Dritte Reich und die Juden. Bd. 2: Die Jahre der Vernichtung. München 2006, bes. den Teil «Shoah», S. 427–693.
29 Potsdam 1945: Quellen zur Konferenz der «Großen Drei». Hrsg. von Deuerlein, Ernst. München 1963, S. 242, Sitzung vom 21. 7. 1945.

5. Genese der Aussiedlungspläne

1 «But in one respect Hitler has created a valuble precedent – that of the transfer of minority populations to homogeneous States.» Dokumente zur Deutschlandpolitik.: 3. September bis 31. Dezember 1941. Britische Deutschlandpolitik. Bearb. von Blasius, Rainer A. Hrsg. vom Bundesministerium für innerdeutsche Beziehungen. Frankfurt am Main 1984 , I. Reihe. Bd. 1, S. 195.
2 Brandes, Detlef: Der Weg zur Vertreibung 1938–1945. Pläne und Entscheidungen zum ‹Transfer› der Deutschen aus der Tschechoslowakei und aus Polen. München 2001, 2., überarb. und erw. Aufl. 2005, S. 5–15.
3 Ebd., S. 50 mit den entsprechenden Nachweisen.
4 Ebd., S. 93, Tschechoslowakische Friedensziele, Fassung vom 3. 2. 1941.
5 Ebd., S. 201. Die Rede von Edvard Beneš ist abgedruckt in der Zeitung «Einheit» vom 8. 4. 1944.

6 Janusz, Grzegorz: Die rechtlichen Regelungen Polens zum Status der deutschen Bevölkerung in den Jahren 1938 bis 1950. In: Kittel, Manfred u. a. (Hg.): Deutschsprachige Minderheiten 1945. Ein europäischer Vergleich. München 2007, S. 131–251, hier S. 139: Auszug aus dem Dokument «Thesen und Memorandum vom Ministerrat der polnischen Exilregierung zur Aussiedlung der Deutschen aus Polen», 27. 9. 1944.
7 Brandes, Detlef: Der Weg zur Vertreibung 1938–1945. Pläne und Entscheidungen zum ‹Transfer› der Deutschen aus der Tschechoslowakei und aus Polen. München 2001, S. 136 f.: Memorandum des Foreign Research and Press Service, 12. 2. 1942. Vgl. auch Tyrell, Albrecht: Großbritannien und die Deutschlandplanung der Alliierten 1941–1945. Frankfurt am Main 1987, S. 373 f.
8 Die UdSSR und die deutsche Frage 1941–1948. Dokumente aus dem Archiv für Außenpolitik der Russischen Föderation. Bearb. und hrsg. von Laufer, Jochen P./Kynin, Georgij P. Berlin 2004, Bd. 1, Dok. 11, S. 19–30, bes. S. 19 und 25.
9 «General principle of the transfer to Germany of German minorities in Central and South-Eastern Europe after the war in cases where this seems necessary and desirable». Brandes, Detlef: Der Weg zur Vertreibung 1938–1945. Pläne und Entscheidungen zum 'Transfer' der Deutschen aus der Tschechoslowakei und aus Polen. München 2001, S. 149.
10 Zeidler, Manfred: Kriegsende im Osten. Die Rote Armee und die Besetzung Deutschlands östlich von Oder und Neiße 1944/45. München 1996, S. 59–61.
11 «The same way the Greeks were moved out of Turkey after the last war; while this is a harsh procedure, it is the only way to maintain the peace». Foreign Relations of the United States. Diplomatic Papers 1943. Bd. 3: The British Commonwealth, Eastern Europe, the Far East. Hrsg. vom Department of State. Washington 1963, S. 13, 15. 3. 1943.
12 «If the Polish Government and people desire in connection with the new frontiers of the Polish state to bring about the transfer to and from the territory of Poland of national minorities, the United States Government will raise no objection and as far practicable will facilitate such transfer.» Foreign Relations of the United States. Diplomatic Papers 1944. Hrsg. vom Department of State. Washington 1965, S. 1334, 17. 11. 1944.
13 Foreign Relations of the United States. Diplomatic Papers. The Conferences at Malta and Yalta 1945. Hrsg. vom Department of State. Washington 1955, S. 217 f., 16. 12. 1944.
14 Ebd., S. 233.
15 Brandes, Detlef: Der Weg zur Vertreibung 1938–1945. Pläne und Entscheidungen zum ‚Transfer' der Deutschen aus der Tschechoslowakei und aus Polen. München 2001, S. 243–273.
16 «The transference of several millions of people would have to be effected from East to the West or North, as well as the expulsion of the Germans

– because that is what is proposed: the total expulsion of the Germans – from the area to be acquired by Poland in the West and North. For expulsion is the method which, so far as we have been able to see, will be the most satisfactory and lasting. There will be no mixture of populations to cause endless trouble, as has been the case in Alsace-Lorraine. A clean sweep will be made.» Churchill, Winston S.: His Complete Speeches 1897–1963. Ed. by James, Robert Rhodes. New York/London 1974, Bd. 7 (1943–1949), S. 7069.

17 Foreign Relations of the United States. Diplomatic Papers 1945. Bd. 2. Hrsg. vom Department of State. Washington 1967, Bd. 2, S. 928–952.

18 Ich folge hier den Ausführungen von Tóth, Ágnes: Migration in Ungarn 1945–1948. Vertreibung der Ungarndeutschen. Binnenwanderungen und slowakisch-ungarischer Bevölkerungsaustausch. München 2001, bes. S. 35–70.

19 Zitiert nach Fehér, István: A magyarországi németek kitelepítése: 1945–1950. Budapest 1988, S. 34.

20 Balogh, Sándor: Das ungarisch-tschechoslowakische Abkommen über den Bevölkerungsaustausch vom 27. Februar 1946. In: Annales Universitatis Scientiarum Budapestinensis de Rolando Eötvös nominate. Sectio Historica 21, 1988, S. 367–404.

21 Tóth, Ágnes: Migration in Ungarn 1945–1948. Vertreibung der Ungarndeutschen. Binnenwanderungen und slowakisch-ungarischer Bevölkerungsaustausch. München 2001, S. 73.

22 «But ‹national minorities› in Central Europe, left outside the boundaries of their own nation, should be encouraged to rejoin it. In particular, all Germans left outside the post-War German frontiers, unless they are willing to become loyal subjects of the State in which they find themselves, claiming no special privileges, should go back to Germany. Indeed, they will be well advised to do so in their own interests, for, in the early post-War years at any rate, there will be a depth of hatred against Germans in the occupied countries, which is impossible either for us or the Americans to realize. Germans in many of those areas may have to face the choice between migration and massacre.» Zitiert nach Brandes, Detlef: Der Weg zur Vertreibung 1938–1945. Pläne und Entscheidungen zum ‹Transfer› der Deutschen aus der Tschechoslowakei und aus Polen. München 2001, S. 281.

23 Potsdam 1945. Quellen zur Konferenz der «Großen Drei». Hrsg. von Deuerlein, Ernst. München 1963, S. 316, 11. Vollsitzung am 31. 7. 1945.

24 Henke, Klaus-Dietmar: Der Weg nach Potsdam – Die Alliierten und die Vertreibung. In: Benz, Wolfgang (Hg.): Die Vertreibung der Deutschen aus dem Osten. Ursachen, Ereignisse, Folgen. Frankfurt am Main 1985, S. 49–69, hier S. 67.

25 Potsdam 1945. Quellen zur Konferenz der «Großen Drei». Hrsg. von Deuerlein, Ernst. München 1963, S. 270, 9. Vollsitzung am 25. 7. 1945.

26 Graml, Hermann: Die Alliierten und die Teilung Deutschlands. Konflikte und Entscheidungen 1941–1948. Frankfurt am Main 1985, S. 99.

27 Amtsblatt des Kontrollrats in Deutschland. Ergänzungsheft. Berlin 1945, S. 13.
28 Deklarationen, Gesetze, Befehle. Hrsg. vom Verlag der sowjetischen Militärverwaltung in Deutschland. Berlin 1946, S. 65 f.
29 Cattaruzza, Marina: Endstation Vertreibung. Minderheitenfrage und Zwangsmigration in Ostmitteleuropa, 1919–1949. In: Journal of Modern European History 6, 2008, S. 5–28.
30 Abgedruckt bei Seewann, Gerhard: Der Vertreibungsprozeß in und nach dem Zweiten Weltkrieg aufgrund britischer Quellen. In: Ders. (Hg.): Migrationen und ihre Auswirkungen. Das Beispiel Ungarn 1918–1945. München 1997, S. 55–89, hier S. 77–89.
31 Dazu und zum Folgenden vgl. Kulischer, Eugene M.: Europe on the Move. War and Population Changes 1917–1947. New York 1948, S. 274–311, bes. Tabelle Nr. 20, S. 302 f.
32 Ciesielski, Stanislaw (Hg.): Umsiedlung der Polen aus den ehemaligen Ostgebieten nach Polen in den Jahren 1944–1947. Marburg 2006, bes. S. 1–75.
33 «The assumption is that political and ethnic borders should coincide. Where this cannot be achieved in view of the intermingled habitat of people of various ethnic nationalities, plans are advanced to shift hundreds of thousands of persons from one country to another. […] This extensive transfer of population is the last emanation of the nineteenth-century idea of ‹ethnic nationality› as a basis, not only of cultural life, but also of political organization.» Kulischer, Eugene M.: Population Transfer. In: South Atlantic Quarterly 45, 1946, S. 403–414, Zitat S. 403.

6. Verlauf

1 Schwendemann, Heinrich: Strategie der Selbstvernichtung. Die Wehrmachtführung im «Endkampf» und das «Dritte Reich». In: Müller, Rolf-Dieter/Volkmann, Hans-Erich (Hg.): Die Wehrmacht. Mythos und Realität. München 1999, S. 224–244. Ders.: Der deutsche Zusammenbruch im Osten 1944/45. In: Rusinek, Bernd-A. (Hg.): Kriegsende 1945. Verbrechen, Katastrophen, Befreiungen in nationaler und internationaler Perspektive. Göttingen 2004, S. 125–150.
2 Henke, Klaus-Dietmar: Deutschland – Zweierlei Kriegsende. In: Herbert, Ulrich/Schildt, Axel (Hg.): Kriegsende in Europa. Vom Beginn des deutschen Machtzerfalls bis zur Stabilisierung der deutschen Nachkriegsordnung 1944–1948. Essen 1998, S. 337–354, hier S. 340.
3 Zeidler, Manfred: Kriegsende im Osten. Die Rote Armee und die Besetzung Deutschlands östlich von Oder und Neiße 1944/45. München 1996, bes. S. 83–104.
4 Vgl. Thum, Gregor: Die fremde Stadt: Breslau 1945. Berlin 2003, bes. S. 9–169.

5 Dokumentation der Vertreibung (1953), Bd. I.1, Dokument Nr. 2, S. 3.
6 Vertreibung und Vertreibungsverbrechen 1945–1948. Bericht des Bundesarchivs vom 28. Mai 1974. Archivalien und ausgewählte Erlebnisberichte. Hrsg. von der Kulturstiftung der Deutschen Vertriebenen. Bonn 1989, S. 13–97. Beck, Birgit: Vergewaltigung von Frauen als Kriegsstrategie im Zweiten Weltkrieg. In: Gestrich, Andreas (Hg.): Ausübung, Erfahrung und Verweigerung von Gewalt in den Kriegen des 20. Jahrhunderts. Münster 1995, S. 34–50. Zeidler, Manfred: Kriegsende im Osten. Die Rote Armee und die Besetzung Deutschlands östlich von Oder und Neiße 1944/45. München 1996, S. 135–156. Ders.: Die Tötungs- und Vergewaltigungsverbrechen der Roten Armee auf deutschem Boden 1944/45. In: Wette, Wolfram/Ueberschär, Gerd R. (Hg.): Kriegsverbrechen im 20. Jahrhundert. Darmstadt 2001, S. 419–432.
7 Völkischer Beobachter, 27. 10. 1944.
8 Fisch, Bernhard: Nemmersdorf, Oktober 1944. Was in Ostpreußen tatsächlich geschah. Berlin 1997. Vgl. auch Panzig, Christel/Panzig, Klaus-Alexander: «Die Russen kommen!» Deutsche Erinnerungen an Begegnungen mit «Russen» bei Kriegsende 1945 in Dörfern und Kleinstädten Mitteldeutschlands und Mecklenburg-Vorpommerns. In: Scherstjanoi, Elke (Hg.): Rotarmisten schreiben aus Deutschland. Briefe von der Front (1945) und historische Analysen. München 2004, S. 340–368.
9 Die Tagebücher von Joseph Goebbels. Sämtliche Fragmente. Hrsg. von Fröhlich, Elke. München u. a. 1987. Bd. I,4., S. 192 f.
10 Schwendemann, Heinrich: Endkampf und Zusammenbruch im deutschen Osten. In: Freiburger Universitätsblätter 130, 1995, S. 9–27, hier S. 15.
11 Dokumentation der Vertreibung (1953), Bd. I.1, Dokument Nr. 23, S. 90–98.
12 Kriegstagebuch des Oberkommandos der Wehrmacht (Wehrmachtführungsstab) 1940–1945. Geführt von Greiner, Helmuth/Schramm, Percy Ernst. Im Auftrag des Arbeitskreises für Wehrforschung. Hrsg. von Schramm, Percy Ernst. Bd. IV/8: 1. Januar 1944–22. Mai 1945. Studienausgabe. Herrsching 1982, Bd. IV/8, S. 1044, 26. 1. 1945.
13 Dokumentation der Vertreibung (1953), Bd. I.1, Dokument Nr. 69, S. 267 f.
14 Kriegstagebuch des Oberkommandos der Wehrmacht (Wehrmachtführungsstab) 1940–1945. Geführt von Greiner, Helmuth/Schramm, Percy Ernst. Im Auftrag des Arbeitskreises für Wehrforschung. Hrsg. von Schramm, Percy Ernst. Bd. IV/8: 1. Januar 1944–22. Mai 1945. Studienausgabe. Herrsching 1982, Bd. IV/8, S. 1075 und 1099, 16. 2. 1945.
15 Ebd., S. 1074, 6. 2. 1945.
16 Ebd., S. 1128, 26. 2. 1945.
17 Echternkamp, Jörg: Kriegsschauplatz Deutschland 1945. Leben in Angst – Hoffnung auf Frieden. Feldpost aus der Heimat und von der Front. Paderborn 2006, Dokument Nr. 122, S. 235 f., Zitat S. 235.
18 Kriegstagebuch des Oberkommandos der Wehrmacht (Wehrmachtführungsstab) 1940–1945. Geführt von Greiner, Helmuth/Schramm, Percy Ernst. Im

Auftrag des Arbeitskreises für Wehrforschung. Hrsg. von Schramm, Percy Ernst. Bd. IV/8: 1. Januar 1944–22. Mai 1945. Studienausgabe. Herrsching 1982, Bd. IV/8, S. 1164, 11. 3. 1945.
19 Ebd., S. 1150, 6. 3. 1945.
20 Schwendemann, Heinrich: «Deutsche Menschen vor der Vernichtung des Bolschewismus zu retten». Das Problem der Regierung Dönitz und der Beginn einer Legendenbildung. In: Hillmann, Jörg/Zimmermann, John (Hg.): Kriegsende 1945 in Deutschland. München 2002, S. 9–33.
21 Wellershoff, Dieter: Der Ernstfall. Innenansichten des Krieges. Köln 1995, S. 273.
22 Dokumentation der Vertreibung (1953), Bd. I.2, Dokument Nr. 143, S. 19.
23 Ebd., Bd. I.2, Dokument Nr. 290, S. 669.
24 Ebd., Bd. I.1, S. 107E f.
25 Janusz, Grzegorz: Die rechtlichen Regelungen Polens zum Status der deutschen Bevölkerung in den Jahren 1938 bis 1950. In: Kittel, Manfred u. a. (Hg.): Deutschsprachige Minderheiten 1945. Ein europäischer Vergleich. München 2007, S. 131–251, hier S. 155 f.
26 Rexheuser, Rex: Das Bild des Nachkriegslagers in Lamsdorf im kollektiven Gedächtnis der Deutschen. In: Zeitschrift für Ostmitteleuropa-Forschung 50, 2001, S. 48–72.
27 Dokumentation der Vertreibung (1953), Bd. I,2, Dokument Nr. 296, S. 688 f.
28 Borodziej, Włodzimierz/Lemberg, Hans (Hg.): «Unsere Heimat ist uns ein fremdes Land geworden …». Die Deutschen östlich von Oder und Neiße 1945–1950. Dokumente aus polnischen Archiven. Bd. 1. Marburg 2000, S. 64.
29 Dokumentation der Vertreibung (1953), Bd. I.2, Dokument Nr. 340, S. 784.
30 Dokumentation der Vertreibung (1957), Bd. IV.1, S. 166E–171E.
31 Beneš, Edvard: Odsun Němců z Československa. Výbor z pamětí, projevů a dokumentů 1940–1947 [Die Abschiebung der Deutschen aus der Tschechoslowakei. Auswahl aus den Erinnerungen, Ansprachen und Dokumenten 1940–1947]. Hrsg. von Novotný, Karel. Praha 1996, S. 137 f.
32 Zum Wortlaut Kuklík, Jan: Deutschland und die Personen deutscher Nationalität in der tschechoslowakischen Gesetzgebung (1940–1948). In: Kittel, Manfred u. a. (Hg.): Deutschsprachige Minderheiten 1945. Ein europäischer Vergleich. München 2007, S. 1–130, hier Dokument Nr. 3, S. 60–68.
33 Dokumentation der Vertreibung (1957), Bd. IV.2, Dokument Nr. 40, S. 229.
34 Staněk, Tomáš: Internierung und Zwangsarbeit. Das Lagersystem in den böhmischen Ländern 1945–1948. München 2007, S. 248 f.
35 Dokumentation der Vertreibung (1957), Bd. IV.2, Dokument Nr. 53, S. 284.
36 Ebd., Dokument Nr. 80, S. 389 f.
37 Zum Wortlaut Kuklík, Jan: Deutschland und die Personen deutscher Nationalität in der tschechoslowakischen Gesetzgebung (1940–1948). In: Kittel, Manfred u. a. (Hg.): Deutschsprachige Minderheiten 1945. Ein europäischer Vergleich. München 2007, S. 1–130, Dokument Nr. 8, S. 95–99.

38 Dokumentation der Vertreibung (1957), Bd. IV.2, Dokument Nr. 111, S. 505–508, Zitat S. 505 f.
39 Zum Wortlaut Kuklík, Jan: Deutschland und die Personen deutscher Nationalität in der tschechoslowakischen Gesetzgebung (1940–1948). In: Kittel, Manfred u. a. (Hg.): Deutschsprachige Minderheiten 1945. Ein europäischer Vergleich. München 2007, S. 1–130, Dokument Nr. 16, S. 127–129, hier Nr. 17, S. 129 auch das folgende Zitat.
40 Kriegstagebuch des Oberkommandos der Wehrmacht (Wehrmachtführungsstab) 1940–1945. Geführt von Greiner, Helmuth/Schramm, Percy Ernst. Im Auftrag des Arbeitskreises für Wehrforschung. Hrsg. von Schramm, Percy Ernst. Bd. IV/8: 1. Januar 1944–22. Mai 1945. Studienausgabe. Herrsching 1982, Bd. IV/8, S. 775–781, 16. 4. 1944.
41 Dokumentation der Vertreibung (1957), Bd. III, S. 59E-75E.
42 Ebd., Dok. Nr. 29, S. 145 f.
43 Beer, Mathias: Rumänien: Regionale Spezifika des Umgangs mit deutschen Minderheiten am Ende des Zweiten Weltkriegs in Südosteuropa. In: Ders./Beyrau, Dietrich/Rauh, Cornelia (Hg.): Deutschsein als Grenzerfahrung. Minderheitenpolitik in Europa zwischen 1914 und 1950. Essen 2009, S. 279–303.
44 Dokumentation der Vertreibung (1957), Bd. III, S. 110E-114E.
45 Ebd., Dokument Nr. 58, S. 267.
46 Polian, Pavel: Against their Will. The History and Geography of Forced Migrations in the USSR. Budapest/New York 2004, S. 250–252.
47 Dokumentation der Vertreibung (1956, 1957, 1961), Bd. II, S. 41E-44E; Bd. III, 75E-80E; Bd. V, S. 93E-97E.
48 Ebd., Bd. V, S. 75E-89E.
49 Dazu und zum Folgenden Interview Anna P., 8. 10. 1992, Archiv des Instituts für donauschwäbische Geschichte und Landeskunde (AIdGL), Bestand Schlotwiese.
50 Dokumentation der Vertreibung (1961), Bd. V, Dokument Nr. 18, S. 105.
51 Ebd., Bd. V, S. 180E-183E. Guštin, Damijan/Prebilič, Vladimir: Die Rechtslage der deutschen Minderheiten in Jugoslawien 1944 bis 1946. In: Kittel, Manfred u. a. (Hg.): Deutschsprachige Minderheiten 1945. Ein europäischer Vergleich. München 2007, S. 297–346, Dokument Nr. 1, S. 312–314.
52 Portmann, Michael: Politik der Vernichtung? Die deutschsprachige Bevölkerung in der Vojvodina 1944–1952. Ein Forschungsbericht auf Grundlage jugoslawischer Archivdokumente. In: Danubiana Carpathica 1 (48), 2007, S. 321–360.
53 Entsprechende Hinweise schon in der Dokumentation der Vertreibung (1961), Bd. V, S. 98E f.
54 Portmann, Michael: Politik der Vernichtung? Die deutschsprachige Bevölkerung in der Vojvodina 1944–1952. Ein Forschungsbericht auf Grundlage jugoslawischer Archivdokumente. In: Danubiana Carpathica 1 (48), 2007, S. 321–360, hier S. 333.

55 Dokumentation der Vertreibung (1961), Bd. V, S. 107 E-112 E.
56 Ebd., Dokument Nr. 59, S. 414–441, Zitat S. 414.
57 Archiv des Instituts für donauschwäbische Geschichte, Tübingen, Bestand E, Hedi Spannagel, 9. 11. 1945.
58 Dazu und zum Folgenden Dokumentation der Vertreibung (1956), Bd. II, S. 34E-72E.
59 Ebd., Dokument Nr. 8, S. 17–20, Zitat S. 17.
60 Der Text beider Dokumente in deutscher Übersetzung abgedruckt in Dokumentation der Vertreibung (1956), Bd. II, S. 91E-104E. Vgl. auch Tóth, Ágnes: Rechtliche Regelungen zur Lage des Ungarndeutschtums 1939 bis 1950. In: Kittel, Manfred u. a. (Hg.): Deutschsprachige Minderheiten 1945. Ein europäischer Vergleich. München 2007, S. 253–295, Dokumente Nr. 5 und 6, S. 280–291.
61 Dokumentation der Vertreibung (1956), Bd. II, Dokument Nr. 52, S. 172–199, Zitat S. 181.
62 Ebd., Dokument Nr. 52, S. 182.
63 «The first trainload from Hungary was a pitiful sight. The expellees had been assembled without a full allowance of food and personal baggage, and arrived hungry and destitute. As a result of representations repeated many times, arrangements were made to permit a small baggage allowance and to provide each expellee with RM 500.» Clay, Lucius D.: Decision in Germany. New York 1950, S. 313 f.
64 Lenner, Anna Theresia: Ausweisung der Volksdeutschen aus Békásmegyer – Anno 1946. In: Hercegfi, Anna/Moser, Barbara (Hg.): Streifzug durch die Vergangenheit bis zur Gegenwart. Zum 25. Heimattreffen der Békásmegyerer-Krottendorfer in Dallau bei Mosbach, 23. April 1983. Eltztal-Dallau 1983, S. 28–31, hier S. 29.
65 Tóth, Ágnes: Rechtliche Regelungen zur Lage des Ungarndeutschtums 1939 bis 1950. In: Kittel, Manfred u. a. (Hg.): Deutschsprachige Minderheiten 1945. Ein europäischer Vergleich. München 2007, Dokumente Nr. 7, S. 292.
66 Note der Ungarischen Regierung an die Alliierte Kontrollkommission vom 11. 6. 1947, zitiert nach Tóth, Ágnes: Migration in Ungarn 1945–1948. Vertreibung der Ungarndeutschen. Binnenwanderungen und slowakisch-ungarischer Bevölkerungsaustausch. München 2001, S. 202.
67 Beer, Mathias: «die helfte hir und tie helfte zuhause». Die Vertreibung der Deutschen aus Ungarn und ihre Eingliederung im geteilten Deutschland. In: Almai, Frank/Fröschle, Ulrich (Hg.): Deutsche in Ungarn. Ungarn und Deutsche. Interdisziplinäre Zugänge. Dresden 2004, S. 37–69, bes. S. 50–53.
68 Bonomi, Eugen: Mein Briefwechsel mit heimatvertriebenen Deutschen aus dem Ofner Bergland/Ungarn. In: Württembergisches Jahrbuch für Volkskunde 5, 1961/64, S. 157–187. S. 180 f.

7. Folgen

1 Schulze, Rainer (Hg.): Unruhige Zeiten. Erlebnisberichte aus dem Landkreis Celle 1945–1949. München 1990, S. 281, Dok. 50.
2 Gesetz über die Angelegenheiten der Vertriebenen und Flüchtlinge vom 19. 5. 1953. In: Bundesgesetzblatt I, 1953, S. 201–221.
3 Kühne, Andrea: Entstehung, Aufbau und Funktion der Flüchtlingsverwaltung in Württemberg-Hohenzollern 1945–1952. Flüchtlingspolitik im Spannungsfeld deutscher und französischer Interessen. Sigmaringen 1999, Dokument Nr. 5, S. 240–244, Zitat S. 244. Hier auch das folgende Zitat.
4 Schraut, Sylvia: Assimilationsdiktat und Fürsorgeverpflichtung. Die amerikanische Besatzungsmacht und die Flüchtlinge. In: Beer, Mathias (Hg.): Zur Integration der Flüchtlinge und Vertriebenen im deutschen Südwesten nach 1945. Sigmaringen 1994, S. 77–94.
5 Akten zur Vorgeschichte der Bundesrepublik Deutschland 1945–1949. Hrsg. vom Bundesarchiv und Institut für Zeitgeschichte. Bd. 2. Bearb. von Wolfram Werner. Sonderausgabe München 1989, Bd. 2, S. 186.
6 Merker, Paul: Die nächsten Schritte bei der Lösung des Umsiedlerproblems. Berlin 1947, S. 7.
7 Wille, Manfred (Hg.): Die Vertriebenen in der SBZ/DDR. Dokumente. Bd. 2. Wiesbaden 1999, S. 47, Dok. Nr. 23.
8 Künzig, Johannes: Unsere Sorgen um die Heimatlosen. In: Ders.: Kleine volkskundliche Beiträge aus fünf Jahrzehnten. Freiburg 1972, S. 175–182.
9 Böke, Karin: Flüchtlinge und Vertriebene zwischen dem Recht auf die alte und der Eingliederung in die neue Heimat. In: Dies./Liedtke, Frank/Wengeler, Martin (Hg.): Politische Leitvokabeln in der Adenauer-Ära. Berlin/New York 1996, S. 131–210. Beer, Mathias: Flüchtlinge – Ausgewiesene – Neubürger – Heimatvertriebene. Flüchtlingspolitik und Flüchtlingsintegration in Deutschland nach 1945, begriffsgeschichtlich betrachtet. In: Ders./Kintzinger, Martin/Krauss, Marita (Hg.): Migration und Integration im historischen Wandel. Stuttgart 1997, S. 145–167.
10 Gesetz Nr. 303 über die Aufnahme und Eingliederung deutscher Flüchtlinge (Flüchtlingsgesetz), 14. 2. 1947, § 2. In: Grosser, Thomas/Schraut, Sylvia (Hg.): Flüchtlinge und Heimatvertriebene in Württemberg-Baden nach dem Zweiten Weltkrieg. Dokumente und Materialien zu ihrer Aufnahme und Eingliederung. Mannheim 1998, Bd. 1, Dokument Nr. 96, S. 374–378.
11 Schulze, Rainer (Hg.): Unruhige Zeiten. Erlebnisberichte aus dem Landkreis Celle 1945–1949. München 1990, S. 167, Dok. 26.
12 Härtling, Peter: Die Flüchtlinge. In: Der Monat 19, 1967, H. 220, S. 18–22, Zitat S. 20 f.
13 Jirgl, Reinhard: Die Unvollendeten. Roman. München 2003, ^{7}2007, S. 6.
14 Müller, Heiner: Die Umsiedlerin oder das Leben auf dem Lande. Berlin 1975, S. 50.

15 Adenauer: Rhöndorfer Ausgabe. Hrsg. von Morsey, Rudolf/Schwarz, Hans-Peter. Briefe 1945–1947. Bearb. von Mensing, Peter. Berlin 1983, S. 255 f., 26. 5. 1946.
16 Rhein-Neckar-Zeitung. Ausgabe Nord-Baden 5, 1949, Nr. 62, 13. 4. 1949, S. 5.
17 Schröder, Wolfgang: Oberlistingen, Kreis Wolfhagen, und seine bäuerlichen Heimatvertriebenen. In: Lemberg, Eugen/Krecker, Lothar (Hg.): Die Entstehung eines neuen Volkes aus Binnendeutschen und Ostvertriebenen. Marburg 1950, S. 44–54, Zitat S. 48.
18 Beer, Mathias: Flüchtlinge – Ausgewiesene – Neubürger – Heimatvertriebene. Flüchtlingspolitik und Flüchtlingsintegration in Deutschland nach 1945, begriffsgeschichtlich betrachtet. In: Ders./Kintzinger, Martin/Krauss, Marita (Hg.): Migration und Integration im historischen Wandel. Stuttgart 1997, S. 145–167, Zitat S. 164. Jessen, Manfred: «In allem widerstrebt uns dieses Volk». Rassistische und fremdenfeindliche Urteile über die Heimatvertriebenen und Flüchtlinge in Schleswig-Holstein 1945–1946. In: Pohl, Karl Heinrich: Regionalgeschichte heute. Das Flüchtlingsproblem in Schleswig-Holstein nach 1945. Bielefeld 1997, S. 81–95. Dettmer, Frauke: Konflikte zwischen Flüchtlingen und Einheimischen nach Ende des Zweiten Weltkrieges. In: Jahrbuch für ostdeutsche Volkskunde 26, 1983, S. 311–324.
19 Kühne, Andrea: Entstehung, Aufbau und Funktion der Flüchtlingsverwaltung in Württemberg-Hohenzollern 1945–1952. Flüchtlingspolitik im Spannungsfeld deutscher und französischer Interessen. Sigmaringen 1999, Zitate S. 240 f. und 245.
20 EMNID GmbH Bielefeld (Hg.): Rückkehrwille der Heimatvertriebenen aus den Oder-Neiße-Gebieten (August 1961–März 1962). Spezialerhebung. Hauptbericht. Bielefeld 1962, S. 24.
21 Schulze, Rainer (Hg.): Unruhige Zeiten. Erlebnisberichte aus dem Landkreis Celle 1945–1949. München 1990, S. 303, Dok. 54.
22 Eiynck, Andreas (Hg.): «Alte Heimat» – «Neue Heimat». Flüchtlinge und Vertriebene im Raum Lingen nach 1945. Lingen 1997, S. 495.
23 So die zentrale These von Kossert, Andreas: Kalte Heimat. Die Geschichte der deutschen Vertriebenen nach 1945. München 2008, bes. S. 323–354.
24 Das Parlament. Die Woche im Bundestag 2, 1952, Nr. 11, S. 1.
25 Schwarz, Hans-Peter: Die Ära Adenauer. Gründerjahre der Republik 1949–1957. Stuttgart/Wiesbaden 1981, S. 120.
26 Conze; Eckart: Die Suche nach Sicherheit. Eine Geschichte der Bundesrepublik Deutschland von 1949 bis in die Gegenwart. München 2009, bes. S. 15–18, 193–198.
27 Stickler, Matthias: «Ostdeutsch heißt Gesamtdeutsch». Organisation, Selbstverständnis und heimatpolitische Zielsetzungen der deutschen Vertriebenenverbände 1949–1972. Düsseldorf 2004, S. 78–97.
28 Gesetz über die Angelegenheiten der Vertriebenen und Flüchtlinge vom 19. 5. 1953. In: Bundesgesetzblatt I, 1953, S. 201–221, insbes. §§ 1–8.

29 Theodor Oberländer: Zum Geleit. In: Lemberg, Eugen/Edding, Friedrich (Hg.): Die Vertriebenen in Westdeutschland. Ihre Eingliederung und ihr Einfluß auf Gesellschaft, Wirtschaft, Politik und Geistesleben. Kiel 1959, Bd. 1, S. VI.

30 Beer, Mathias: Symbolische Politik? Entstehung, Aufbau und Funktion des Bundesministeriums für Vertriebene, Flüchtlinge und Kriegsgeschädigte. In: Oltmer, Jochen (Hg.): Migration steuern und verwalten. Deutschland vom späten 19. Jahrhundert bis zur Gegenwart. Osnabrück 2003, S. 295–322.

31 Gesetz über den Lastenausgleich (LAG), 14. 8. 1952. In: Bundesgesetzblatt I, 1952, S. 446–533.

32 Zu den Zahlen: Bundesausgleichsamt (Hg.): 50 Jahre Lastenausgleichsgesetz 1952–2002. Bad Homburg 2001.

33 Holtmann, Everhard: Neues Heim in neuer Heimat. Flüchtlingswohnungsbau und westdeutsche Aufbaukultur der beginnenden fünfziger Jahre. In: Schildt, Axel/Sywottek, Arnold (Hg.): Massenwohnung und Eigenheim. Wohnungsbau und Wohnen in der Großstadt seit dem Ersten Weltkrieg. Frankfurt am Main 1988, S. 360–381.

34 Motte, Jan u. a. (Hg.): 50 Jahre Bundesrepublik – 50 Jahre Einwanderung. Nachkriegsgschichte als Migrationsgeschichte. Frankfurt/New York 1999, bes. S. 127–240.

35 Christopeit, Gerald: Verschwiegene vier Millionen. Heimatvertriebene in der Sowjetischen Besatzungszone und in der DDR. In: Jahrbuch für deutsche und osteuropäische Volkskunde 38, 1995, S. 222–251.

36 Hockerts, Hans Günter: Metamorphosen des Wohlfahrtsstaates. In: Broszat, Martin (Hg.): Essays zur Periodisierung der deutschen Nachkriegsgeschichte. München 1990, S. 33–45, hier S. 35 f.

37 Schwarz, Hans-Peter: Die Ära Adenauer. Gründerjahre der Republik 1949–1957. Stuttgart/Wiesbaden 1981, S. 382.

38 Lemberg, Eugen/Krekeler, Norbert (Hg.): Die Entstehung eines neuen Volkes aus Binnendeutschen und Ostvertriebenen. Untersuchungen zum Strukturwandel von Land und Leuten unter dem Einfluß des Vertriebenenzustroms. Marburg 1950, bes. S. 1–11.

39 Stickler, Matthias: «Ostdeutsch heißt Gesamtdeutsch». Organisation, Selbstverständnis und heimatpolitische Zielsetzungen der deutschen Vertriebenenverbände 1949–1972. Düsseldorf 2004, bes. S. 265–279.

40 Grosser, Alfred: Vorwort. In: Schoenberg, Hans. W.: Germans from the East. A Study of their Migration, Resettlement and Subsequent Group History since 1945. The Hague 1970, S. I–VII.

41 Lüttinger, Paul: Der Mythos der schnellen Integration. Eine empirische Untersuchung zur Integration der Vertriebenen und Flüchtlinge in der Bundesrepublik Deutschland bis 1971. In: Zeitschrift für Soziologie 15, 1986, S. 20–36.

42 Lehmann, Albrecht: Im Fremden ungewollt zuhaus. Flüchtlinge und Vertriebene in Westdeutschland 1945–1990. München 1991, ²1993, bes. S. 20–30.

43 Bausinger, Hermann: Beharrung und Einfügung. Zur Typik des Einlebens der Flüchtlinge. In: Jahrbuch für Volkskunde 2, 1956, S. 9–16.
44 Walper, Franz: Csobánka. Beiträge zur Geschichte eines Nationalitätendorfes im Ofener Bergland in Ungarn und Erinnerungen. St. Pölten 1986, S. 157.
45 Beer, Mathias/Lutum-Lenger, Paula: Fremde Heimat. Das Lager Schlotwiese nach 1945. Der Katalog zur Ausstellung. Stuttgart/Tübingen 1995, S. 127.
46 Overmans, Rüdiger: Personelle Verluste der deutschen Bevölkerung durch Flucht und Vertreibung. In: Dzieje Najnowsze 26, 1994, H. 2, S. 51–63. Ders.: «Amtlich und wissenschaftlich erarbeitet». Zur Diskussion über die Verluste während Flucht und Vertreibung der Deutschen aus der ČSR. In: Brandes, Detlef (Hg.): Erzwungene Trennung. Vertreibungen und Aussiedlungen aus der Tschechoslowakei 1938–1947 im Vergleich mit Polen, Ungarn und Jugoslawien. Essen 1999, S. 149–177.
47 Broszat, Martin: «Vertreibungsverbrechen» – ein mißverständlicher Begriff. In Ders. Nach Hitler. Der schwierige Umgang mit unserer Geschichte. Hrsg. von Graml, Hermann/Henke, Klaus-Dietmar. München 1986, S. 301–303.
48 Zu der Diskussion der vorliegenden Zahlen vgl. neben Overmans auch Kučera, Jaroslav: Statistische Berechnungen der Vertreibungsverluste. Schlußwort oder Sackgasse? In: Brandes, Detlef/Kural, Václav (Hg.): Der Weg in die Katastrophe. Deutsch-Tschechoslowakische Beziehungen 1938–1947. Essen 1994, S. 187–200. Haar, Ingo: Die deutschen «Vertreibungsverluste» – Zur Entstehungsgeschichte der «Dokumentation der Vertreibung». In: Tel Aviver Jahrbuch für deutsche Geschichte XXV, 2007, S. 251–272.
49 Statistisches Bundesamt (Hg.): Die deutschen Vertreibungsverluste. Bevölkerungsbilanzen für die deutschen Vertreibungsgebiete 1939/50. Stuttgart 1958, S. 38, 45 f.
50 Reichling, Gerhard: Die deutschen Vertriebenen in Zahlen. Teil 1: Umsiedler, Verschleppte, Vertriebene, Aussiedler 1940–1985. Bonn 1986, Tabelle 7, S. 36.
51 Vertreibung und Vertreibungsverbrechen 1945–1948. Bericht des Bundesarchivs vom 28. Mai 1974. Archivalien und ausgewählte Erlebnisberichte. Hrsg. von der Kulturstiftung der Deutschen Vertriebenen. Bonn 1989, S. 53 f.
52 Hrabovec, Emilia: Neue Aspekte zur ersten Phase der Vertreibung der deutschen aus Mähren 1945. Plaschka, Richard G. u. a. (Hg.): Nationale Frage und Vertreibung in der Tschechoslowakei und Ungarn 1938–1945. Aktuelle Forschungen. Wien 1997, S. 117–140, hier S. 139.
53 Reichling, Gerhard: Die deutschen Vertriebenen in Zahlen. Teil 1: Umsiedler, Verschleppte, Vertriebene, Aussiedler 1940–1985. Bonn 1986, S. 29.
54 Vgl. dazu und zum Folgenden Overmans, Rüdiger: Personelle Verluste der deutschen Bevölkerung durch Flucht und Vertreibung. In: Dzieje Najnowsze 26, 1994, H. 2, S. 51–63. Ders.: «Amtlich und wissenschaftlich erarbeitet». Zur Diskussion über die Verluste während Flucht und Vertreibung der Deutschen aus der ČSR. In: Brandes, Detlef (Hg.): Erzwungene Trennung.

Vertreibungen und Aussiedlungen aus der Tschechoslowakei 1938–1947 im Vergleich mit Polen, Ungarn und Jugoslawien. Essen 1999, S. 149–177.
55 Die Kriegsgefangenen und Vermissten aus dem Bundesgebiet. In: Wirtschaft und Statistik 2 (1) 1950, S. 8 f.
56 Gesamterhebung zur Klärung des Schicksals der deutschen Bevölkerung in den Vertreibungsgebieten. Hrsg., bearbeitet und zusammengestellt von der Zentralstelle des Kirchlichen Suchdienstes. München o. J. [1965], Bd. I, S. 1.
57 Vgl. dazu Pistohlkors, Gert von: Informationen zur Klärung der Schicksale von Flüchtlingen aus den Vertreibungsgebieten östlich der Oder und Neiße. Die Arbeit der Heimatortskarteien. In: Schulze, Rainer/Brelie-Lewien, Doris von der/Grebing, Helga (Hg.): Flüchtlinge und Vertriebene in der westdeutschen Nachkriegsgeschichte. Bilanzierung der Forschung und Perspektiven für die künftige Forschungsarbeit. Hildesheim 1987, S. 57–68.
58 Overmans, Rüdiger: Personelle Verluste der deutschen Bevölkerung durch Flucht und Vertreibung. In: Dzieje Najnowsze 26, 1994, H. 2, S. 54–56.
59 Vertreibung und Vertreibungsverbrechen 1945–1948. Bericht des Bundesarchivs vom 28. Mai 1974. Archivalien und ausgewählte Erlebnisberichte. Hrsg. von der Kulturstiftung der Deutschen Vertriebenen. Bonn 1989, S. 17.
60 Beer, Mathias: Verschlusssache, Raubdruck, autorisierte Fassung. Aspekte der politischen Auseinandersetzung mit Flucht und Vertreibung in der Bundesrepublik Deutschland (1949–1989). In: Cornelißen, Christoph/Holec, Roman/Pešek, Jiří (Hg.): Diktatur – Krieg – Vertreibung. Erinnerungskulturen in Tschechien, der Slowakei und Deutschland seit 1945. Essen 2005, S. 369–401, S. 387–394.
61 Vertreibung und Vertreibungsverbrechen 1945–1948. Bericht des Bundesarchivs vom 28. Mai 1974. Archivalien und ausgewählte Erlebnisberichte. Hrsg. von der Kulturstiftung der Deutschen Vertriebenen. Bonn 1989, S. 53 f.
62 Statistisches Bundesamt (Hg.): Die deutschen Vertreibungsverluste. Bevölkerungsbilanzen für die deutschen Vertreibungsgebiete 1939/50. Stuttgart 1958, S. 9. Hier S. 10, auch das folgende Zitat.
63 Leidensweg der Deutschen im kommunistischen Jugoslawien. Hrsg. von der Donauschwäbischen Kulturstiftung. München/Sindelfingen. Bd. IV: Menschenverluste – Namen und Zahlen zu den Verbrechen an den Deutschen durch das Tito-Regime in der Zeit von 1944–1948. München/Sindelfingen 1994, S. 1019.

8. ‹Flucht und Vertreibung› als Erinnerungsort

1 Vgl. dazu pointiert Schlögel, Karl: Europa ist nicht nur ein Wort. Zur Debatte um ein Zentrum gegen Vertreibungen. In: Zeitschrift für Geschichtswissenschaft 51, 2003, S. 5–12. Vgl. Goschler, Constantin: «Versöhnung» und «Viktimisierung». Die Vertriebenen und der deutsche Opferdiskurs. In: Zeitschrift für Geschichtswissenschaft 53, 2005, S. 873–884.

2 Weiss, Hermann: Die Organisationen der Vertriebenen und ihre Presse. In: Benz, Wolfgang (Hg.): Die Vertreibung der Deutschen aus dem Osten. Ursachen, Ereignisse, Folgen. Frankfurt am Main 1985, S. 193–208.
3 www.z-v-g.de. Pfeil, Beate Sibylle: Das Zentrum gegen Vertreibungen. Information und Kommentar. In: Europa ethnica. Zeitschrift für Minderheitenfragen 60, 2006, S. 123 f.
4 Vgl. dazu die Ausführungen in Kap. 8.2.
5 Theiß, Alfred: Die Vertreibung der Deutschen. Ein unbewältigtes Kapitel europäischer Zeitgeschichte. In: Aus Politik und Zeitgeschichte B 7–8, 1995, S. 20–33, hier S. 20.
6 Kittel, Manfred: Vertreibung der Vertriebenen? Der historische deutsche Osten in der Erinnerungskultur der Bundesrepublik (1961–1982). München 2007, bes. S. 169–185.
7 Röhl, Klaus Rainer: Verbotene Trauer, vergessene Opfer. München 2002.
8 Hirsch, Helga: Flucht und Vertreibung. Kollektive Erinnerung im Wandel. In: Aus Politik und Zeitgeschichte B 40/41, 2003, S. 14–26.
9 Fischer, Wolfgang: Heimat-Politiker? Selbstverständnis und politisches Handeln von Vertriebenen als Abgeordnete im Deutschen Bundestag 1949 bis 1974. Düsseldorf 2010, bes. Kapitel 2 und 3.
10 Faulenbach, Bernd: Die Vertreibung der Deutschen aus den Gebieten jenseits der Oder und Neiße. Zur wissenschaftlichen und öffentlichen Diskussion in Deutschland. In: Aus Politik und Zeitgeschichte B 51–52, 2002, S. 44–54.
11 Grass, Günter: Im Krebsgang. Eine Novelle. Göttingen 2002.
12 Völkerung, Tim: Flucht und Vertreibung im Museum. Zwei aktuelle Ausstellungen und ihre geschichtskulturellen Hintergründe im Vergleich. Berlin 2008, bes. S. 64–122.
13 Noack, Hans-Joachim: Die Deutschen als Opfer. In: Aust, Stefan/Burgdorff, Stephan (Hg.): Die Flucht. Über die Vertreibung der Deutschen aus dem Osten. Stuttgart/München 2002, S. 15–20, hier S. 15.
14 Verhandlungen des Deutschen Bundestages, 1. Wahlperiode, 5. Sitzung, 20. 9. 1949, S. 28 f.
15 Verhandlungen des Deutschen Bundestages, 7. Wahlperiode, 118. Sitzung, 25. 9. 1974, S. 7906.
16 Verhandlungen des Deutschen Bundestages, 14. Wahlperiode, Drucksache 14/9033(neu), 16. 6. 2002. Die Diskussion zu dem von SPD/Grünen eingebrachten Antrag: Ebd.: 248. Sitzung, 4. 7. 2002, S. 25 235-25 241.
17 www.bundesregierung.de/nsc_true/Content/DE_Anlagen/BKM/2008-04-09-sichtbares-zeichen-konzeption-barrierefrei
18 Verhandlungen des Deutschen Bundestages, 16. Wahlperiode, Drucksache 16/10 429. Hier auch die folgenden Zitate.
19 Bundesgesetzblatt Jg. 2008 Teil I Nr. 64, 29. 12. 2008, S. 2891–2895.
20 Verhandlungen des Deutschen Bundestages, 1. Wahlperiode, 7. Sitzung, 22. 9. 1949, S. 64 f.

21 Verhandlungen des deutschen Bundestags, 16. Wahlperiode, Drucksache 16/9060, 7. 5. 2008.
22 Verhandlungen des Deutschen Bundestages, 1. Wahlperiode, 5. Sitzung, 20. 9. 1949, S. 28.
23 Verhandlungen des Deutschen Bundestages, 14. Wahlperiode, Drucksache 14/9033(neu), 16. 6. 2002. Die Diskussion zu dem von SPD/Grünen eingebrachten Antrag: Ebd.: 248. Sitzung, 4. 7. 2002, S. 25 235–25 241.
24 Bundesgesetzblatt Jg. 2008 Teil I Nr. 64, 29. 12. 2008, S. 2891–2895.
25 Verhandlungen des Deutschen Bundestages, 1. Wahlperiode, 5. Sitzung, 20. 9. 1949, S. 29. Hier auch das folgende Zitat.
26 Verhandlungen des Deutschen Bundestages, 7. Wahlperiode, 118. Sitzung, 25. 9. 1974, S. 7906.
27 Verhandlungen des Deutschen Bundestages, 7. Wahlperiode, 118. Sitzung, 25. 9. 1974, S. 7912.
28 Reichel, Peter: Vergangenheitsbewältigung in Deutschland. Die Auseinandersetzung mit der NS-Diktatur von 1945 bis heute. München 2001.
29 Verhandlungen des Deutschen Bundestages, 1. Wahlperiode, 5. Sitzung, 20. 9. 1949, S. 36.
30 Verhandlungen des Deutschen Bundestages, 1. Wahlperiode, 7. Sitzung, 23. 9. 1949, S. 128.
31 Dubiel, Helmut: Niemand ist frei von Geschichte. Die nationalsozialistische Herrschaft in den Debatten des Deutschen Bundestages. München/Wien 1999, bes. S. 103–110, 160–182. Kittel, Manfred: Vertreibung der Vertriebenen? Der historische deutsche Osten in der Erinnerungskultur der Bundesrepublik (1961–1982). München 2007, bes. S. 59–71.
32 Verhandlungen des Deutschen Bundestages, 7. Wahlperiode, 118. Sitzung, 25. 9. 1974, S. 7907.
33 Verhandlungen des Deutschen Bundestages, 14. Wahlperiode, 236. Sitzung, 16. 5. 2002, S. 23 626.
34 Verhandlungen des Deutschen Bundestages, 14. Wahlperiode, 248. Sitzung, 4. 7. 2002, S. 25 240.
35 Verhandlungen des Deutschen Bundestages, 16. Wahlperiode, Drucksache 16/1117, 27. 11. 2008.
36 Verhandlungen des Deutschen Bundestages, 1. Wahlperiode, 7. Sitzung, 23. 9. 1949, S. 82.
37 Verhandlungen des Deutschen Bundestages, 1. Wahlperiode, 10. Sitzung, 29. 9. 1949, S. 181.
38 Vgl. www.z-v-g. de. Frankfurter Allgemeine Zeitung, 27. 8. 1999, S. 4.
39 Verhandlungen des Deutschen Bundestages, 14. Wahlperiode, 248. Sitzung, 4. 7. 2002, S. 25 239.
40 Verhandlungen des Deutschen Bundestages, 14. Wahlperiode, 248. Sitzung, 4. 7. 2002, S. 25 241. Hier auch das folgende Zitat.
41 Verhandlungen des Deutschen Bundestages, 16. Wahlperiode, Drucksache 16/1117, 27. 11. 2008. Hier auch die weiteren Zitate.

42 Verhandlungen des Deutschen Bundestages, 7. Wahlperiode, 118. Sitzung, 25.9.1974, S. 7910.
43 Moeller, Robert G.: War Stories. The Search for a usable Past in the Federal Republic of Germany. Berkeley 2001, bes. S. 323–354.
44 Verhandlungen des Deutschen Bundestages, 14. Wahlperiode, 248. Sitzung, 4.7.2002, S. 25 237.
45 Vgl. dazu und zum Folgenden Wolfrum, Edgar: Geschichtspolitik in der Bundesrepublik Deutschland. Der Weg zur bundesrepublikanischen Erinnerung 1948–1990. Darmstadt 1999, bes. S. 13–38.
46 Hahn, Eva/Hahn, Hans Henning: Flucht und Vertreibung. In: François, Etienne/Schulze, Hagen (Hg.): Deutsche Erinnerungsorte. Bd. 1. München 2001, Sonderausg. 2003, S. 335–351, hier S. 338 f. Naumann, Klaus: Die Mutter, das Pferd und die Juden. Flucht und Vertreibung als Themen deutscher Erinnerungspolitik. In: Mittelweg 36 5, 1996, H. 4, S. 70–83. Schwartz, Michael: Vertreibung und Vergangenheitspolitik. Ein Versuch über geteilte deutsche Nachkriegsidentitäten. In: Deutschland-Archiv 30, 1997, H. 2, S. 177–195.
47 Faulenbach, Bernd: Konkurrierende Vergangenheiten? Zu den aktuellen Auseinandersetzungen um die deutsche Erinnerungskultur. In: Deutschland-Archiv Jg. 37, 2004, H. 4, S. 648–659.
48 Hockerts, Hans Günter: Zugänge zur Zeitgeschichte. Primärerfahrung, Erinnerungskultur, Geschichtswissenschaft. In: Jarausch, Konrad H./Sabrow, Martin (Hg.): Verletztes Gedächtnis. Erinnerungskultur und Zeitgeschichte im Konflikt. Frankfurt/New York 2002, S. 39–74, Zitat S. 54.

Ausgewählte Literatur

Über die in den Anmerkungen genannten Titel hinaus führt das Literaturverzeichnis zu den einzelnen Kapiteln eine Auswahl nur selbständiger und in der Regel neuerer Publikationen an.

1. Krieg und Migration – «Fuga furiosa»

Atlas Zwangsumsiedlung, Flucht und Vertreibung. Ostmitteleuropa 1939–1959. Red.: Sienkiewicz, Witold/Hryciuk, Grzegorz. Warszawa 2009.
Bade, Klaus J.: Europa in Bewegung. Migration vom späten 18. Jahrhundert bis zur Gegenwart. München 2000, durchges. Sonderausg. 2002.
Bessel, Richard/Haake, B. Claudia (Hg.): Removing Peoples. Forced Removal in the Modern World. London 2009.
Herbert, Ulrich: Fremdarbeiter. Politik und Praxis des ‹Ausländer-Einsatzes› in der Kriegswirtschaft des Dritten Reiches. Berlin/Bonn 1985. Neuausgabe Bonn 1999.
Jacobmeyer, Wolfgang: Vom Zwangsarbeiter zum Heimatlosen Ausländer. Die Displaced Persons in Westdeutschland 1945–1951. Göttingen 1985.
Karner, Stefan: Im Archipel GUPVI. Kriegsgefangenschaft und Internierung in der Sowjetunion 1941–1956. Wien/München 1995.
Kock, Gerhard (Hg.): «Der Führer sorgt für unsere Kinder ...» Die Kinderlandverschickung im Zweiten Weltkrieg. Paderborn u. a. 1997.
Königseder, Angelika/Wetzel, Juliane: Lebensmut im Wartesaal. Jüdische DPs (Displaced Persons) im Nachkriegsdeutschland. Frankfurt am Main 1994.
Krause, Michael: Flucht vor dem Bombenkrieg. «Umquartierungen» im Zweiten Weltkrieg und die Wiedereingliederung der Evakuierten in Deutschland 1943–1963. Düsseldorf 1997.
Kulischer, Eugene M.: Europe on the Move. War and Population Changes 1917–1947. New York 1948.
Kunz, Andreas: Wehrmacht und Niederlage. Die bewaffnete Macht in der Endphase der nationalsozialistischen Herrschaft 1944 bis 1945. München 2005.
Lehmann, Albrecht: Gefangenschaft und Heimkehr. Deutsche Kriegsgefangene in der Sowjetunion. München 1986.
Marrus, Michael R.: The Unwanted. European Refugees in the Twentieth Century. New York/Oxford 1985. U. dt. T.: Die Unerwünschten. Europäische Flüchtlinge im 20. Jahrhundert. Berlin u. a. 1999.
Mazower, Mark: Der dunkle Kontinent. Europa im 20. Jahrhundert. Berlin 2000.
Melville, Ralph/Pešek, Jiří/Scharf, Claus (Hg.): Zwangsmigrationen im mittleren und östlichen Europa. Völkerrecht, Konzeptionen, Praxis (1938–1950). Mainz 2007.

Overmans, Rüdiger: Deutsche militärische Verluste im Zweiten Weltkrieg. München 1999.
Overmans, Rüdiger in Zusammenarbeit mit Goeken-Haidl, Ulrike: Soldaten hinter Stacheldraht. Deutsche Kriegsgefangene des Zweiten Weltkriegs. Berlin u. a. 2000.
Rieber, Alfred J. (Hg.): Forced Migration in Central and Eastern Europe, 1939–1950. London 2000.
Rusinek, Bernd-A. (Hg.): Kriegsende 1945. Verbrechen, Katastrophen, Befreiungen in nationaler und internationaler Perspektive. Göttingen 2004.
Schechtman, Joseph B.: Postwar Population Transfers in Europe 1945–1955. Philadelphia 1962.
Schwelling, Birgit: Heimkehr – Erinnerung – Integration. Der Verband der Heimkehrer, die ehemaligen Kriegsgefangenen und die westdeutsche Nachkriegsgesellschaft. Paderborn 2010.
Ther, Philipp/Siljak, Ana (Hg.): Redrawing Nations. Ethnic Cleansing in East-Central Europe 1944–1948. Lanham u. a. 2001.

2. ‹Flucht und Vertreibung› – Bedeutungsfelder

Benz, Wolfgang (Hg.): Die Vertreibung der Deutschen aus dem Osten. Ursachen, Ereignisse, Folgen. Frankfurt am Main 1985, 2. aktual. Neuausgabe 1995.
Arburg, Adrian von/Borodziej, Włodzimierz/Kostjaschow, Juri: Als die Deutschen weg waren. Was nach der Vertreibung geschah: Ostpreußen, Schlesien, Sudetenland. Berlin 2005.
Dornemann, Axel: Flucht und Vertreibung aus den ehemaligen deutschen Ostgebieten in Prosaliteratur und Erlebnisbericht seit 1945. Eine annotierte Bibliographie. Stuttgart 2005.
Engelhardt, Michael von: Lebensgeschichte und Gesellschaftsgeschichte. Biographieverläufe von Heimatvertriebenen des Zweiten Weltkriegs. München 2001.
Faulenbach, Bernd/Helle, Andreas (Hg.): Zwangsmigration in Europa. Zur wissenschaftlichen und politischen Auseinandersetzung um die Vertreibung der Deutschen aus dem Osten. Essen 2005.
Friedrich, Klaus-Peter: Vertreibung. Ein deutscher Geschichtsmythos. Marburg 1998.
Friesen, Astrid von: Der lange Abschied. Psychische Spätfolgen für die zweite Generation deutscher Vertriebener. Gießen 2000.
Hirsch, Helga: Schweres Gepäck. Flucht und Vertreibung als Lebensthema. Hamburg 2004.
Reichling, Gerhard: Die deutschen Vertriebenen in Zahlen. Teil 1: Umsiedler, Verschleppte, Vertriebene, Aussiedler 1940–1985. Bonn 1986. Teil 2: 40 Jahre Eingliederung in der Bundesrepublik Deutschland. Bonn 1989.
Troebst, Stefan (Hg.): Vertreibungsdiskurs und europäische Erinnerungskultur. Deutsch-polnische Initiativen zur Institutionalisierung. Osnabrück 2006.

3. Literatur – von, für und über Vertriebene

Ahonen, Pertti: The Expellee Organizations and West German Ostpolitik 1949–1969. Ann Arbor 2000.
Benz, Wolfgang (Hg.): Die Vertreibung der Deutschen aus dem Osten. Ursachen, Ereignisse, Folgen. Frankfurt am Main 1985, 2. aktual. Neuausgabe 1995.
Brandes, Detlef/Sundhaussen, Holm/Troebst, Stefan (Hg.): Lexikon der Vertreibungen. Deportation, Zwangsaussiedlung und ethnische Säuberung im Europa des 20. Jahrhunderts. Wien, Köln, Weimar 2010.
de Zayas, Alfred: Nemesis at Potsdam. The Anglo-Americans and the Expulsion of the Germans from the East. London 1977. U. dt. T. Die Nemesis von Potsdam. Die Anglo-Amerikaner und die Vertreibung der Deutschen. München 1996.
Dokumentation der Vertreibung der Deutschen aus Ost-Mitteleuropa. In Verbindung mit Conze, Werner/Diestelkamp, Adolf/Laun, Rudolf/Rassow, Peter und Rothfels, Hans, bearbeitet von Schieder, Theodor. Hrsg. vom Bundesministerium für Vertriebene, Flüchtlinge und Kriegsgeschädigte. 5 Bde. und 3 Beihefte. Bonn 1953–1962. Ndr. München 1984, Augsburg 1993, 1994, München 2004.
Franzen, K. Erik: Der vierte Stamm Bayerns. Die Schirmherrschaft über die Sudetendeutschen 1954–1974. München 2010.
Hahn, Eva/Hahn, Hans Henning: Die Vertreibung im deutschen Erinnern. Legenden, Mythos, Geschichte. Paderborn u. a. 2010.
Heidemeyer, Helge: Flucht und Zuwanderung aus der SBZ/DDR 1945/1949–1961. Die Flüchtlingspolitik der Bundesrepublik bis zum Bau der Berliner Mauer. Düsseldorf 1994.
Hoffmann, Dierk u. a. (Hg.): Geglückte Integration? Spezifika und Vergleichbarkeit der Vertriebeneneingliederung in der SBZ/DDR. München 1999.
Hoffmann, Dierk u. a. (Hg.): Vertriebene in Deutschland. Interdisziplinäre Ergebnisse und Forschungsperspektiven. München 2000.
Kittel, Manfred u. a. (Hg.): Deutschsprachige Minderheiten 1945. Ein europäischer Vergleich. München 2007.
Kochanowski, Jerzy u. a. (Hg.): Die «Volksdeutschen» in Polen, Frankreich, Ungarn und der Tschechoslowakei. Mythos und Realität. Osnabrück 2006.
Krallert-Sattler, Gertrud: Kommentierte Bibliographie zum Flüchtlings- und Vertriebenenproblem in der Bundesrepublik Deutschland, in Österreich und in der Schweiz. Wien 1989.
Krallert-Sattler, Gertrud: Kommentierte Auswahlbibliographie zur neuzeitlichen Geschichte des Ost- und Südostdeutschtums bis zum Zusammenbruch 1944/45 und zum Vertriebenen- und Flüchtlingsproblem in West- und Mitteldeutschland (Literatur 1987–1995). In: Schlau, Wilfried (Hg.): Die Ostdeutschen. Eine dokumentarische Bilanz 1945–1995. München 1996, S. 183–279.

Krauss, Marita (Hg.): Integrationen. Vertriebene in den deutschen Ländern nach 1945. Göttingen 2008.
Kruke, Anja (Hg.): Zwangsmigration und Vertreibung. Europa im 20. Jahrhundert. Bonn 2006.
Lemberg, Eugen/Edding, Friedrich (Hg.): Die Vertriebenen in Westdeutschland. Ihre Eingliederung und ihr Einfluß auf Gesellschaft, Wirtschaft, Politik und Geistesleben. 3 Bde. Kiel 1959.
Plaschka, Richard G. u. a. (Hg.): Nationale Frage und Vertreibung in der Tschechoslowakei und Ungarn 1938–1948. Aktuelle Forschungen. Wien 1997.
Schechtman, Joseph B.: Postwar Population Transfers in Europe 1945–1955. Philadelphia 1962.
Schoenberg, Hans W.: Germans from the East. A Study of their Migration, Resettlement and subsequent Group History since 1945. The Hague 1970.
Schulze, Rainer/Brelie-Lewien, Doris von der/Grebing, Helga (Hg.): Flüchtlinge und Vertriebene in der westdeutschen Nachkriegsgeschichte. Bilanzierung der Forschung und Perspektiven für die künftige Forschungsarbeit. Hildesheim 1987.
Stickler, Matthias: «Ostdeutsch heißt Gesamtdeutsch». Organisation, Selbstverständnis und heimatpolitische Zielsetzungen der deutschen Vertriebenenverbände 1949–1972. Düsseldorf 2004.
Ther, Philipp: Deutsche und polnische Vertriebene. Gesellschaft und Vertriebenenpolitik in der SBZ/DDR und in Polen 1945–1956. Göttingen 1998.

4. Voraussetzungen

4.1. Nationalstaat und Minderheiten

Anderson, Benedict: Imagined Communities. Reflexions on the Origin and Spread of Nationalism. London 1983. U. dt. T.: Die Erfindung der Nation. Zur Karriere eines erfolgreichen Konzeptes. Frankfurt am Main ²1993.
Beer, Mathias (Hg.): Auf dem Weg zum ethnisch reinen Nationalstaat? Europa in Geschichte und Gegenwart. Tübingen 2004, 2., durchges. und aktual. Aufl. 2007.
Bell Fialkoff, Andrew: Ethnic Cleansing. New York 1996.
Brubaker, Roger: Nationalism Reframed. Nationhood and the National Question in the New Europe. Cambridge/Mass. 1996.
Hobsbawm, Eric J.: Nationen und Nationalismus. Mythos und Realität seit 1780. Aus dem Englischen von Udo Rennert. Frankfurt am Main u. a. 1991.
Ladas, Stephen P.: The Exchange of Minorities. Bulgaria, Greece und Turkey. New York 1932.
Langewiesche, Dieter: Nation, Nationalismus, Nationalstaat in Deutschland und Europa. München 2000.
Lavergne, Bernard: Le Principe des nationalités et les guerres. Paris 1921.

Liebermann, Benjamin: Terrible Fate. Ethnic Cleansing in the Making of modern Europe. Chicago 2006.
Mehmed Emin Efendi [Siegfried Lichtenstaedter]: Nationalitätsprinzip und Bevölkerungsaustausch. Eine Studie für den Friedensschluß. Dresden 1917.
Montandon, George: Frontières nationales. Détermination objective de la condition primordiale nécessaire à l'obtention d'une paix durable. Lausanne 1916.
Naimark, Norman M.: Fires of Hatred. Ethnic Cleansing in 20th Century Europe. London 2001. U. dt. T.: Flammender Hass. Ethnische Säuberungen im 20. Jahrhundert. München 2004.
Puttkamer, Joachim von: Ostmitteleuropa im 19. und 20. Jahrhundert. München 2010.
Scheuermann, Martin: Minderheitenschutz contra Konfliktverhütung? Die Minderheitenpolitik des Völkerbundes in den zwanziger Jahren. Marburg 2000.
Streit, Georg: Der Lausanner Vertrag und der griechisch-türkische Bevölkerungsaustausch. Berlin 1929.
Ther, Philipp/Sundhaussen, Holm (Hg.): Nationalitätenkonflikte im 20. Jahrhundert. Ursachen von inter-ethnischer Gewalt im Vergleich. Wiesbaden 2001.
Viefhaus, Erwin: Die Minderheitenfrage und die Entstehung der Minderheitenschutzverträge auf der Pariser Friedenskonferenz 1919. Eine Studie zur Geschichte des Nationalitätenproblems im 19. und 20. Jahrhundert. Würzburg 1960.

4.2. Die nationalsozialistische Besatzungs-, Umsiedlungs- und Vernichtungspolitik

Aly, Götz: «Endlösung». Völkerverschiebung und der Mord an den europäischen Juden. Frankfurt am Main 1995, durchges. Aufl. 1998.
Baberowski, Jörg/Doering-Manteuffel, Anselm: Ordnung durch Terror. Gewaltexzesse und Vernichtung im nationalsozialistischen und stalinistischen Imperium. Bonn 2006.
Beyrau, Dietrich: Schlachtfeld der Diktatoren. Osteuropa im Schatten von Hitler und Stalin. Göttingen 2000.
Bougai, Nikolai: The Deportation of Peoples in the Soviet Union. Commack/New York 1996.
Browning, Christopher R.: Die Entfesselung der «Endlösung». Nationalsozialistische Judenpolitik 1939–1942. Berlin 2003, überarb. Aufl. 2006.
Burleigh, Michael: Die Zeit des Nationalsozialismus. Eine Gesamtdarstellung. Aus dem Englischen übersetzt von Rennert, Udo/Siber, Karl Heinz. Frankfurt am Main 2000.
Dahlmann, Dittmar/Hirschfeld, Gerhard (Hg.): Lager, Zwangsarbeit, Vertreibung und Deportation. Dimensionen der Massenverbrechen in der Sowjetunion und in Deutschland 1933–1945. Essen 1999.

Gerlach, Christian: Krieg, Ernährung und Völkermord. Deutsche Vernichtungspolitik im Zweiten Weltkrieg. Zürich/München 2001.

Hecker, Helmut: Die Umsiedlungsverträge des deutschen Reiches während des Zweiten Weltkrieges. Hamburg 1971.

Heinemann, Isabel: «Rasse, Siedlung, deutsches Blut». Das Rasse- und Siedlungshauptamt der SS und die rassenpolitische Neuordnung Europas. Göttingen ²2003.

Jansen, Hans: Der Madagaskar-Plan. Die beabsichtigte Deportation der europäischen Juden nach Madagaskar. München 1997.

Leniger, Markus: Nationalsozialistische «Volkstumsarbeit» und Umsiedlungspolitik 1933–1945. Von der Minderheitenbetreuung zur Siedlerauslese. Berlin 2006.

Longerich, Peter: Die Wannsee-Konferenz vom 20. Januar 1942. Planung und Beginn des Genozids an den europäischen Juden. Berlin 1998.

Madajczyk, Czeslaw: Die Okkupationspolitik Nazideutschlands in Polen 1939–1945. Berlin 1987.

Müller, Rolf-Dieter: Hitlers Ostkrieg und die deutsche Siedlungspolitik. Die Zusammenarbeit von Wehrmacht, Wirtschaft und SS. Frankfurt am Main 1991.

Polian, Pavel: Against their Will. The History and Geography of Forced Migrations in the USSR. Budapest/New York 2004.

Rössler, Mechtild (Hg.): Der «Generalplan Ost». Hauptlinien der nationalsozialistischen Planungs- und Vernichtungspolitik. Berlin 1993.

4.3. Die neue globale Machtkonstellation am Ende des Zweiten Weltkrieges

Fischer, Alexander: Die sowjetische Deutschlandpolitik im Zweiten Weltkrieg 1941–1945. Stuttgart 1975.

Fleischhauer, Ingeborg: Der Pakt. Hitler, Stalin und die Initiative der deutschen Diplomatie 1938–1939. Berlin/Frankfurt am Main 1990.

Graml, Hermann: Die Alliierten und die Teilung Deutschlands. Konflikte und Entscheidungen 1941–1948. Frankfurt am Main 1985.

Hartenstein, Michael A.: Die Geschichte der Oder-Neiße-Linie. «Westverschiebung» und «Umsiedlung». Kriegsziel der Alliierten oder Postulat polnischer Politik? München 2006.

Loth, Wilfried: Die Teilung der Welt. Geschichte des Kalten Krieges 1941–1955. München 1980.

Loth, Wilfried: Die Sowjetunion und die deutsche Frage. Studien zur sowjetischen Deutschlandpolitik von Stalin bis Chruschtschow. Göttingen 2007.

Oberländer, Erwin (Hg.): Hitler-Stalin-Pakt 1939. Das Ende Ostmitteleuropas? Frankfurt am Main 1989.

Potsdam 1945. Quellen zur Konferenz der «Großen Drei». Hrsg. von Deuerlein, Ernst. München 1963.

Die UdSSR und die deutsche Frage 1941–1948. Dokumente aus dem Archiv für Außenpolitik der Russischen Föderation. Bearb. und hrsg. von Laufer, Jochen P./Kynin, Georgij P. 3 Bde. Berlin 2004.

5. Genese der Aussiedlungspläne

Antoni, Michael: Das Potsdamer Abkommen – Trauma oder Chance? Geltung, Inhalt und staatsrechtliche Bedeutung. Berlin 1985.
Benz, Wolfgang (Hg.): Die Vertreibung der Deutschen aus dem Osten. Ursachen, Ereignisse, Folgen. Frankfurt am Main 1985, 2. aktual. Neuausgabe 1995.
Brandes, Detlef: Die Tschechen unter deutschem Protektorat. Teil I: Besatzungspolitik, Kollaboration und Widerstand im Protektorat Böhmen und Mähren bis Heydrichs Tod (1939–1942). München 1969; Teil II: Besatzungspolitik, Kollaboration und Widerstand im Protektorat Böhmen und Mähren von Heydrichs Tod bis zum Prager Aufstand (1942–1945). München 1975.
Brandes, Detlef (Hg.): Erzwungene Trennung. Vertreibungen und Aussiedlungen in und aus der Tschechoslowakei 1938–1947 im Vergleich mit Polen, Ungarn und Jugoslawien. Essen 1999.
Brandes, Detlef: Der Weg zur Vertreibung 1938–1945. Pläne und Entscheidungen zum ‚Transfer' der Deutschen aus der Tschechoslowakei und aus Polen. München 2001, 2., überarb. und erw. Aufl. 2005.
de Zayas, Alfred: Nemesis at Potsdam. The Anglo-Americans and the Expulsion of the Germans. Background, Execution, Consequences. London 1977. U. dt. T.: Die Anglo-Amerikaner und die Vertreibung der Deutschen. Vorgeschichte, Verlauf, Folgen. München 1996.
Ciesielski, Stanislaw (Hg.): Umsiedlung der Polen aus den ehemaligen Ostgebieten nach Polen in den Jahren 1944–1947. Marburg 2006.
Graml, Hermann: Die Alliierten und die Teilung Deutschlands. Konflikte und Entscheidungen 1941–1948. Frankfurt am Main 1985.
Hirsch, Helga: Entwurzelt. Vom Verlust der Heimat zwischen Oder und Bug. Erzählte Geschichte. Hamburg 2007.
Kittel, Manfred u. a. (Hg.): Deutschsprachige Minderheiten 1945. Ein europäischer Vergleich. München 2007.
Kochanowski, Jerzy/Sach, Maike (Hg.): Die «Volksdeutschen» in Polen, Frankreich, Ungarn und der Tschechoslowakei. Mythos und Realität. Osnabrück 2006.
Luther, Tammo: Volkstumspolitik des deutschen Reiches 1933–1938. Die Auslandsdeutschen im Spannungsfeld zwischen Traditionalisten und Nationalsozialisten. Stuttgart 2004.
Persson, Hans-Åke: Rhetorik und Realpolitik. Großbritannien, die Oder-Neiße-Grenze und die Vertreibung der Deutschen nach dem Zweiten Weltkrieg. Potsdam 1997.

Plaschka, Richard G. u. a. (Hg.): Nationale Frage und Vertreibung in der Tschechoslowakei und Ungarn 1938–1945. Aktuelle Forschungen. Wien 1997.
Streibel, Robert (Hg.): Flucht und Vertreibung. Zwischen Aufrechnung und Verdrängung. Wien 1994.
Tyrell, Albrecht: Großbritannien und die Deutschlandplanung der Alliierten 1941–1945. Frankfurt am Main 1987.
Tóth, Ágnes: Migration in Ungarn 1945–1948. Vertreibung der Ungarndeutschen. Binnenwanderungen und slowakisch-ungarischer Bevölkerungsaustausch. München 2001.
Zeidler, Manfred: Kriegsende im Osten. Die Rote Armee und die Besetzung Deutschlands östlich von Oder und Neiße 1944/45. München 1996.
Zimmermann, Volker: Die Sudetendeutschen im NS-Staat. Politik und Stimmung der Bevölkerung im Reichsgau Sudetenland (1938–1945). Essen 1999.

6. Verlauf

Aust, Stefan/Burgdorff, Stephan (Hg.): Die Flucht. Über die Vertreibung der Deutschen aus dem Osten. Stuttgart/München 2002.
Benz, Wolfgang (Hg.): Die Vertreibung der Deutschen aus dem Osten. Ursachen, Ereignisse, Folgen. Frankfurt am Main 1985, 2. aktual. Neuausgabe 1995.
Dokumentation der Vertreibung der Deutschen aus Ost-Mitteleuropa. In Verbindung mit Conze, Werner/Diestelkamp, Adolf/Laun, Rudolf/Rassow, Peter und Rothfels, Hans, bearbeitet von Schieder, Theodor. Hrsg. vom Bundesministerium für Vertriebene, Flüchtlinge und Kriegsgeschädigte. 5. Bde. 3. Beihefte. Bonn 1953–1962. Ndr. München 1984, Augsburg 1993, 1994, München 2004.
Franzen, K. Erik: Die Vertriebenen. Hitlers letzte Opfer. Mit einer Einführung von Hans Lemberg. München 2001.
Henke, Klaus-Dietmar: Die amerikanische Besetzung Deutschlands. München/Wien 1995.
Herbert, Ulrich/Schildt, Axel (Hg.): Kriegsende in Europa. Vom Beginn des deutschen Machtzerfalls bis zur Stabilisierung der deutschen Nachkriegsordnung 1944–1948. Essen 1998.
Müller, Rolf-Dieter/Ueberschär, Gerd R.: Kriegsende. Die Zerstörung des Deutschen Reiches (Die Zeit des Nationalsozialismus). Frankfurt am Main 1994.
Naimark, Norman M.: The Russians in Germany. A History of the Sovjet Zone of Occupation 1945–1949. Cambridge/Mass. 1995. U. dt. T.: Die Russen in Deutschland. Die sowjetische Besatzungszone 1945 bis 1949. Berlin 1997.

6.1. Ostgebiete des Deutschen Reiches und Polen

Bömelburg, Hans-Jürgen/Stößinger, Renate/Traba, Robert (Hg.): Vertreibung aus dem Osten. Deutsche und Polen erinnern sich. Olsztyn/Osnabrück 2000.

Borodziej, Włodzimierz/Lemberg, Hans (Hg.): «Unsere Heimat ist uns ein fremdes Land geworden ...». Die Deutschen östlich von Oder und Neiße 1945–1950. Dokumente aus polnischen Archiven. 4 Bde. Marburg 2000–2004.

Dokumentation der Vertreibung der Deutschen aus Ost-Mitteleuropa. In Verbindung mit Conze, Werner/Diestelkamp, Adolf/Laun, Rudolf/Rassow, Peter und Rothfels, Hans, bearbeitet von Schieder, Theodor. Hrsg. vom Bundesministerium für Vertriebene, Flüchtlinge und Kriegsgeschädigte. Bd. I,1–2: Die Vertreibung der deutschen Bevölkerung aus den Gebieten östlich der Oder-Neiße. Bonn 1953. Bd. I,3: Die Vertreibung der deutschen Bevölkerung aus den Gebieten östlich der Oder-Neiße. Polnische Gesetze und Verordnungen 1944–1955. Bonn 1960.

Esch, Michael G.: «Gesunde Verhältnisse». Deutsche und polnische Bevölkerungspolitik in Ostmitteleuropa 1939–1950. Marburg 1998.

Fisch, Bernhard: Nemmersdorf, Oktober 1944. Was in Ostpreußen tatsächlich geschah. Berlin 1997.

Hirsch, Helga: Die Rache der Opfer. Deutsche in polnischen Lagern 1944–1950. Berlin 1998, Reinbek 1999.

Nitschke, Bernadetta: Vertreibung und Aussiedlung der deutschen Bevölkerung aus Polen 1945 bis 1949. Aus dem Polnischen von Stephan Niedermeier. München 2003.

Nowak, Edmund: Lager im Oppelner Schlesien im System der Nachkriegslager in Polen (1945–1950). Geschichte und Implikationen. Łambinowic 2003.

Urban, Thomas: Der Verlust. Die Vertreibung der Deutschen aus Polen im 20. Jahrhundert. München 2004.

Zeidler, Manfred: Kriegsende im Osten. Die Rote Armee und die Besetzung Deutschlands östlich von Oder und Neiße 1944/45. München 1996.

6.2. Tschechoslowakei

Dokumentation der Vertreibung der Deutschen aus Ost-Mitteleuropa. In Verbindung mit Conze, Werner/Diestelkamp, Adolf/Laun, Rudolf/Rassow, Peter und Rothfels, Hans, bearbeitet von Schieder, Theodor. Hrsg. vom Bundesministerium für Vertriebene, Flüchtlinge und Kriegsgeschädigte. Bd. IV, 1–2: Die Vertreibung der deutschen Bevölkerung aus der Tschechoslowakei. Bonn 1957.

Hrabovec, Emilia: Vertreibung und Abschub. Deutsche in Mähren 1945–1947. Frankfurt am Main u. a. 1995, ²1996.

Odsun. Die Vertreibung der Sudetendeutschen. Dokumentation zu Ursachen, Planung und Realisation einer «ethnischen Säuberung» in der Mitte Europas 1848/49–1945/46. Hrsg. vom Sudetendeutschen Archiv. München 2000.

Staněk, Tomáš: Odsun Němců z Československa 1945–1947. Praha 1991.

Staněk, Tomáš: Internierung und Zwangsarbeit. Das Lagersystem in den böhmischen Ländern 1945–1948. München 2007.

6.3. Südosteuropa

Balta, Sebastian: Rumänien und die Großmächte in der Ära Antonescu (1940–1944). Stuttgart 2005.

Dokumentation der Vertreibung der Deutschen aus Ost-Mitteleuropa. In Verbindung mit Conze, Werner/Diestelkamp, Adolf/Laun, Rudolf/Rassow, Peter und Rothfels, Hans, bearbeitet von Schieder, Theodor. Hrsg. vom Bundesministerium für Vertriebene, Flüchtlinge und Kriegsgeschädigte. Bd. II: Das Schicksal der Deutschen in Ungarn. Bonn 1956. Bd. III: Das Schicksal der Deutschen in Rumänien. Bonn 1957. Bd. V: Das Schicksal der Deutschen in Jugoslawien. Bonn 1961.

Janjetović, Zoran: Between Hitler and Tito. The Disappearance of the Vojvodina Germans. Belgrade 2005.

Leidensweg der Deutschen im kommunistischen Jugoslawien. Hrsg. von der Donauschwäbischen Kulturstiftung. 4 Bde. München/Sindelfingen 1991–1994.

Milata, Paul: Zwischen Hitler, Stalin und Antonescu: Rumäniendeutsche in der Waffen-SS. Köln 2007.

Portmann, Michael: Die kommunistische Revolution in der Vojvodina 1944–1952. Politik, Gesellschaft, Wirtschaft, Kultur. Wien 2008.

Tóth, Ágnes: Migration in Ungarn 1945–1948. Vertreibung der Ungarndeutschen. Binnenwanderungen und slowakisch-ungarischer Bevölkerungsaustausch. München 2001.

Weber, Georg/Weber-Schlenther, Renate/Nassehi, Armin: Die Deportation von Siebenbürger Sachsen in die Sowjetunion 1945–1949. 3 Bde. Köln 1995. Bd. 1: Die Deportation als historisches Geschehen. Bd. 2: Die Deportation als biographisches Ereignis und literarisches Thema. Bd. 3: Quellen und Bilder.

Wehler, Hans-Ulrich: Nationalitätenpolitik in Jugoslawien. Göttingen 1980.

Wolf, Josef: Deutsche Zwangsarbeiter aus Ostmittel- und Südosteuropa in der Sowjetunion 1945–1949. München 2005.

7. Folgen

7.1. Flüchtlinge und Vertriebene im Nachkriegsdeutschland

Ackermann, Volker: Der «echte» Flüchtling. Deutsche Vertriebene und Flüchtlinge aus der DDR 1945–1961. Osnabrück 1995.

Ahonen, Pertti: The Expellee Organizations and West German Ostpolitik 1949–1969. Ann Arbor 2000.

Ahonen, Pertti: After the Expulsion. West Germany and Eastern Europe 1945–1990. Oxford/New York 2003.

Amos, Heike: Die Vertriebenenpolitik der SED 1949 bis 1990. München 2009.

Bausinger, Hermann u. a.: Neue Siedlungen. Volkskundlich-soziologische Untersuchungen des Ludwig-Uhland-Instituts Tübingen. Stuttgart 1959, 2. Aufl. 1963.

Bendel, Rainer: Aufbruch aus dem Glauben? Katholische Heimatvertriebene in den gesellschaftlichen Transformationen der Nachkriegsjahre 1945–1965. Köln u. a. 2003.

Edding, Friedrich/Lemberg, Eugen (Hg.): Die Vertriebenen in Westdeutschland. Ihre Eingliederung und ihr Einfluß auf die Gesellschaft, Wirtschaft, Politik und Geistesleben. 3 Bde. Kiel 1959.

Erker, Paul (Hg.): Rechnung für Hitlers Krieg. Aspekte und Probleme des Lastenausgleichs. Heidelberg u. a. 2004.

Frantzioch, Marion: Die Vertriebenen. Hemmnisse, Antriebskräfte und Wege ihrer Integration in der Bundesrepublik Deutschland. Berlin 1987.

Franzen, K. Erik: Der vierte Stamm Bayerns. Die Schirmherrschaft über die Sudetendeutschen 1954–1974. München 2010.

Heidemeyer, Helge: Flucht und Zuwanderung aus der SBZ/DDR 1945/1949–1961. Die Flüchtlingspolitik der Bundesrepublik bis zum Bau der Berliner Mauer. Düsseldorf 1994.

Hoffmann, Dierk u. a. (Hg.): Geglückte Integration? Spezifika und Vergleichbarkeit der Vertriebeneneingliederung in der SBZ/DDR. München 1999.

Hoffmann, Dierk u. a. (Hg.): Vertriebene in Deutschland. Interdisziplinäre Ergebnisse und Forschungsperspektiven. München 2000.

Hoorn, Heike van: Neue Heimat im Sozialismus. Die Umsiedlung und Integration sudetendeutscher Antifa-Umsiedler in die SBZ/DDR. Essen 2004.

Hughes, Michael L.: Shouldering the Burdens of Defeat. West Germany and the Reconstruction of Social Justice. Chapel Hill/London 1999.

Kossert, Andreas: Kalte Heimat. Die Geschichte der deutschen Vertriebenen nach 1945. München 2008.

Krauss, Marita (Hg.): Integrationen. Vertriebene in den deutschen Ländern nach 1945. Göttingen 2008.

Lehmann, Albrecht: Im Fremden ungewollt zuhaus. Flüchtlinge und Vertriebene in Westdeutschland 1945–1990. München 1991, 2. Aufl. 1993.

Lüttinger, Paul: Integration der Vertriebenen. Eine empirische Analyse. Frankfurt am Main/New York 1989.
Neumann, Franz: Der Block der Heimatvertriebenen und Entrechteten. 1950–1960. Ein Beitrag zur Geschichte und Struktur einer politischen Interessenpartei. Meisenheim am Glan 1968.
Plato, Alexander von/Meinicke, Wolfgang: Alte Heimat – neue Zeit. Flüchtlinge, Umgesiedelte, Vertriebene in der sowjetischen Besatzungszone und in der DDR. Berlin 1992.
Rudolph, Hartmut: Evangelische Kirche und Vertriebene 1945–1972. 2 Bde. Göttingen 1984/1985.
Salzborn, Samuel: Grenzenlose Heimat. Geschichte, Gegenwart und Zukunft der Vertriebenenverbände. Berlin 2000.
Schegk, Wolfgang: Vertriebene und Bevölkerungsausgleich in Westdeutschland 1945–1953. Zur Flüchtlings-Vertriebenenpolitik der ersten Nachkriegsjahre. München 1996.
Schraut, Sylvia/Grosser, Thomas (Hg.): Die Flüchtlingsfrage in der deutschen Nachkriegsgesellschaft. Mannheim 1996.
Schulze, Rainer (Hg.): Unruhige Zeiten. Erlebnisberichte aus dem Landkreis Celle 1945–1949. München 1990, ²1991.
Schwartz, Michael: Vertriebene und «Umsiedlerpolitik». Integrationskonflikte in den deutschen Nachkriegs-Gesellschaften und die Assimilationsstrategien in der SBZ/DDR 1945–1961. München 2004.
Stickler, Matthias: «Ostdeutsch heißt Gesamtdeutsch». Organisation, Selbstverständnis und heimatpolitische Zielsetzungen der deutschen Vertriebenenverbände 1949–1972. Düsseldorf 2004.
Voßkamp, Sabine: Katholische Kirche und Vertriebene in Westdeutschland. Integration, Identität und ostpolitischer Diskurs 1945–1972. Stuttgart 2007.
Wille, Manfred (Hg.): Die Vertriebenen in der SBZ/DDR. Dokumente. 3 Bde. Wiesbaden 1996, 1999, 2003.

7.2. Vertreibungsopfer und Vertreibungsverluste

Gesamterhebung zur Klärung des Schicksals der deutschen Bevölkerung in den Vertreibungsgebieten. Hrsg., bearbeitet und zusammengestellt von der Zentralstelle des Kirchlichen Suchdienstes. München o. J. [1965].
Nawratil, Heinz: Die deutschen Nachkriegsverluste unter Vertriebenen, Gefangenen und Verschleppten. München u. a. 1986.
Reichling, Gerhard: Die deutschen Vertriebenen in Zahlen. Teil 1: Umsiedler, Verschleppte, Vertriebene, Aussiedler 1940–1985. Bonn 1986. Teil 2: 40 Jahre Eingliederung in der Bundesrepublik Deutschland. Bonn 1989.
Schimitzek, Stanislaw: Vertreibungsverluste? – Westdeutsche Zahlenspiele. Warszawa 1966.

Statistisches Bundesamt (Hg.): Die deutschen Vertreibungsverluste. Bevölkerungsbilanzen für die deutschen Vertreibungsgebiete 1939/50. Stuttgart 1958.
Vertreibung und Vertreibungsverbrechen 1945–1948. Bericht des Bundesarchivs vom 28. Mai 1974. Archivalien und ausgewählte Erlebnisberichte. Hrsg. von der Kulturstiftung der Deutschen Vertriebenen. Bonn 1989.

8. ‹Flucht und Vertreibung› als Erinnerungsort

Bachmann, Klaus/Kranz, Jerzy (Hg.): Verlorene Heimat. Die Vertreibungsdebatte in Polen. Bonn 1998.
Beer, Mathias (Hg.): Das Heimatbuch. Geschichte, Methodik, Wirkung. Göttingen 2010.
Bestandsverzeichnis der deutschen Heimatvertriebenenpresse. Bearbeitet von Chmielewski, Horst/Hagelweide, Gert. Hrsg. von der Stiftung Ostdeutscher Kulturrat. München u. a. 1982.
Bingen, Dieter/Borodziej, Włodzimierz/Troebst, Stefan (Hg.): Vertreibungen europäisch erinnern? Historische Erfahrungen – Vergangenheitspolitik – Zukunftskonzeptionen. Wiesbaden 2003.
Bund der Vertriebenen (Hg.): Handbuch. BdV, Bund der Vertriebenen. 3., überarb. Aufl. Bonn 1996.
Cornelißen, Christoph/Holec, Roman/Pešek, Jiří (Hg.): Diktatur – Krieg – Vertreibung. Erinnerungskulturen in Tschechien, der Slowakei und Deutschland seit 1945. Essen 2005.
Danyel, Jürgen/Ther, Philipp (Hg.): Nach der Vertreibung. Geschichte und Gegenwart einer kontroversen Erinnerung (= Zeitschrift für Geschichtswissenschaft 53, 2005, H. 10).
Dornemann, Axel: Flucht und Vertreibung aus den ehemaligen deutschen Ostgebieten in Prosaliteratur und Erlebnisbericht seit 1945. Eine annotierte Bibliographie. Stuttgart 2005.
Erzwungene Wege. Flucht und Vertreibung im Europa des 20. Jahrhunderts. Hrsg. von der Stiftung Zentrum gegen Vertreibungen. Berlin 2006.
Faehndrich, Jutta: Eine endliche Geschichte. Die Heimatbücher der Vertriebenen. Köln/Weimar/Wien 2011.
Faulenbach, Bernd/Helle, Andreas (Hg.): Zwangsmigration in Europa. Zur wissenschaftlichen und politischen Auseinandersetzung um die Vertreibung der Deutschen aus dem Osten. Essen 2005.
Gauger, Jörg-Dieter/Kittel, Manfred (Hg.): Die Vertreibung der Deutschen aus dem Osten in der Erinnerungskultur. Sankt Augustin 2004.
Hahn, Eva/Hahn, Hans Henning: Die Vertreibung im deutschen Erinnern. Legenden, Mythos, Geschichte. Paderborn u. a. 2010.
Haslinger, Peter u.a (Hg.): Diskurse über Zwangsmigrationen in Zentraleuropa. Geschichtspolitik, Fachdebatten, literarisches und lokales Erinnern seit 1989. München 2009.

Helbig, Louis Ferdinand: Der ungeheure Verlust. Flucht und Vertreibung in der deutschsprachigen Belletristik der Nachkriegszeit. Wiesbaden 1988, 3., um den aktuellen Forschungsstand und ein Register erg. Aufl. 1996.

Kessler, Wolfgang (Bearb.): Ost- und südostdeutsche Heimatbücher und Ortsmonographien nach 1945. Eine Bibliographie zur historischen Landeskunde der Vertreibungsgebiete. Hrsg. von der Stiftung Ostdeutscher Kulturrat. München u. a. 1979.

Lotz, Christian: Die Deutung des Verlusts. Erinnerungspolitische Kontroversen im geteilten Deutschland um Flucht, Vertreibung und die Ostgebiete 1948–1972. Köln 2007.

Moeller, Robert G.: War Stories. The Search for a Usable Past in the Federal Republic of Germany. Berkeley 2001.

Petersen, Thomas: Zeitfragen. Flucht und Vertreibung aus Sicht der deutschen, polnischen und tschechischen Bevölkerung. Hrsg. von der Stiftung Haus der Geschichte der Bundesrepublik Deutschland. Bonn 2005.

Piskorski, Jan: Vertreibung und deutsch-polnische Geschichte. Eine Streitschrift. Osnabrück 2006.

Stiftung Haus der Geschichte der Bundesrepublik (Hg.): Flucht, Vertreibung, Integration. Bielefeld 2005.

Troebst, Stefan (Hg.): Vertreibungsdiskurs und europäische Erinnerungskultur. Deutsch-polnische Initiativen zur Institutionalisierung. Eine Dokumentation. Osnabrück 2006.

Völkering, Tim: Flucht und Vertreibung im Museum. Zwei aktuelle Ausstellungen und ihre geschichtskulturellen Hintergründe im Vergleich. Berlin 2008.

Bildnachweis

S. 20	Puck Pressedienst/DHM, Berlin
S. 39	Bayerische Staatsbibliothek München/ Fotoarchiv Hoffmann
S. 43	bpk
S. 71, 73, 111, 119, 144, 147	ullstein bild
S. 84	Bundesarchiv–Bild 146–1976–072–08, Fotograf ohne Angabe
S. 89, 90	Donauschwäbisches Zentralmuseum, Ulm
S. 108	Privatbesitz
S. 115	BdV Baden-Württemberg
S. 120	Stiftung Haus der Geschichte der Bundesrepublik Deutschland, Bonn
S. 123	Registratur der Kirchengemeinde zur Heiligen Dreifaltigkeit Stuttgart-Rot
S. 127	Museum im Ritterhaus, Offenburg

Verzeichnis der Tabellen

S. 41   NS-Umsiedlung von Volksdeutschen auf vertraglicher Grundlage 1939–1943

S. 85   Herkunft und Zahl der deutschen Flüchtlinge und Vertriebenen, Stand 1950

S. 100 Verteilung der deutschen Vertriebenen in der DDR nach Ländern, Stand 31. 8. 1950

S. 102 Verteilung der deutschen Vertriebenen in der Bundesrepublik nach Ländern, 1950 und 1961

S. 113 Arbeitslose in den Ländern der Bundesrepublik Deutschland, Stand 31. 12. 1949

S. 121 Kriegsbedingte Lager im Bundesgebiet ohne Berlin (West), Stand 30. 6. 1955

S. 125 Prozentualer Anteil der Hausbesitzer an der Gesamtbevölkerung der Bundesrepublik, Stand 1971

Verzeichnis der Karten

S. 14 Europäische Bevölkerungsbewegungen 1939–1945
S. 32 Expansion des nationalsozialistischen Deutschland im 2. Weltkrieg
S. 51 Grenzveränderungen in Europa nach 1945
S. 65 Flucht, Vertreibung, Umsiedlung und Repatriierung in Europa 1944–1952
S. 78 Deutsche Flüchtlinge und Vertriebene 1945–1950
S. 106 Anteil der deutschen Flüchtlinge und Vertriebenen in den vier Besatzungszonen Deutschlands, 1946

Ortsregister

Adelsdorf 80
Altaigebiet 44
Altker 92
Ardennen 70
Auschwitz 7, 47, 152, 154
Aussig 81 f.
Australien 101

Baden 96, 102, 113
Baden-Württemberg 102, 118, 125
Bakonywald 94
Baltische Staaten 41 ff., 48, 85
Banat
– rumänisches 88 f.
– serbisches 90 f.
Batschka 90
Bayern 71, 96, 100, 102, 113, 125
Beckedorf 100
Belgrad 90
Bergen 110
Berlin 8, 20, 47, 70, 102, 121, 125, 142, 156
Besatzungszonen 16, 19, 24, 28, 62, 99, 104, 116
– Amerikanische 63, 83, 96, 100
– Britische 63, 100
– Französische 63, 100
– Sowjetische 30, 63, 77, 82 f., 96 f., 99, 103 f.
Beskiden 40
Bessarabien 41–44, 48
Böhmen 38, 79
Bonn 119, 138, 151
Bosnien 7, 41 f.
Brandenburg 76, 85, 100, 104
Bremen 102, 113, 125
Breslau 68
Bromberg 76

Brünn 81 f.
Budaörs 94
Budapest 87, 93 f.
Bukowina 41–44
– Nordbukowina 44
Bulgarien 38, 41 f., 45, 64, 86, 89
Bundesrepublik Deutschland 10, 20 f., 25–30, 74, 93, 101 f., 105, 113–117, 119–123, 129, 135–139, 143, 145 f., 148, 153, 156–160

Chełmno 47
Cholmer Land 41
Curzon-Linie 49, 56

Damerkow 70
Dänemark 72
Danzig 72, 75, 85
DDR, vgl. auch Besatzungszone, sowjetische und Ostzone 19 f., 25, 29 f., 97, 100 f., 117, 119–122, 129
Deutsches Reich, vgl. auch Drittes Reich 8–12, 18, 20, 31, 39, 43, 53, 61, 63, 67, 74 f., 79, 86, 88, 91, 101, 130, 151, 158
Dnjester 86
Dobrudscha 86
Dramburg 74
Drittes Reich, vgl. auch Deutsches Reich 54 f., 152

Elsaß-Lothringen 58
Emsland 113
Espelkamp 121
Estland 41

Filipovo 92
Finnland 44
Finsterwalde 77

Forst 77
Frankfurt an der Oder 72
Freiwaldau 80
Frisches Haff 71 f.

Gakowa 92
Galizien 41, 64
Generalgouvernement 7, 42, 47
Gmunden 87 f.
Gottschee 41 f.
Griechenland 37 f., 64
Großbritannien 48 f., 56, 62, 143

Hamburg 102, 111, 113, 125
Hannover 147
Heide 72
Herzegowina 41
Hessen 96, 102, 113, 125
Hindenburg 90
Hirschberg 72

Insterburg 74
Italien 40 f., 45, 66, 122

Jalta 49, 56 f.
Jarek 93
Jauernig 80
Jugoslawien 11, 16, 31, 41, 45, 63 f., 66, 85 f., 89–91, 93, 101, 131
Jüterborg 104

Kahlenberg 72
Karelische Landenge 44
Karpato-Ukraine 66
Kasachstan 44
Kaukasusgebirge 44
Kirgisistan 44
Koblenz 131
Königsberg 68
Krain 41
Krim 40
Kroatien 42, 45, 90
Kruschiwl 92
Kulmer Gebiet 88

Labenz 74
Lahr 127
Lamsdorf 76
Langenbruck 82
Lauenburg 70
Lausanne 37, 40, 53
Lettland 41
Lidice 57, 154
Litauen 41
London 57, 91
Löwenberg 72
Lublin 47, 76

Madagaskar 46
Mähren 38, 83
Mark Brandenburg 104
Mazedonien 45
Mecklenburg 100
Mecklenburg-Vorpommern 99
Memel 68 f.
München 144

Narew Region 41
Nehrung 72
Neiße 49, 56, 62, 75, 77, 131
Nemmersdorf 69 f.
Neugablonz 121
Neusatz, vgl. auch Novi Sad 91
Neutraubling 121
Niedersachsen 100, 102, 112 f., 125
Niederschlesien, vgl. auch Oberschlesien, Schlesien 85
Nordrhein-Westfalen 102, 113, 118, 125
Novi Sad, vgl. auch Neusatz 91
Nowosibirsk 44

Oberösterreich, vgl. auch Österreich 8
Oberschlesien, vgl. auch Niederschlesien, Schlesien 53, 71, 77, 85, 88
Ober-Thomasdorf 80
Oder 49, 56, 58, 62, 71 f., 75, 131

Oder-Neiße-Grenze 50, 120, 140, 143, 146, 148
Omsk 44
Oppeln 76
Oradour 154
Österreich, vgl. auch Oberösterreich 38, 63, 82, 85, 88, 90, 93
Ostgrenze
– deutsche 38
Ostpreußen 7, 53, 56, 68 f., 71 f., 85
Ostsee 7, 72
Ostzone, vgl. auch Besatzungszone, sowjetische, DDR, SBZ 143

Paris 10
Pasing 107
Peterwardein 91
Pillau 72 f.
Pirna 96
Polen 7, 16, 29, 38 f., 41–43, 48–50, 54, 56–59, 61–66, 67, 75 f., 79, 82 f., 85 f., 88, 91, 99, 103, 139 f., 145 f., 149, 154
Polesien 41
Westgrenze
– polnische 55–63
Pommern 70, 72, 74, 85
Potsdam 16, 26, 61 f.
Potulice 76
Prag 79 f., 82
Protektorat Böhmen und Mähren 71, 79 f.

Rastenburg 69
Rheinland-Pfalz 100, 102, 118, 125
Rudolfsgnad 92
Ruhrgebiet 7
Rumänien 11, 16, 31, 41, 44 f., 48, 64, 66, 85–90, 93, 99, 101, 131
Russland, vgl. auch Sowjetunion, UdSSR 88, 93
Rützow 74

Saarland 102, 125
Sachsen 71, 88, 96, 99 f.

Sachsen-Anhalt 100
Sarwasch 90
Saßnitz 72
Sathmarer Gebiet 87
SBZ, vgl. auch Besatzungszone, sowjetische und Ostzone 30, 90
Schlesien, vgl. auch Niederschlesien, Oberschlesien 8, 90
Schleswig-Holstein 72, 100, 102, 113 f., 125
Schlotwiese 108
Schwaben 7
Schwäbische Türkei 93
Sebnitz 69
Sensburg 70
Serbien 41 f.
Siebenbürgen 60, 87
– Norsiebenbürgen 8, 87
Slowakei 66, 96
– Ostslowakei 79
Slawonien 91
Slowenien 91
Sorau 76
Sowjetunion, vgl. auch Russland, UdSSR 7, 11 f., 15 f., 29, 33 f., 38–45, 47–50, 55 f., 58, 60, 62, 64, 66, 74–77, 82, 85, 87 f., 93 f., 96, 103, 116, 131, 144, 146 f., 149
Spremberg 104
Stalingrad 67
Stettin 72
St. Pölten 90
Stuttgart 114 f.
Stuttgart-Rot 123
Stuttgart-Zuffenhausen 108
Sudetenland 88
– Ostsudetenland 79
Südtirol 41
Swinemünde 72
Szomor 94

Teheran 49, 56
Tellnitz 82
Theiß 91

Theresienstadt 81
Thüringen 71, 100
Tirol 40
Transnistrien 86
Traunsee 88
Troppau 83
Tschechoslowakei 16, 29, 31, 38, 54 f., 57–59, 79, 81, 83 f., 85 f., 88 f., 91, 99, 101, 104, 109, 131, 140
Tschene 89
Tschippendorf 87
Türkei 37 f., 56

UdSSR, vgl. auch Russland, Sowjetunion 11, 44, 49, 67, 89
Ukraine 7
Ungarn 8, 11, 16, 31, 59–64, 66, 80, 82, 85–90, 93–97, 101, 131, 140
USA 28, 34, 48 f., 56, 62, 116, 143

Vorarlberg 40

Wannsee 47
Warschau 39, 43
Warthegau 86
Wartheland 42, 46
Wasseralfingen 107
Weichsel 8, 68, 72
Wensken 68
Westpreußen 85
Wien 87
Wolgarepublik 44
Wolhynien 41 f., 64
Württemberg 96
Württemberg-Baden 102, 104, 113
Württemberg-Hohenzollern 101 f., 109, 113

Zweiter Weltkrieg bei C.H.Beck

Thomas Urban
Der Verlust
Die Vertreibung der Deutschen und Polen im 20. Jahrhundert
2006. 223 Seiten mit 22 Abbildungen und 2 Karten. Paperback
Beck'sche Reihe Band 1715

Norman M. Naimark
Flammender Hass
Ethnische Säuberung im 20. Jahrhundert
Aus dem Amerikanischen von Martin Richter
2004. 301 Seiten. Gebunden

Christian Hartmann
Unternehmen Barbarossa
Der deutsche Krieg im Osten 1941–1945
2011. 128 Seiten mit 5 Karten und 6 Bildern. Paperback
C.H.Beck Wissen in der Beck'schen Reihe Band 2714

Bernd Ulrich
Stalingrad
2005. 128 Seiten mit 3 Abbildungen und 2 Karten. Paperback
C.H.Beck Wissen in der Beck'schen Reihe Band 2368

Gerhard Schreiber
Der Zweite Weltkrieg
4. Auflage. 2007. 128 Seiten mit 4 Karten. Paperback
C.H.Beck Wissen in der Beck'schen Reihe Band 2164

Jörg Echternkamp
Die 101 wichtigsten Fragen – Der Zweite Weltkrieg
2010. 155 Seiten mit 1 Karte. Paperback
Beck'sche Reihe Band 7022

Verlag C.H.Beck München